# 京都企業
## 歴史と空間の産物

徳賀芳弘
Tokuga Yoshihiro
【編著】

京セラ
日本電産
村田製作所
オムロン
任天堂

宝ホールディングス
ワコールホールディングス
ワタベウェディング
京都銀行

中央経済社

## 「序」 京都企業 歴史と空間の産物

　京都にはさまざまな顔があります。世界遺産17ヵ所をはじめ，多数の神社仏閣が点在する美しい観光都市，清水焼や西陣織などの伝統工芸を現在に継承している職人の街，日本の先端産業を担うグローバル企業の多いハイテクシティ…。

　本書は，京都企業を多面的に分析した書物です。

　京都に本社を置いている企業を分析対象として選んだ理由は，それらが，1つには，「京都企業」と一纏めにされて高い評価を受けていることに興味を抱いたからです。もう1つには，地元の企業であるため，分析の途中で自分たちでは解決不能な疑問が発生した場合に訪問して教えを乞うことができると考えたからでした（実際に多くのことをご教示頂きました）。

　『京都企業の分析』という書物を上梓して5年の時が過ぎました。前書は，学部学生あるいはビジネススクールの院生の皆さんが企業分析をする際に何を勉強すればよいのか，どのように分析すればよいのかを考えて，あくまで学生の目線で京都大学経済学部の学生たちに分析をしてもらったものでした。もちろん，そのままでは分析の深さや濃度等に差が残りますので，オリジナルの原稿をもとにして学生の皆さんと院生・教員が何度もやりとりをして完成させました。前書は，3年間にわたって京都大学経済学部の3回生ゼミの後期および経営管理大学院のワークショップ後期のテキストとして使用しました。学外の会計関係のゼミでテキストとしてご使用いただいたこともあり，幸いにして出版後3年で完売となりました。複数の先生方より，学生たちと一緒に各大学所在の地域の企業を分析してみたいといった楽しいお手紙もいただきました。

　しかし，この間に，テキストとして勉強した学部ゼミ生および経営管理大学院生たちより，多数の質問や改善すべき点に関する示唆がありました。また，テキストとして使っていただいた他大学の先生方や分析対象とした企業の皆さんより，多数の有益な示唆をいただきました。すべてのご指摘をここで示すことはできませんが，最も大きな点は，前書が，京都企業を分析対象としているとはいえ，京都企業に共通する性質を析出してはいないということでした。前

書では，製造業，サービス業，金融業等のさまざまな業種の企業分析を京都の企業を材料とした教材として示すというスタンスでしたので京都企業としての共通性のようなものにこだわりませんでしたが，本書のタイトルとの関係で一抹の後ろめたさは感じていました。

　本書では，京都企業に共通し，京都以外の企業とは異なる特性を析出することを意識して，前書の長所を踏襲しながらも，全体を書き直しています。その際に，時間（経路依存性）と空間（地勢的特殊性）という2つの視点から，現在の発展の姿を見ていくという姿勢をとっています。ただ，本書のタイトルとして，「時間と空間」ではあまりに物理的で無機質に感じるため，「歴史と空間」としました。歴史的には，明治維新まで1,000年以上続いた首都（ヒト・モノ・カネの集積），高い工芸技術の熟成，遷都によるダメージと生き残りのための新たな戦略，絹織物の輸出ブームとその衰退（それに伴う旧財閥の大阪・東京への移動や大銀行の大阪への重点移動，その後のフラットな企業社会の形成）といった要素が現代の京都企業に直接・間接に影響を与えています。また，アメーバ経営やマトリクス組織といったユニークな経営管理手法も，京都の伝統工芸における分業やフラットな企業社会における考え方の影響を受けていると思われます。他方，空間的には，京都が盆地に立地し，港が遠く，かつ5,000前後の神社仏閣が府内に点在していることから，広い土地の確保が必要な重厚長大な産業は展開できず，高付加価値の先端的産業を展開していったことが京都企業の特徴形成に影響を与えていると思われます。

　また，前書で使用した財務データは，単に古くなったというだけでなく，対象とした時期が金融危機の直前・直後という特殊な時期であったため，京都企業のその後の回復の姿をある程度予想できていたとはいえ，やや悲観的な評価となっていました。本書によって，金融危機以降に短期間で業績を回復させた京都企業の底力の一端を描出できたと考えています。

　以上の編集方針に基づいて，教材としてのケース集および学生の目線で学ぶテキストという前書の特徴を残しながらも，本書の趣旨を，「古都京都にありながら，イノベーティブな経営戦略によって世界的に存在感を示し続けている京都企業を総合的に分析する」と変更し，次のメンバー（京都大学大学院経済学研究科と経営管理大学院の徳賀研究室出身者）で，以下のようなリニューアル

を行いました。

[執筆者]（五十音順，敬称略）

　小川淳平（神奈川大学准教授），掛谷純子（京都女子大学准教授），亀井博史（金融機関勤務），酒井絢美（同志社大学助教），佐久間隆大（金融機関勤務），真田正次（就実大学准教授），徳賀芳弘（京都大学教授），宮宇地俊岳（追手門学院大学准教授），本川勝啓（学習院大学准教授），山下知晃（福井県立大学助教）

　リニューアルにあたって，最初に上記メンバーに担当企業を割り振って書き換えてもらい，その後，相互の覆面チェックを2度行ってその度に担当者に書き直しをお願いしました。巻末の執筆者紹介のところで，担当箇所を細かく示しているので，参照してください。

[リニューアルのポイント]

① ケース教材としての性質も残しながら，ケース・スタディとして分析的な側面に重点を移しました。ケース・スタディの他の分析方法に対する強み（特殊成功例の分析，コンテクスト依存的分析，因果経路の解明）を活かすことを意識して書き直しています。

② 京都企業の特徴を浮き彫りにできるように全体を編集し直した上に，京都企業に共通する特殊性を分析した最終章を追加しました。ただし，類書にあるような文化的・歴史的な視点からのみ現在の成功を直接に説明しようとするものではなく，逆に共時的な経済的合理性のみで説明しようとするものでもありません。本書では，文化的・精神的な要素を可能な限り経済合理的な要素に還元して説明する努力をした上で，還元が困難な要素に関しては，両要素を並行的に考慮するという方法を採りました。また，最終章の追加によって，「京都企業とは何か」（共通性）を知りたいと考えている広範な読者の関心にある程度お応えしたつもりです。

③ 前書では，分析に用いる財務データ等が2005年から2009年の5年間のものであったので，最新（2010年～2014年の5年間）のものに更新しました。前書と比較していただければ，京都企業の多くが金融危機後に短期間で業績回復を達成した姿をみてもらえると考えています。

④ 各章の分析のベースとなる「プラットフォーム」の内容を充実させまし

た。本書では，営利性という視点のみでなく，企業の社会的貢献の測度（付加価値分析等）にも言及しています。
⑤　分析の濃淡・深浅を可能な限りなくし，達成レベルを決めて各章を書き直しました。

　大学の経営分析や企業分析講義において財務比率分析を教えるだけでは表面的だと考えておられる教員の皆様には，企業の経路依存的・地勢学的分析および経営戦略を含めた多面的な分析を可能にする事例教材として，また，学部ゼミやビジネススクール等で，地域の企業の分析を計画されている教員の皆様には，歴史的・地勢学的な制約条件と企業の戦略との関係を取り上げた事例として，教科書や参考書に使用していただければうれしいです。
　また，ビジネスパーソンには，京都企業の特殊成功例としての側面のみならず，類似の制約条件の下で有効と思われる戦略を参考にしていただければ幸いです。また，歴史に翻弄され，時には棹さし，地勢学的条件に制約されながらも，力強く成長してきた京都企業の姿を皆様の明日への活力としていただければうれしいです。
　さらに，京都の企業に関心を持たれている一般の読者には，京都企業の歴史的・空間的に特殊な環境条件への適合の仕方をみてほしいと思います。
　読者の皆様の忌憚のないご意見・ご批判をお願いいたします。

[謝辞]
　まず何よりも，前書の執筆のため2年間にわたって京都企業の分析に取り組んでくれた当時の学部ゼミ生諸君と，講義に参加して感想を述べ疑問点を指摘してくれた京都大学経済学部の学生・経営管理大学院の大学院生諸君に心よりお礼を申し上げたいと思います。毎回，テキストの「要約＋アルファ」の報告を求めましたが，かれらの「要約」を聞きながら，説明が足りない点や誤解を招きやすい点を知ることができました。また，「＋アルファ」の分析に興味深い示唆もたくさんありました。
　紙幅の関係から各々のお名前を挙げることはできませんが，コメントを頂戴した学生諸君，他大学の先生方，および分析対象企業の方々に感謝しています。ご指摘いただいた点はすべて検討した上で，矛盾なく織り込める範囲で本書に

活かしたつもりです。

　本書の刊行に当たって，大幅なリニューアルの作業と15回の打ち合わせ会議に参加してくれた執筆者の皆さんにも感謝しています。とりわけ，とりまとめ役を務めてくれた，亀井博史君，本川勝啓君，および山下知晃君には感謝しています。

　最後になりましたが，あまり販路のない本書の出版をお引き受けいただいた中央経済社と山本継社長，編集を担当していただいた田邉一正氏に厚くお礼申し上げます。

2016年4月

編著者として　徳賀　芳弘

# CONTENTS

## 第1章 分析のためのプラットフォーム（1）

第1節　はじめに……1
第2節　分析対象企業の選定……3
第3節　第3章以降の構成および企業分析の手法……5
　（1）企業概要……5
　（2）経営戦略分析……5
　（3）財務分析……18

## 第2章 分析のためのプラットフォーム（2）

第1節　企業価値推定モデル……39
　（1）企業価値概念と2つの企業価値推定モデル……39
　（2）予測財務諸表の作成……41
　（3）割引率の算定……42
　（4）DCF法による企業価値の算定……43
　（5）残余利益法による企業価値の算定……44

## 第3章 京セラ株式会社

第1節　企業概要……48
　（1）沿　革……48
　（2）現在の状況……49
第2節　経営戦略分析……50
　（1）全社戦略と現状……50
　（2）事業戦略と現状……53

第3節　財務分析……54
　第4節　独自の分析：株主至上主義ではない経営実践……60
　　（1）京セラの経営スタイル……60
　　（2）京セラ経営の背景……61
　　（3）株主重視型経営vs.ステークホルダー重視型経営……62
　　（4）環境経営とCSR報告書……64
　　（5）まとめ……64
　第5節　企業価値推定……64
　　（1）モデルの説明力の検証……64
　　（2）基本プラットフォームに基づく理論時価総額の測定……65
　第6節　総　　括……66

## 第4章　日本電産株式会社

　第1節　企業概要……70
　　（1）沿　　革……71
　　（2）現在の状況……71
　第2節　経営戦略分析……73
　　（1）競争状況……74
　　（2）経営戦略……75
　第3節　財務分析……78
　　（1）財務諸表の修正……79
　　（2）財務政策の分析……79
　　（3）ファンダメンタル分析……79
　第4節　独自の分析：M&Aにおける会計・税務戦略……83
　　（1）M&Aを成功に導く会計戦略……83
　　（2）M&Aを成功に導く税務戦略……85
　第5節　企業価値推定……86
　　（1）モデルの説明力の検証……86

　　　　　（2）基本プラットフォームに基づく理論時価総額の測定……87
　第6節　総　　括……88

## 第5章 株式会社村田製作所

　第1節　企業概要……92
　　　　　（1）沿　革……92
　　　　　（2）現在の状況……92
　第2節　経営戦略分析……95
　　　　　（1）業界状況……95
　　　　　（2）ムラタの経営戦略……96
　第3節　財務分析……99
　　　　　（1）バイアスの修正……99
　　　　　（2）財務比率分析……99
　　　　　（3）CSRへの取組み……105
　　　　　（4）まとめ……106
　第4節　独自の分析：競争力の源泉
　　　　　―独自性と科学的管理……106
　　　　　（1）戦略分析・財務分析から明らかになったこと……106
　　　　　（2）特徴的な経営スタイル―マトリックス経営……107
　　　　　（3）独自の会計システム……109
　　　　　（4）まとめ……115
　第5節　企業価値推定……116
　　　　　（1）モデルの説明力の検証……116
　　　　　（2）基本プラットフォームに基づく理論時価総額の測定……116
　第6節　総　　括……117

## 第6章 オムロン株式会社

第1節　企業概要……122
　　　（1）沿革・経営理念……122
　　　（2）事業内容……123
第2節　経営戦略分析……124
　　　（1）業界全体と各事業の現状……125
　　　（2）経営戦略……126
第3節　財務分析……127
第4節　独自の分析：CSRマネジメント分析……133
第5節　企業価値推定……138
　　　（1）モデルの説明力の検証……138
　　　（2）基本プラットフォームにもとづく理論時価総額の測定……139
第6節　総　　括……140

## 第7章 任天堂株式会社

第1節　企業概要……144
第2節　経営戦略分析……146
　　　（1）ファミコンの戦略……146
　　　（2）任天堂のブルー・オーシャン戦略……147
第3節　財務分析……150
　　　（1）財務諸表の構成……150
　　　（2）収益性・効率性分析……152
　　　（3）安全性分析……154
　　　（4）成長性分析……155
　　　（5）キャッシュ・フロー分析……155
　　　（6）まとめ……156

第4節　独自の分析：統計的手法による予測（2009年3月期まで）
　　　　　……157
　　　　（1）分析手法……157
　　　　（2）据置きゲーム機の分析……158
　　　　（3）携帯ゲーム機の分析…160
　　　　（4）ソフト販売予測……161
　　　　（5）売上高予測……162
　　　　（6）事後的な確認……162
　　　　（7）まとめ……163
　　　第5節　企業価値推定……164
　　　　（1）モデルの説明力の検証……164
　　　　（2）基本プラットフォームに基づく理論時価総額の測定……165
　　　第6節　総　　括……166
　　　　（1）その後の展開：2010年3月期以降……166
　　　　（2）総　　括……169

# 第8章　宝ホールディングス株式会社

　　　第1節　企業概要……176
　　　　（1）沿　　革……176
　　　　（2）現在の状況……177
　　　第2節　経営戦略分析……178
　　　　（1）業界状況……178
　　　　（2）経営戦略……181
　　　第3節　財務分析……183
　　　　（1）バイアスの修正……183
　　　　（2）財務比率分析……184
　　　　（3）CSRへの取組み……188
　　　　（4）まとめ……189

第4節　独自の分析：タカラバイオの戦略分析……189
　　　（1）タカラバイオの企業概要……190
　　　（2）タカラバイオの経営戦略—「中期経営計画」の分析……191
　　　（3）協和発酵キリンとの比較……196
　　　（4）まとめ……199
　第5節　企業価値推定……200
　　　（1）モデルの説明力の検証……200
　　　（2）基本プラットフォームに基づく理論時価総額の測定……200
　第6節　総　　括……201

# 第9章　株式会社ワコールホールディングス

　第1節　企業概要……206
　　　（1）沿　　革……206
　　　（2）現在の状況……208
　第2節　経営戦略分析……209
　　　（1）業界状況……209
　　　（2）経営戦略……210
　第3節　財務分析……213
　　　（1）財務諸表の修正……213
　　　（2）財務比率分析……214
　第4節　独自の分析：現状打破の成長戦略……219
　　　（1）分析の概要……219
　　　（2）分析および結果の解釈……220
　第5節　企業価値推定……226
　　　（1）モデルの説明力の検証……226
　　　（2）基本プラットフォームにもとづく理論時価総額の測定……227
　第6節　総　　括……228

目次　VII

## 第10章　ワタベウェディング株式会社

- 第1節　企業概要……232
    - （1）沿　　革……232
    - （2）現在の状況……233
- 第2節　経営戦略分析……234
    - （1）業界の状況……234
    - （2）経営戦略……236
- 第3節　財務分析……237
    - （1）会計数値の修正……237
    - （2）財務比率分析……237
    - （3）本節のまとめ……242
- 第4節　独自の分析：損益分岐点分析……243
    - （1）損益分岐点分析について……243
    - （2）損益分岐点分析を行うための準備……244
    - （3）感応度分析……244
    - （4）まとめ……246
- 第5節　企業価値推定……246
- 第6節　総　　括……248

## 第11章　株式会社京都銀行

- 第1節　企業概要……252
    - （1）沿　　革……252
    - （2）現在の状況……252
- 第2節　経営戦略分析……254
    - （1）近年の地方銀行をめぐる動向……254
    - （2）京都銀行の成長戦略……260

第3節　財務分析……262
　　　（1）分析上の留意点……262
　　　（2）財務分析……263
　　　（3）まとめ……267
第4節　独自の分析：収益と費用の構造分析……267
　　　（1）収益構造……267
　　　（2）資金運用収益……268
　　　（2）役務取引等収益……270
　　　（3）費用構造……271
　　　（4）まとめ……272
第5節　総　　括……273

## 第12章　京都企業の特徴

第1節　はじめに……279
第2節　京都企業の特徴……280
　　　（1）京都企業の二分類……280
　　　（2）京都企業の定量的特徴……284
第3節　「京都企業」と京都……292
　　　（1）「京都企業」の特徴……292
　　　（2）なぜ京都から世界トップシェアを握る企業が多数輩出されたのか……293
　　　（3）京都企業はなぜ財務基盤の安定化を志向するのか……296
第4節　おわりに……299

参考文献・303
索　　引・311

# 第1章

# 分析のためのプラットフォーム(1)

## 第1節　はじめに

　『京都企業』——この言葉から連想されるものとは何であろうか。われわれは京都に本社を置く企業を京都企業とよび，本書の中で，その京都企業を対象にした分析に取り組んでいる。読者の方々の中には，京都企業についてよくご存知の方，実際に京都企業とよばれるところにお勤めの方，あるいは初めてこの言葉を知り，興味を持ってこの本を手に取ってくださった方など，さまざまな方がおられるであろう。一般に，京都企業のもつイメージとしては，「技術力に優れている」，「地域に根ざしながら，世界規模に展開している」，「社名を聞いたことはあるが，どのような事業内容であるかはよくわからない」といったものを挙げることができる（あるいは，本書で取り上げられている企業名を見て，「この企業も京都の企業だったのか」と感じられる方もいるかもしれない）。これらのイメージは確かに京都企業の特徴を表しているのだが，あくまでもその一部分を表しているにすぎないであろう。

　前書『京都企業の分析』では，学生たちが分析に取り組んだこともあり，「イメージに捉われない京都企業の多様な姿を，学生なりの視点から映し出すこと」を目標の1つとしていた。本書では，「古都京都にありながら，イノベーティブな経営戦略によって世界的に存在感を示し続けている京都企業をアカデミックな視点から分析する」という目的のもと，分析手法としては，経営

戦略分析や財務分析といった一般的なものに加え，社史や統計的分析なども取り入れ，検証可能なあらゆる面から京都企業を掘り下げて evidence を得たうえで，主張を展開するようにしている。

本書の執筆にあたっては，前書の著者の意図を汲み取りながらよりアカデミックな内容に発展させることを試みてきたが，主に以下の5つの点を意識しながら分析を深めてきた。第1に，経営戦略分析，財務分析等の一般的な分析を，京都企業を題材にして実施するという「ケース教材」としての意義以外に，京都企業の成功例から"ベンチマーク"となるべき経営上の成功の要因を析出する「ケース・スタディ」としての意義を付加することである。たとえば，都市銀行が当時の花形である繊維産業（たとえば西陣織）を顧客として押さえ，さらに，信用金庫が街の中心部を押さえていた京都において，後発の京都銀行がいかにして現在の地位を確保するにいたったのかといった戦略の記述や，一般的にマトリックス経営は指揮命令系統が混乱し失敗するおそれもあるといわれる中で，村田製作所はなぜマトリックス経営に成功しているのか等の成功要因を描いている。その意味で，企業分析の実践例に留まらず，経営学上の経営実践を学ぶテキストとして使用することも可能な形をとっている。

第2に，『京都企業　歴史と空間の産物』という本書のタイトルに寄せられる期待に応えるために，京都企業の特徴を浮き彫りにできるように全体を編集し直し，さらに京都企業に共通する特殊性を分析した最終章を追加した。ただし，類書にあるような文化的・歴史的・精神的な視点から現在の成功を直接に説明しようとするものではなく，文化的・歴史的・精神的な要素についても，可能な限り経済的合理性による説明を行う努力を行っている。

第3に，前書では2005年3月期から2009年3月期の5年間の財務データを用いて分析に取り組んでいたが，本書では2010年3月期から2014年3月期の5年間の最新のデータを用いたうえで各企業を分析し直している。特に，前書執筆当時とは経済環境が大きく変化しているため（リーマン・ショックからの脱却，前書で分析対象としていたニッセンHDがセブン＆アイHDの子会社となる等），データを単純にアップデートするだけの作業ではなく，前書の内容と整合性のある形で意味のある分析を実施する必要性があった。この点については，各章の内容について繰り返し議論を重ねながら分析を深めてきた。

第4に，本章・第2章の「分析のためのプラットフォーム」は，第3章以降

の各章で用いる分析手法のうち，複数の章で共通して用いられている手法について，その詳細を記述するものであるが，その内容を充実させた。具体的には，①経営戦略論の記述の充実，②企業が採用する各種経営戦略が財務比率に与える（と期待される）影響の記述，③企業の営利性の視点のみでなく，企業の社会的貢献度を測定する手法の１つである付加価値分析への言及，④損益計算書・貸借対照表だけでなく，キャッシュ・フロー計算書を用いた分析の記述，⑤銀行業界の特殊な財務諸表の構造の概説，等を新たに加えた。

第５に，それぞれの章の間で，分析の濃淡・深浅を可能な限りなくすために，前書の記述を，本書で各章を担当する新たな執筆者に書き換えてもらったうえで，執筆者間でブラインド・チェックを２度実施し，分析の浅いところや偏りを減らし，全体的な整合性を保つ作業を行った。われわれはこれらの作業の過程で15回の検討会を開催し，１年間にわたって大幅な書き換え作業に取り組んだ。

本書の学習を通じて，われわれにとっては地元に根付いた身近な京都企業の力強さの理解の一助となると同時に，読者の皆様にも京都という土地，および京都企業に親しみを持っていただけたなら幸いである。

## 第２節　分析対象企業の選定

われわれは今回の分析を行うにあたり，対象企業として以下の９社を選んだ。京都には分析に必要な情報が容易に入手可能な上場企業だけでもおよそ70社が存在するのだが，紙幅の関係もあり，すべての企業を詳細に分析することは難しいと考えられたため，今回は９社のみとした。

まず，今回の分析対象企業を選定するにあたって，業種が多種多様であることを条件の１つとした。対象企業の属する業種に偏りがあると京都企業の一部分しか知ることができないと考えたからである。また，少しでも親しみやすい本とするため，一般によく知られていることを条件とした。そこでまずわれわれは売上高の上位10社を抽出してみた（財務情報を入手しやすいという観点から，選定企業は東証一部上場企業に限ることとした。また，業種区分は証券コード協議会のものに従っている）。

**図表1-2-1 京都企業売上高ランキングベスト10**[1]

| ランク | 企業名 | 業種 | 売上高（百万円） |
|---|---|---|---|
| 1位 | 京セラ（株） | 電気機器 | 1,447,369 |
| 2位 | 日本電産（株） | 電気機器 | 875,109 |
| 3位 | （株）村田製作所 | 電気機器 | 846,719 |
| 4位 | オムロン（株） | 電気機器 | 772,966 |
| 5位 | 任天堂（株） | その他製品 | 571,726 |
| 6位 | （株）GSユアサ | 電気機器 | 347,995 |
| 7位 | ローム（株） | 電気機器 | 331,087 |
| 8位 | （株）島津製作所 | 精密機器 | 307,532 |
| 9位 | 宝ホールディングス（株） | 食料品 | 209,568 |
| 10位 | （株）ワコールホールディングス | 繊維製品 | 189,923 |

**図表1-2-2 本書の分析対象企業**

京セラ株式会社（電気機器業1位）　　任天堂株式会社（その他製品業1位）
日本電産株式会社（電気機器業2位）　宝ホールディングス株式会社（食料品業1位）
株式会社村田製作所（電気機器業3位）株式会社ワコールホールディングス（繊維製品業1位）
オムロン株式会社（電気機器業4位）　株式会社京都銀行（金融業1位）
　　　　　　　　　　　　　　　　　ワタベウェディング株式会社（サービス業1位）

　その結果，**図表1-2-1**に示されたように，上位には電気機器業に属する企業が多く見られた。ここ京都には，産学連携を進め，技術開発に熱心な企業が多く，結果としていわゆる「ものづくり企業」[2]が多く存在している。そのため売上高ランキングの上位から9社を選ぶと業種が製造業に偏ってしまうのである。さらに，業種によっては売上高が企業の規模を示す最適な指標といえない場合もある。

　そこでわれわれはこのランキングから上位4社を選び，残りは東証一部上場企業であり，かつ，電気機器業以外の業種別の売上高ランキング（金融業は総資産ランキング）において1位である企業を選ぶこととした。

　この手続により，**図表1-2-2**に示すように，その他製品業，食料品業，繊維製品業，金融業，サービス業から，それぞれ1社を選んでいる。第3章以降ではこれらの企業の分析を行っている。

## 第3節　第3章以降の構成および企業分析の手法

　本節と第2章において，第3章以降の構成および各節で用いた企業分析の手法について説明を行う。第3章以降の各章の構成は，第1節「企業概要」，第2節「経営戦略分析」，第3節「財務分析」，第4節「独自の分析」，第5節「企業価値算定」，第6節「総括」からなる[3]。なお，第4節は，第1節から第3節までの分析過程で生じた疑問や，導出された仮説に基づいた分析がなされたものである。そのため，ここでは解説は行わない。

### （1）企業概要

　各章第1節では，企業分析を開始する第一歩として，各企業の創立から現在に至るまでの社史，主要な製品・サービス，現在の規模，従業員数，事業の構成といったものを調査する。こういった調査を通じ，定性的な情報の整理を行うことによって，分析対象企業の全体像をまず把握することができる。また，企業名からは窺い知れないような事業や，自らの日常生活とその企業との意外な結び付きといったものに気がつくことで，これまで分析対象企業に対して抱いていた先入観を打ち消し，企業に向き合うことも可能になると思われる。さらに，企業概要の確認は，以降の節で行う分析の結果を解釈する際の前提となるため，極めて重要な意味を持っている。

### （2）経営戦略分析

　各章第2節では，各企業が採用する経営戦略を，既存の戦略論の視点から分析し，企業の強みとなるべき事業を，企業がどのように成長させようとしているかを確認する。ここでは，分析の視座として用いた経営戦略分析の手法の解説を行う。企業はヒト・モノ・カネ・情報といった経営資源を，財・サービスに転換して利潤を追求する社会組織である。その利潤への転換プロセスと環境との関係を企業自らが規定し指針としたものを，本書では経営戦略と位置づける。

　経営戦略を題材とした経営戦略論には，実は多様な学派が存在することが知られている[4]。ただ，企業分析では，企業の外部から入手可能な情報をもとに

企業の戦略を分析することになる。その意味で，市場シェアや競合の数などから分析が可能な戦略論を中心に用いることとなる[5]。

　本節では，分析対象企業の経営戦略を説明する際に用いた既存の戦略論について，「戦略計画学派」，「ポジショニング・ビュー」のそれぞれに分類される戦略について，順を追って説明していく。まず「戦略計画学派」とは，不確実な環境の中で，組織全体の目標に向かってメンバーの活動を調整するようなプランを体系的・合理的に策定することが経営戦略の課題と考える理論群である。そこで，「戦略計画学派」の代表である「Ansoffの成長マトリクス」から説明を始め，その発展形である「多角化戦略」と「垂直統合戦略」について説明を行う。また，「多角化戦略」の具体的な指針を提供する「プロダクト・ポートフォリオ・マネジメント」についても言及する。

　次に，「ポジショニング・ビュー」の代表であるPorterの「競争の戦略」について説明する。「ポジショニング・ビュー」とは，企業が展開している業界の構造を分析し，利益を獲得しやすい事業分野や市場を見つけ出したうえで，そこに進出し，特定の戦略を打ち出して，一定のポジションを築くことを経営戦略課題と考える理論群である。

　「戦略計画学派」「ポジショニング・ビュー」のいずれも，環境という制約の中で自社が展開する事業・市場の内訳やポジションを模索する戦略という点に共通項をもつ。その後に，「ブルー・オーシャン戦略」について説明を行う。「ブルー・オーシャン戦略」は，企業の置かれた環境から，自社の経営戦略を策定するというよりは，競争相手のいない新たな市場を創造し，自社に最適な環境を手に入れるという戦略である。ただ，市場の競争状態に着目している点では，ポジショニング・ビューに類似した考え方をもつとも考えられる。

　これらの戦略論を用いた分析を行うことで，企業が好業績を達成するためにどこに注力する等の意思決定を行ったのかを捉えることができる。以下では，各戦略についての説明を行う。

## 戦略計画学派の戦略論

### ◆ Ansoffの成長マトリクス

　企業の成長の方向性を検討する際の理論として，その代表格であるAnsoffの成長マトリクスをまず取り上げる。Ansoffは，環境とのかかわりを変更する戦略的意思決定として，自社の製品―市場ポートフォリオを変更する（多角化するか既存事業を深掘りするかなど）の意思決定が重要であると指摘し，その成長の方向性の分類を行った。本書ではワコールHDの分析に，このマトリクスを用いた。

　この理論では，市場と製品とによって事業を捉えようとする。その際に，市場は既存市場と新規市場の2つに，製品は既存製品と新たに開発される製品の2つに，それぞれ区分される。それらの区分に従うと，企業の選択できる戦略は，**図表1-3-1**のように整理することができる。

**図表1-3-1　Ansoffの成長マトリクス**

|  | 既存製品 | 新規製品 |
|---|---|---|
| 既存市場 | **市場浸透戦略**<br>企業が，既存の市場や顧客に対し，既存の製品で市場占有率の拡大を目指す戦略 | **製品開発戦略**<br>企業が，既存の市場や顧客に対し，新規の製品の提供を行う戦略 |
| 新規市場 | **市場開拓戦略**<br>企業が，新規の市場や顧客に対し，既存の製品をもって参入する戦略 | **多角化戦略**<br>企業が，新規の市場や顧客に対し，新規製品でもって参入するという，市場と製品の双方における事業領域の拡大を目指す戦略 |

出所：Ansoff [1965]，広田訳，137頁をもとに作成

### ◆ 多角化戦略

　上述のAnsoffの成長マトリクスの中の多角化戦略は，企業が成長を実現するうえで重要な戦略であり，実際に多角化を進めている企業は多く存在する。それゆえに，分析者にとっては，多角化戦略を考察し，企業の成長の方向性を理解することが重要となる。多角化戦略における多角化とは，企業の事業構成の多様化を意味しているが，企業がどのような多角化を行っているかを捉えるう

えで，いくつかの有効な区分が存在する。具体的には，Ansoffの区分とRumeltの区分である。以下では，それぞれの区分について順に述べていく。

まず，Ansoffは，市場（顧客）と製品・技術の2つの視点から，多角化戦略を水平型，垂直型，集中型，集成型[6]の4つのタイプ[7]に区分している。ここでの分類基準を具体的に述べると，1つは，企業が展開している既存市場と関連のある新市場であるか，関連のない新市場であるかという視点である。もう1つは，企業が製造・保有している既存の製品・技術と関連のある新製品か，関連のない新製品かという視点である。これらの基準に従うと，多角化戦略は**図表1-3-2**のように分類される[8]。この区分を用いると，市場や製品との関連性を問う意味で，多角化による成長の方向性を読みとることができる。

**図表1-3-2　Ansoffの分類に基づく多角化戦略の4つのタイプと具体例**

| 新市場と既存市場・顧客との関連の有無 | | 新製品と既存製品・技術との関連の有無 | |
|---|---|---|---|
| | | 有 | 無 |
| | 有 | **水平型多角化戦略**<br>・PCメーカーがプリンター事業に進出<br>・TVメーカーがゲーム機器事業に進出 | **垂直型多角化戦略**<br>・自動車メーカーがローン事業に進出<br>　（京セラ） |
| | 無 | **集中型多角化戦略**<br>・ビール会社が製薬事業に進出<br>　（京セラ，宝HD，ワコールHD） | **集成型多角化戦略**<br>・製鉄企業が製パン事業に進出<br>・繊維企業が化粧品事業に進出 |

（注）括弧内は本書で言及した企業名

次に，Rumeltは，事業間の関連性の程度や関連の形態に着目し，多角化戦略を限定型，関連型，非関連型の3つに分類した。詳しい区分については，**図表1-3-3**にまとめる。企業が複数の事業を同一の市場・業界において展開している場合は，限定型に区分される。また，企業が複数の市場や業界で事業に従事する場合は，より高次の多角化とみなしたうえで，既存事業との関連性に応じて関連型と非関連型に区分する。この区分を用いると，企業が複数の事業を抱えている場合に，それらの結びつきの強弱の程度を読みとることができる。また，Rumeltの区分は，事業間の関連性の強弱を問うだけでなく，他事業に大きな比重を置いているか否かの差も問える点で有効だと考えられる[9]。

ここまで，多角化戦略における2つの区分法について述べた。本書において

**図表1-3-3 Rumeltの分類に基づく多角化戦略の5つのタイプ**

| 多角化の大分類 | 多角化の細分類 | 分類基準1 | 分類基準2 | | 本書での言及企業 |
|---|---|---|---|---|---|
| 限定型多角化 | 単一事業型 | 総売上高の70%以上が同一業界 | 総売上高の95%以上が同一業界 | | |
| | 主要事業型 | | 総売上高の70%以上95%未満が同一業界 | | |
| 関連型多角化 | 関連限定型 | 総売上高の70%未満が同一業界 | 事業間に共通の部分あり | 共通部分が多い | オムロン |
| | 関連連鎖型 | | | 共通部分がわずか | |
| 非関連型多角化 | | | 事業間に共通の部分なし | | |

出所：Barney［2002］，岡田訳，下巻，62頁をもとに作成

は，企業の成長の方向性を説明することを重視する場合にAnsoffの区分を使用し，企業の事業間の関連性を説明することに重点を置く場合にはRumeltの区分を使用している。

### ◆ 垂直統合戦略

　図表1-3-2の中で垂直型多角化として紹介された戦略は，一般的に，垂直統合戦略ともよばれている。垂直統合戦略とは，技術的には別々の活動である，原料調達，生産，流通，販売，その他の活動を1つの企業内に取り込むことである。垂直統合には，前方垂直統合と後方垂直統合とがある。まず，前方垂直統合とは，企業が自社の事業領域を製品やサービスの最終顧客に近い事業領域に向かって広げていくことである。次に，後方垂直統合とは，企業が自社の事業領域を製品やサービスの最終顧客から遠い事業領域に向かって広げていくことである。垂直統合戦略については，本書では，京セラ，村田製作所，ワタベウェディングの分析の際に言及している。

### ◆ プロダクト・ポートフォリオ・マネジメント
　　（Product Portfolio Management）

　前述の多角化戦略の項目において，多角化戦略に関する理論について述べた

が，いずれも新市場に新製品を投入する企業行動を概念的に整理するものであった。ここで取り上げるプロダクト・ポートフォリオ・マネジメント（Product Portfolio Management，以下，PPMと略す）は，企業が抱える複数の事業について，具体的にどの事業を縮小／拡大すれば，利益を獲得することができるかについての指針を提供するものである。PPMは，The Boston Consulting Groupが提案した枠組みであり，本書では京セラ，宝HDの分析で用いている。

このPPMは経験曲線効果とプロダクト・ライフサイクルという2つの経験的な原則を前提に成立している。まず，経験曲線効果とは，累積生産量の増加に伴って，組織内での学習・専門化が進み，製品1単位当たりの製造コストが低下する（Barney［2002］，岡田訳，中巻，76頁）というものである。この原則を根拠に，PPMでは，相対的市場占有率[10]が高い企業ほど，累積生産量が多く，経験曲線効果によって低コストでの生産が可能になるため，利益が増加すると考えている。次に，プロダクト・ライフサイクル（Product Lifecycle）では，製品は，開発されてから時間の経過とともに，「導入期→成長期→成熟期→衰退期」といった過程を経るとし，その時々の投資の必要性から資金需要を導き出して，**図表1-3-4**のように企業の売上高と費用は変化すると考える。

前提となる2つの経験則を確認した上で，PPMの中身を見ていく。PPMでは，**図表1-3-5**のように前述の経験曲線効果の程度を示す指標としての相対

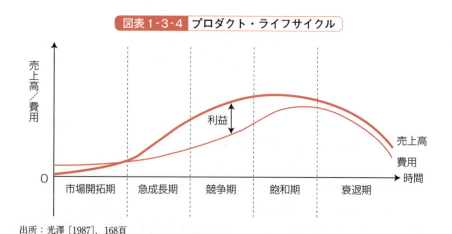

図表1-3-4　プロダクト・ライフサイクル

出所：光澤［1987］，168頁

第1章 分析のためのプラットフォーム(1)

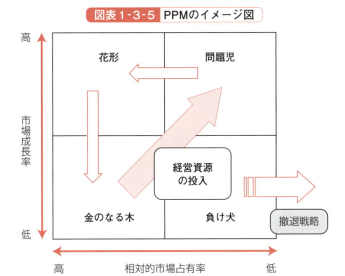

図表1-3-5 PPMのイメージ図

出所：Henderson［1997］，土岐訳，236頁の図表に一部加筆

図表1-3-6 PPMの4つのポジション

| | |
|---|---|
| 花　　形 | 市場成長率の高い分野において，市場占有率が高いことから，企業の代表的な事業とされる。市場シェアを維持し続けるために投資が必要となるため，利益貢献度は低い。 |
| 金のなる木 | 成熟期の市場で高い市場占有率を誇る事業である。追加の投資をあまり必要とすることなく売上が上がるため，企業への利益貢献度は高いといえる。 |
| 問　題　児 | 導入期から成長期にある事業のことで，市場占有率が低いため，多額の投資が必要とされる。 |
| 負　け　犬 | 成熟した市場で，市場占有率も低いことから，これ以上投資しても，利益獲得の可能性は低い事業のことである。状況によっては，撤退戦略の選択が有効となる。 |

的市場占有率とプロダクト・ライフサイクルの状況を示す指標としての市場成長率[11]を用いてマトリクスを構成し，そのマトリクス内に自社の事業やブランド，製品を「花形」・「金のなる木」・「問題児」・「負け犬」とよばれるポジションに配置して，次の戦略を策定する。各ポジションの説明は図表1-3-6をご覧いただきたい。PPMは，「金のなる木」で得た経営資源（資金）を「問題児」

に投資することで,「問題児」を「花形」へ育成することを提唱するものである。このような形で,企業が「選択と集中」の意思決定を行う際に用いる手法である。

次に,企業がこのような多角化戦略,垂直統合戦略を推進する動機は,成長をねらう以外にも,いくつかのメリットが存在することが知られている。具体的には,①規模の経済と②シナジー（synergy）の享受,③リスク分散,および④取引コストの低減の4点を挙げることができる。

第1に,規模の経済とは,生産量が増大することで,生産品1単位当たりの生産コストが低減する経済効果のことをいう。多角化戦略において共通部品を造る際の生産ラインへの投資や,多角化戦略・垂直統合戦略において,共有できる技術の研究開発投資にかかったコスト,生産品の広告宣伝費（それらは,固定費に該当する）について,それぞれの生産品に分散して原価負担させることになるため,生産品の単位当たりコストが低減することになる。

第2に,シナジーとは,生産設備,人員,販売ルート,技術など共有可能な資源が存在するため,複数の事業（垂直統合の場合は,複数の工程）を単一の企業で行うことで相乗効果が得られ,経済的に有利に展開できるというものである[12]。シナジーは1＋1が3にも4にもなる効果をもたらすが,ただ,同一企業内で複数の事業を展開すれば得られるというほど単純なものではない点には注意が必要である[13]。このシナジーが生じるメカニズムは範囲の経済が機能するからである。ここで,範囲の経済とは,単一企業で複数の製品の生産やサービスの提供を行った場合の総費用が,それぞれの生産・提供を,同じ技術・資産を保有する別個の企業として行う場合の費用合計よりも小さくなる経済効果のことをいう[14]。

第3に,リスク分散効果とは,異なる利益変動を示す複数の事業（垂直統合の場合は工程）を抱えることで,企業全体としての利益とキャッシュ・フローの変動を抑える効果をいう。その結果として,企業のサバイバビリティを相対的に向上させ,倒産確率を低下させる効果をもつ。複数事業に取り組む多角化戦略はもちろんだが,垂直統合戦略についてもリスク分散は成立しうる。たとえば石油化学製品メーカーが石油精製工程（外販も行う）まで垂直統合した場合に,石油価格の高騰によって,石油化学製品は高コストに苦しむ一方で,石油精製工程では高い利益を得ることも可能であり,リスク分散が成立しうる[15]。

最後に，取引コストの低減である。取引コストとは，経済取引を行う際に生じる費用であり，具体的には，(1)取引に必要な価格情報等の収集・解析に伴う費用，(2)取引相手に関する情報収集（探索・審査）に関する費用，(3)取引相手との交渉・契約手続にともなう費用，(4)取引相手の行動をモニタリングするための費用，(5)取引相手の変更等にともなう調整費用などからなる。垂直統合戦略において，後方垂直統合を進めた場合，企業は原材料や部品の調達先を探す手間を省くことができ，前方垂直統合を進めた場合には製品の販売先を探す費用を削減することができる。また，多角化戦略においても，複数事業間で共有部品を利用できるのであれば，ある事業で使用している部品の取引先から他事業で用いる部品を調達すればよいことになり，企業にとって部品調達の相手を探す等の費用を節約することができる。このように，企業が多角化・垂直統合を進める背景には，いくつかのメリットが存在する。

次に，企業が上述の経営戦略を採用した場合に想定される会計数値や財務比率への影響について説明する。ここで記述する影響は，あくまでも確率命題として与えられるものであり，「特定の経営戦略を採用した場合に，このような財務的な影響が出る可能性が高い」という趣旨で記述している。

多角化戦略を採用した場合に，会計数値・財務比率にどのような影響が現れるかについて，単一事業企業と比較する場合と多角化企業間で比較する場合とに分けて検討を行う。まず，単一事業企業と比べた場合には，第1に，急成長中の分野に進出する場合を除き，収益性指標が低い値を示す可能性が存在する。新規事業への進出は，既存事業以外の他の事業に経営資源を分散させることにつながり，既存事業のみに専念していた場合に比べて収益性が低下しうる。第2に，集成型多角化のような場合を除き，効率性指標が高くなる可能性がある。これは，企業が多角化を進める動機として挙げた範囲の経済が機能し，少ない資産保有で売上高や利益をあげることが可能になるためである。第3に，安定的なキャッシュ・インフローを確保できる，あるいは，企業全体として利益変動が抑制される可能性がある。単一の事業に特化している場合には，その事業の市況に左右され，資金の流れおよび損益が変動しやすい。これに対し，複数の事業を展開している場合には，各事業の収支変動および損益変動が相殺され，企業全体としてみると資金の流れおよび損益が安定すると考えられる。最後に，後述のPPM分析との関連があるが，成長性指標が高くなる可能性を指摘でき

る。多角化を行う際には，今後，成長が見込まれる市場へ進出することも多く，そのような場合には，売上や利益指標の伸びが高まると考えられる。

次に，多角化企業同士を比較する際に，着目すべき点について述べる。多角化戦略といっても，その性質は一様ではなく，企業がすでに保有している資産や技術を転用するものや，すでに商品を販売している顧客層に対して異なる商品を投入するものなど，さまざまなタイプが想定され，どのタイプの多角化に該当するのかによって，範囲の経済やリスク分散効果の影響の程度に差が生じうる。そこで，先述のAnsoffの区分とRumeltの区分で示される多角化のタイプごとに検討をしていく。

先述のAnsoffの多角化の4つの区分について，会計数値・財務比率に対して想定される影響を検討すると，新事業—既存事業間で技術や市場に対するノウハウを共有できる場合（水平型，垂直型，集中型）には，効率性や収益性が（他の多角化に比べて）相対的に高くなる可能性が存在する。ただ，複数事業間の市場や技術が近いため，リスク分散効果は相対的に小さくなる。他方で，技術やノウハウを共有できない多角化（集成型）に該当する場合は，リスク分散効果は相対的に大きくなる。ただし，資産や技術・ノウハウの共有を行えないため，収益性や効率性は相対的に低くなる可能性がある。分析対象企業と比較対象企業が，「多角化の程度は同程度であるが，それぞれの進出先が異なる事業である」場合には，このAnsoffの区分を用いて各企業の多角化戦略の詳細を捉えることが有効である。

次に，Rumeltによる多角化戦略の区分と，会計数値・財務比率に対する影響について検討すると，「限定型」から「関連型」「非関連型」へと多角化が進むほど他事業の規模が大きくなり，事業間の関連性が弱くなるほど，相対的な収益性・効率性は低下すること，他方で，リスク分散効果は強くなることが想定される。

ここまで，会計数値・財務数値への影響について検討してきたが，多角化戦略は，株価にも影響を与えうる。具体的には，株価変動の抑制と多角化ディスカウントの存在をあげることができる。まず，単一事業の企業に比べると，企業全体としての利益やキャッシュ・フローの変動が小さくなることが予想されるため，株式リターンの分散が小さくなる可能性がある。次に，多角化の程度の高い企業は，多角化ディスカウント[16]の存在から，理論上の企業価値よりも，

実際の株式時価総額のほうが小さくなる可能性が存在する。多角化企業を対象に企業価値評価を実施する際には注意が必要である。

## ポジショニング・ビュー

### ◆ Porterの3つの基本戦略

　ポジショニング・ビューは，経済学の一分野である産業組織論の研究に起源をもつ。経済学（産業組織論）では，市場の厚生（社会全体の富）を最大化するのは完全競争[17]であり，寡占から独占へと企業数が減少し競争が緩やかになるほど（価格支配力が高まるため），厚生損失が拡大すると説く。他方で，企業の利潤についてみると，完全競争下では，企業は標準的な利潤しか得られないが，寡占から独占に近づくほど，企業の超過利潤は拡大していくことになる[18]。

　政策立案者の視点で，社会全体の富を最大化させる立場からすれば，独占や寡占は望ましくないと考えられるが，経営者の視点で捉えるならば，企業がなんらかの行動をとり，自社に有利な状態を創り出せば，個々の企業が超過利潤を手にすることができる機会があることになる[19]。

　Porterは，この産業組織論の発想を発展させ，企業は産業構造[20]（以下，産業を「業界」，産業構造を「業界構造」と記す）を分析したうえで適切なポジションを構築すれば，超過利潤を獲得できると説いている。具体的には，5つの脅威に着目し，企業は市場分析（外部環境分析）を行ったうえで，それらの脅威を無力化するために，「コスト・リーダーシップ戦略」，「差別化戦略」，「集中戦略」の3つの基本戦略のいずれかを採用すべきことを提唱した。

　まず，Porterが提唱した市場分析の手法であるファイブ・フォース・モデル（Five Forces Model）の説明を行う。本書では，日本電産の分析に用いている。このモデルは，「新規参入の脅威」，「競合の脅威」，「代替品の脅威」，「売り手の交渉力」，「買い手の交渉力」の5つの要因が，「（企業が所属する）業界の競争状態」を決定し，業界の収益性を左右すると想定する。分析者は，各要因について企業が現在置かれている状況を当てはめていくことで，企業の属する業界構造の特徴を定性的に把握できるというものである。以下において，5つの要因について述べる[21]。

　（i）新規参入の脅威では，自社が存在する業界に新たに参入しビジネスを

開始する企業が増加するほど，業界の競争が激化し企業の収益率は低下するという考えに基づいて，参入障壁の高低で新規参入の脅威の程度を示す。（ⅱ）競合の脅威では，同業界内に存在する他企業は自社の収益率を左右する要因となるという考えに基づき，自社と他社の力関係による脅威の程度を示す。（ⅲ）代替品の脅威では，現在の製品・サービスに代わって消費者のニーズを満たす製品・サービスが登場することによる脅威を予想する。（ⅳ）売り手の交渉力では，供給業者が価格や品質を変動させることにより自社が受ける影響を予想する。（ⅴ）買い手の交渉力では，中長期的な関係の中で，商品の購入者がもつ価格への影響力の変化を把握する。

次に，3つの基本戦略について説明する。まず「コスト・リーダーシップ戦略」とは，規模の経済や経験曲線効果などによって，同業他社よりも相対的に低コストで製品の生産やサービスの提供ができる状態を実現する戦略をいう。この戦略下では，コストを下げるために（他社より生産量を大きくする必要があるので），市場シェアの拡大を志向することがある。競合他社よりも低いコストで製品を作ることにより，①平均以上の収益性を維持でき，②買い手の値引き攻勢を回避し，③売り手が原材料価格を上昇させたとしても臨機応変に対応でき，④代替品製品に対しても競合よりも有利な立場でいられ，⑤参入障壁を高くすることができる。本書では，京都銀行の戦略の説明に用いている。

次に，「差別化戦略」とは，製品やサービスに特異だと思える高い価値を付加し，高価格を実現する戦略をいう。具体的には，①製品設計，②ブランドイメージ，③技術，④製品特徴，⑤顧客サービス，および⑥流通の6つの機能について差別化することにより，他社にはない製品やサービスを実現することを目指す。前述の「コスト・リーダーシップ戦略」とは，トレードオフの関係にある。本書では，日本電産の戦略を説明する際に言及している。

最後に，「集中戦略」とは，企業が経営資源の投資を特定のセグメント（ニッチ市場）に集中させる戦略のことである。前述の「コスト・リーダーシップ戦略」と「差別化戦略」が業界全体にわたる効果を期待する一方で，「集中戦略」は特定の市場や製品に特化することに特徴がある（この集中戦略は，さらに特定のセグメントでコスト上の優位性を確立する「コスト集中化戦略」と差別化戦略を特定のセグメントで推進する「差別化集中化戦略」とに区別できる）。Porterは，企業は各戦略を採用した際に生じるリスクを把握した上で，これら3つの戦略

のどれか1つに集中することが大切だと主張している[22]。なお，本書では，終章の分析においてコスト集中化戦略と差別化集中化戦略に言及している。

次に，これらの戦略と会計数値との関係について説明しておく。特に，差別化戦略とコスト・リーダーシップ戦略は，会計数値の差として現れやすいと考えられる。差別化戦略とコスト・リーダーシップ戦略との差は，まず，製品それ自体の収益力を表す売上高総利益率（粗利益率）に現れると考えられる。差別化戦略は，原価に高い価値を付加し，高価格で販売する戦略である。そのため，差別化戦略を採用している企業は，売上高と売上原価との間に大きな開きがあることが想定され，高い売上高総利益率（低い売上高原価率）を示す可能性がある。これに対し，コスト・リーダーシップ戦略は，原価を低減させ，場合によっては市場シェアを奪うために，価格を低く設定していることも想定される。そのため，コスト・リーダーシップ戦略を採用している企業は，売上高と売上原価との差は小さいことが想定され，低い売上高総利益率（高い売上高原価率）を示すことが考えられる。また，コスト・リーダーシップ戦略を採用していると，大量製造・大量販売を行うことになるため，期末の棚卸資産の水準と，期中に獲得した売上高水準とが乖離する可能性がある。つまり，高い棚卸資産回転率として現れることが想定される。

◆ **ブルー・オーシャン戦略**

上記のPorterの3つの基本戦略では，高付加価値化と低コスト化は，トレードオフの関係にあり両立しないと考えられた。それに対し，高付加価値化と低コスト化の両立を可能とする戦略が，Kim and Mauborgneが提唱したブルー・オーシャン戦略である。これは，競争の激しい既存の市場をレッド・オーシャン，全く新しい市場をブルー・オーシャンと定義づけ，レッド・オーシャンから抜け出し，ブルー・オーシャンでの需要の創出を図る戦略のことである。本書では任天堂の分析において用いた。競争の激しい既存の市場では，すでに定められた各業界の境界内で，競合同士が限られたパイを取り合う血みどろの争いが繰り広げられている。そのような状況下で，次のような4つの視点から市場を捉え直し，これまでの業界の境界を越えた新しい市場の開拓を行うことで，レッド・オーシャンに留まる他社と比較して高い売上高成長率・利益率を確保するのである。

> ① 業界常識として製品やサービスに備わっている要素のうち,取り除くべきものは何か。
> ② 業界標準と比べて思いきり減らすべき要素は何か。
> ③ 業界標準と比べて大胆に増やすべき要素は何か。
> ④ 業界でこれまで提供されていない,今後付け加えるべき要素は何か。

　上記の要素に着目すれば,顧客にとって重要でない機能を取り除くことで,低コストと高付加価値を同時に実現することが可能となる。ブルー・オーシャン戦略を採用すれば,暫くの間はライバル他社がいない市場を謳歌することができるとされる。しかしながら,ブルー・オーシャンに他企業が参入してレッド・オーシャン化する,または新たなブルー・オーシャンに飲み込まれる可能性が存在する点には注意が必要である。

## (3) 財務分析

　各章第3節では,企業が公開している財務諸表を用いて,①会計政策分析,および②財務分析を行った。会計政策分析とは,経営者が選択した会計方針や資産・負債評価のために用いた基礎条件(耐用年数や割引率等)を確認し,その選択の意図と影響を分析するものであり,財務分析とは,会計数値の特定項目間の比率を算定し,時系列的な変化や他社との比較を行い,企業の財務的な特徴を明らかにする分析のことである。

### 図表1-3-7 百分比要約貸借対照表の例

**A社の貸借対照表**

| 【資産の部】 | | 【負債の部】 | |
|---|---|---|---|
| 流動資産 | 390 | 流動負債 | 250 |
| 　当座資産 | 200 | 固定負債 | 450 |
| 　棚卸資産 | 150 | 負債合計 | 700 |
| 　その他 | 40 | 【純資産の部】 | |
| 固定資産 | 600 | 株主資本 | 270 |
| 　有形固定資産 | 400 | 評価換算差額 | 20 |
| 　無形固定資産 | 150 | 新株予約権 | 5 |
| 　投資その他の資産 | 50 | 少数株主持分 | 5 |
| 繰延資産 | 10 | 純資産合計 | 300 |
| 資産合計 | 1000 | 負債純資産合計 | 1000 |

**A社の百分比要約貸借対照表**

| | | | |
|---|---|---|---|
| 流動資産 | 39.0% | 流動負債 | 25.0% |
| 　当座資産 | 20.0% | | |
| 　棚卸資産 | 15.0% | | |
| 　その他 | 4.0% | | |
| 固定資産 | 60.0% | 固定負債 | 45.0% |
| 　有形固定資産 | 40.0% | | |
| 　無形固定資産 | 15.0% | | |
| 　投資その他 | 5.0% | | |
| | | 純資産 | 30.0% |
| | | 　株主資本 | 27.0% |
| | | 　評価換算差額 | 2.0% |
| | | 　上記以外 | 1.0% |
| 繰延資産 | 10.0% | | |

なお，第3章以降の各章では，その第3節において，分析・比較の対象となる企業の財務構造を視覚的に捉えられるように，**図表 1 - 3 - 7** に示すような，百分比要約貸借対照表（貸借対照表の総資産額を100%としたうえで，資産・負債・純資産を構成する各項目の構成比を示すもの）を作成している[23]。

### ① 会計政策分析

本書において財務分析の前段階として会計政策分析を行うのには，以下の3つの理由がある。

第1の理由は，分析に用いる会計数値の比較可能性を高める必要性である。財務諸表は企業の情報を外部の人々に明らかにし，資本市場が健全に機能するための大きな役割を担っている。その財務諸表を作成するルールを定めたものが会計基準である。会計基準は，決して画一的なルールではなく，1つの事象に関して複数の代替的な会計処理を認め，項目によっては経営者の見積りを許している。それは，企業の経営環境は業種や業態によって異なる以上，すべての企業に画一的な会計処理を強いるよりも，企業のことを一番よく知っている経営者に判断を委ねたほうが，より企業の実態を会計数値に反映させることができ，企業の実態を外部の人々に知らせるという財務諸表の本来の役割を果たすことができるという考えに基づいた処置であろう。しかし，その判断を委ねられた経営者は，そういった会計処理の一定の自由度を利用して会計数値を操作するという会計政策を行い，必ずしも自社の経済的実態にそぐわない財務諸表を公表する動機を有している[24]。そうした動機が存在する以上，財務分析を行う際には，公表されている会計数値が経営者によって不適切に歪められていないかを調査し，その比較可能性を高めなくてはならない。

第2の理由は，企業の実態を捉えるためには，ある年に限り突発的に起こった事象による影響や，企業の時系列的変化の分析を阻害するような会計方針の変更の影響を取り除く修正を行う必要性である。ただし，必要性が低いと判断した場合は修正を行わないこともある。

さらに，第3の理由は，会計政策も企業の行った意思決定の1つであると考えた際に，会計政策分析を行って企業がどの会計数値に手を加えたかを知ることによって，分析者が経営者の意図を読み取ることにつながる可能性があることである。

このような3つの理由から，本書では会計政策分析を非常に重要な分析として位置づけている。ただし，会計政策の分析には慎重な対応が必要となる。なぜなら，バイアスをすべて取り除いたものが企業の実態を表すわけではなく，その場合，企業の実態そのものを変えてしまう可能性があり，また，どこまでが経営者によるバイアスであるのかを決定することが難しいためである。したがって，本書の分析において，経営者の会計政策が特に期間利益やその他の会計数値を著しく歪めていると予測される場合を除いては，バイアスの除去は行っていない。会計政策分析は，本書で取り上げるすべての企業について試みてはいるが，企業が実施した会計政策の修正にまで踏み込んでいるのは，京セラと日本電産の分析である。

② **財務分析**
　前述の会計政策分析を経た上で，財務分析を行う[25]。財務分析では，収益性・効率性・安全性・成長性の4つの観点から導いた財務指標に対し，他社と比較するクロス・セクショナル分析と，時間軸ごとの変化を追う時系列分析とを行い，企業の財務面での特徴を明らかにしている。また，第2節で確認した経営戦略が財務指標にもたらす影響や他社との違いについても検証する。財務分析を行うことで，その企業が平均的な企業か特異な企業であるかの差異を見つけ出すきっかけとなりうる。ここでは，財務分析において主に使用した指標（**図表1-3-8**に掲載）につき簡単に説明を行う[26]。
　収益性を測る際には，売上高利益率・ROA・ROEを主に用いた。売上高利益率は，売上総利益，営業利益，経常利益，当期純利益[27]といった各種利益を売上高で除すことにより求められる指標で，売上高に占める各種利益の比率を表し，当該企業がどういった活動からどの程度の利益を得ているかを読み取ることができる。また，ROAは当期純利益を総資産で除して[28]，ROEは当期純利益を自己資本で除して算出するため，ROAは負債と純資産の合計に対する当期純利益の割合を，ROEは株主からのみ拠出された資本に対しての当期純利益の割合を，それぞれ意味している。すなわち，これら2つの指標を用いることで，その企業の投資に対するリターン獲得能力を測るのである。
　収益性の次は，効率性に着目する。投資の結果得られた資産をいかに効率的に利用して売上高を獲得するのかも，企業の経営手腕が問われる重要なポイン

## 図表1-3-8 財務分析に用いた主な指標

| 収益性<br>企業活動の成果として、利益を十分にあげることができているか？ | 売上高営業利益率 | 営業利益／売上高 |
|---|---|---|
| | 売上高当期純利益率 | 当期純利益／売上高 |
| | ROA（return on asset）<br>総資産に対する利益の割合 | 当期純利益／総資産 |
| | ROE（return on equity）<br>自己資本に対する当期純利益の割合 | 当期純利益／自己資本 |
| 効率性<br>効率的な経営が行われているか？ | 総資産回転率 | 売上高／総資産 |
| | 棚卸資産回転率 | 売上高／棚卸資産 |
| | 売上債権回転率 | 売上高／売上債権 |
| | 有形固定資産回転率 | 売上高／有形固定資産 |
| 安全性<br>資金繰りの心配はないか？<br>健全な経営であるか？ | 流動比率 | 流動資産／流動負債 |
| | 当座比率 | 当座資産／流動負債 |
| | 負債比率 | 負債／自己資本 |
| | 固定比率 | 固定資産／自己資本 |
| 成長性<br>長期的視点での企業の成長を見込めるか？ | 売上高成長率 | 過去のトレンドをもとに、売上高・当期純利益・総資産の今後の成長を予測する |
| | 当期純利益成長率 | |
| | 総資産成長率 | |

出所：伊藤［2007］，122頁，図表4-7を参考に作成

トの1つである。効率性を測る指標としては、総資産回転率・棚卸資産回転率・売上債権回転率・有形固定資産回転率を使用した。それぞれ、売上高を、総資産額、棚卸資産額、売上債権額、有形固定資産額で除すことで算出される。この比率が高ければ高いほど、売上に対する各資産の回収効率が高く、回収スピードも速いということになる。しかし、この比率は、単に高ければよいというものではない。資産の少なさは、その資産の内容にもよるが、時に経営の安全性を揺るがすこともあるからである。

そこで、次に、安全性の分析を行っている。企業は、ゴーイング・コンサーンを前提とし、多数の利害関係者とともに存在している以上、倒産の懸念がないかを確認する安全性の分析は極めて重要である。まずは、短期的な支払い能力を測る。そのためには、流動比率を用いる。流動比率は流動資産を流動負債で除して算出され、一般的には200％以上が望ましいとされる。しかし、たとえ流動比率がその水準を超えていたとしても、その流動資産が容易に換金でき

ない資産ばかりであった場合，企業が短期の資金繰りの問題に直面する可能性は残る[29]。そこで，資産の換金可能性に注目し，より厳しい視点で企業の安全性を分析する指標が当座比率である。これは，当座資産を流動負債で除すことで求められ，100％以上あれば手元流動性には問題がないといわれている。次に，企業の長期的な支払い能力を負債比率と固定比率を用いて分析する。負債比率は負債を自己資本で除して算定し，低ければ低いほど安全性は高いと考える指標である。固定比率は固定資産を自己資本で除して求め，長期的な投資である固定資産を，返済義務のない資本でどの程度賄えているかを測っている。一般的には100％以下が望ましいとされる。ただし，上記に掲げた指標の望ましいとされる水準は，各企業の資金繰り状況や業種によって異なるため，企業の事業構造を見極めたうえで判断することが重要になる。

　企業の収益性・効率性・安全性を確認した上で，最後は企業の成長性を分析する。成長性分析には，売上高成長率，当期純利益成長率，総資産成長率を用いた。これは，基準年度を1つ定め，その年度の売上高・当期純利益・総資産の数値を1として，比較年度の数値を百分比で表す比率である。その時系列的変化の様子を調査することによって，企業の成長性を分析するのである。もちろん，企業の成長性はこれらの財務指標のみで計れるものではないが，企業の時間軸に沿った財務的変化を確認することは，今後の成長の現実的な見通しを立てる上で欠かせない。

### ③　付加価値分析[30]

　企業は，社会に有益な商品・製品・サービスを提供することで利益を追求する存在であると同時に，社会の公器としての存在という側面ももつ。そこで，本書において，われわれは，企業の営利性の側面の分析だけではなく，非営利性の側面についての分析も試みている。その際に着目するのが，付加価値（Value Added）とよばれる概念である。付加価値とは，企業が経営活動において自ら生み出した価値のことであり，より厳密には，売上高から外部企業から購入した商品・製品・サービス（前給付）を控除することで求められる当該企業の純生産高のことをいう。したがって，付加価値の大きさは企業の社会に対する貢献度を表すという一面をもっている。この付加価値は，その企業が投下した労働や設備などの資源を活用した結果として創出された価値であり，同時

に，その企業を取り巻く利害関係者への価値の分配の原資となるものでもある。

　この付加価値の概念を直観的に理解するために図示したものが**図表1-3-9**である。いまここに，小麦を作る農家，小麦から小麦粉を作る製粉業者，小麦粉からパンを作る製パン業者の3つの主体が存在したとする。まず，農家が小麦を作り30の価格で製粉業者に売り上げたとする。その際に，農家が創出した価値は30となる。次に，製粉業者は農家から30の価格で小麦を仕入れ，小麦粉に加工したうえで70の価格で製パン業者に売り上げた場合，製粉業者にとって，前給付原価が30，付加価値が40となる。そして，製パン業者は，製粉業者から70の価格で小麦粉を仕入れ，パンを焼き上げて150の価格で消費者に販売した場合，製パン業者にとって，前給付原価が70，付加価値が80となる。このように，付加価値とは，各主体が，外部の主体から購入した商品・製品・サービスの価値に対して，新たに創出し付加した価値のことをいう。また，図表1-3-9では扱っていないが，仮に，運送業者が製粉業者から製パン業者へ小麦粉を運び，10の手数料を受け取った場合は，その10相当の金額が運送業者によって創出された付加価値となる。また，スーパーが製パン業者からパンを150で仕入れ，そのパンを180で販売した場合は，差額の30がスーパーによって創出された付加価値となる。

　このように，各主体がそれぞれに付加価値を生み出しているわけだが，各企業の製品等に付加した価値の相対的な大きさを測るための指標として，付加価値率という指標が知られている。付加価値率とは，付加価値を売上高で除すこ

**図表1-3-9 付加価値の概念図**

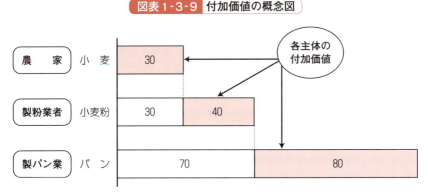

出所：中谷［2007］，32頁，設例を参考に作成

とで算定される指標で，売上高に占める付加価値の大きさを示すものである。図表1-3-9の例を用いれば，農家は30÷30×100で100％，製粉業者は40÷70×100で約57％，製パン業者は80÷150×100で約53％となる。付加価値が自社の純生産高を示すため，この比率が高い場合には，自社の商品・製品・サービスの工程（川上から川下まで）における自社加工度が高いことを示し，この比率が低い場合には，外注依存度の高さを示している可能性がある。

図表1-3-9では，農家が30の付加価値を生み出し，製粉業者が40の付加価値を生み出したとされていたが，企業が実際に生み出した付加価値がどの程度の金額であるのかを算定するには，どうすればよいだろうか。付加価値の金額を算定する方法は2種類ある。1つは「控除法」とよばれる方法であり，企業の総生産高（売上高を用いることが多い）から，他企業が創出した価値である前給付原価を差し引いて付加価値を求める方法である。いま1つは「加算法」とよばれる方法であり，付加価値が利害関係者に分配される点に着目し，分配後の付加価値構成項目を加算していくことで，付加価値を集計・算定する方法である。製造業を想定した場合に，企業は生産活動を通じて社会に貢献をすることになるが，その生産活動には，従業員，資本提供者（銀行・株主），政府（インフラや治安の提供）などが貢献している。企業は，自身が生み出した売上高（厳密には付加価値）を原資に，その貢献に応じて（給料の支払い，利息・配当金の支払い，納税等を通じて）価値を分配していくこととなる。加算法は，その価値の分配計算を活用した方法である。これら2つの計算方法のイメージは**図表1-3-10**に示したとおりである。理論的には，いずれの方法によって計算したとしても，求められた付加価値の金額は一致する。控除法の考え方による具体的な手法としては，日本生産性本部方式が存在し，加算法の考え方による具体的な手法としては，日本銀行方式[31]，経済産業省方式等が存在する。

ただし，この控除法・加算法による付加価値算定には，データ取得の制約が存在する点には注意が必要である。控除法によって計算する場合，分析対象企業が他企業から購入した商品・製品・サービスの前給付原価の情報について，（企業内部者はともかく）企業外部者が入手することは困難である場合が多い。したがって，企業外部者が付加価値を算定する多くのケースでは加算法によって付加価値の計算を行うことになる。ただし，加算法によって計算する場合でも，損益計算書で開示されている情報（「販売費及び一般管理費」の内訳情報な

### 図表1-3-10 付加価値の計算における控除法・加算法のイメージ

```
┌─────────┬──────────────┐
│         │ 原材料       │ ┐
│         ├──────────────┤ │ 外部購入額
│         │ 商品         │ │
│         ├──────────────┤ │
│ 総生産高 │ 外注加工費等 │ ┘
│ (売上高) ├──────────────┤ ┌──────────────┐
│         │              │ │ 人件費       │ ┐
│         │              │ ├──────────────┤ │
│         │              │ │ 賃借料       │ │
│         │              │ ├──────────────┤ │
│         │              │ │ 財務費用     │ │
│         │              │ ├──────────────┤ │ 付加価値
│         │              │ │ 減価償却費   │ │
│         │              │ ├──────────────┤ │
│         │              │ │ 税金         │ │
│         │              │ ├──────────────┤ │
│         │              │ │ 税引後利益   │ ┘
└─────────┴──────────────┘ └──────────────┘
       ≪控除法≫                 ≪加算法≫
```

出所：乙政［2014］，201頁

ど）をもとに付加価値の算定を進めていくが，製造業を分析する場合には，人件費のうち，製品の製造に携わった従業員の人件費は製品の製造原価に含まれることになるため，分析対象企業の製造原価報告書（製造原価明細書）から情報を取得する必要性が生じる。しかし，製造原価報告書は，製造業に属する企業の中でも限られた一部の企業が，個別財務諸表の明細書として開示しているもの（連結ベースの情報は開示されておらず手に入らない），さらに，その開示を取りやめる企業も増加しつつあるため，入手できる情報に限界が存在する[32]。なお，本書で連結ベースの付加価値の金額が必要な際には，個別ベースの付加価値を算定した後に，売上高や総資産額によった連単倍率を掛け合わせる形で推定を行っている。

　付加価値の概念については先述したが，付加価値には，「生産効率の分析」（いわゆる生産性の分析）を行う際に用いられる側面と「成果分配状況の分析」を行う際に用いられる側面とがある。まず，生産効率の分析とは，企業が労働や設備（資本）といった生産要素を用いて，生産物をいかに効率的に生産したかを捉える分析であり，一般的に一定期間の「産出」を「投入」で除す形で求められる。その際に，分母の「投入」の要素としては労働や設備（資本）などが想定され，それぞれに労働生産性，資本生産性といった指標が求められるが，分子の「産出」の要素として想定されるのが，企業の純生産高たる付加価値である。これらを示したものが**図表1-3-11**である。

また、2つの生産性の指標のうち、特に労働生産性については、①売上高を介する形か、②有形固定資産を介する形かによって、さらに分解できることが知られている。まず、①についてであるが、売上高に関する項を加えることで、労働生産性を**図表1-3-12**のように「一人当たり売上高」と「付加価値率」とに分解することができる。

　次に②についてだが、有形固定資産に関する項を加えることで、労働生産性を**図表1-3-13**のように「労働装備率」と「設備生産性」とに分解することができる。労働装備率とは、従業員1人に対してどれだけの生産設備が用意され装備されているかという機械化・合理化の程度を示す指標であり、設備生産性とは、生産設備がどれだけの付加価値を生み出したか、すなわち生産設備の生

#### 図表1-3-11 生産性を測る指標

$$\text{生産の効率性} = \frac{\text{産出}}{\text{投入}} \begin{cases} \text{資本生産性} = \dfrac{\text{付加価値}}{\text{資本（設備）}} \\ \\ \text{労働生産性} = \dfrac{\text{付加価値}}{\text{労働力}} \end{cases}$$

#### 図表1-3-12 労働生産性の分解・その1

$$\text{労働生産性} = \frac{\text{付加価値額}}{\text{平均従業員数}} = \frac{\text{付加価値額}}{\text{平均従業員数}} \times \frac{\text{売上高}}{\text{売上高}}$$

$$= \underbrace{\frac{\text{売上高}}{\text{平均従業員数}}}_{\text{【一人当たり売上高】}} \times \underbrace{\frac{\text{付加価値額}}{\text{売上高}}}_{\text{【付加価値率】}}$$

#### 図表1-3-13 労働生産性の分解・その2

$$\text{労働生産性} = \frac{\text{付加価値額}}{\text{平均従業員数}} = \frac{\text{付加価値額}}{\text{平均従業員数}} \times \frac{\text{有形固定資産}}{\text{有形固定資産}}$$

$$= \underbrace{\frac{\text{有形固定資産}}{\text{平均従業員数}}}_{\text{【労働装備率】}} \times \underbrace{\frac{\text{付加価値額}}{\text{有形固定資産}}}_{\text{【設備生産性】}}$$

産性を表す。

　他方で，成果分配状況の分析とは，企業活動の成果ともいえる付加価値を，企業活動に貢献した利害関係者に対してどのような割合で分配したのかを捉える分析である。企業の長期的な発展にとっては，生産性を向上させるだけでなく，その成果の適正な分配が必要となってくるために，成果分配状況を捉えることは重要とされる。具体的には，労働分配率という指標が知られている。労働分配率とは，従業員への付加価値の分配状況を捉えるための指標であり，人件費を付加価値で除す形で算定され，付加価値に対する人件費の割合を示すものである。ただ，この指標の分析には注意が必要で，当該指標が高い値を示した場合，従業員への分配を重視している可能性だけでなく，人件費が過剰な負担となっている等の可能性も残る。たとえば，人件費は，固定費的な性格をもつので，不況下において，企業の売上高が低下したことが原因で付加価値が減少すると，（人件費はあまり減らないので）必然的に，労働分配率が上昇してしまう。

　本書では，京セラ，オムロンの章で付加価値率や労働分配率等の分析に取り組んでいる。付加価値の算定方法に関するより詳細な解説は，データ入手の制約が個々の企業ごとに異なることもあるため，分析に取り組んだ各章に譲ることとする。

④　キャッシュ・フロー計算書

　次に，私たちは財務分析の一環として，キャッシュ・フロー計算書の分析にも取り組んでいる。キャッシュ・フロー計算書（Cash Flow Statement，以下C/Sと略す）は，一会計期間におけるキャッシュ・フロー（Cash Flow，以下CF）の状況を報告する計算書類のことで，損益計算書と並び，フロー情報を提供するものである。ここで，キャッシュとは，現金（普通預金や当座預金などの要求払預金を含む）または現金同等物（譲渡性預金やコマーシャル・ペーパーなど）のことを指す。現金収支計算（収入－支出＝現金収支）と企業の利益計算（収益－費用＝会計利益）とは異なるものであり，C/Sは現金収支計算の情報を提供するものである。企業経営上，利益が出ているのに突然倒産してしまう「黒字倒産」に陥る企業が問題とされ，損益計算書だけでなくC/Sの情報も重要視されるようになった[33]。C/Sは，営業CF（後述する）の情報を活用することで，営

業利益のリアリティーを確認するために必要な書類でもある。

　また，米国会計基準を採用する企業の損益計算書には，減価償却費や固定資産の減損損失などの営業費用の項目の詳細が記載されていないことも多く，間接法で作成されたC/Sから，それらの情報を取得することもでき，CFの情報だけに留まらない情報価値を保有していることを指摘できる。

　そのようなC/Sであるが，営業活動，投資活動，財務活動の３つの活動区分に従って表示されている。まず，営業活動区分では，企業の本業にかかわるCFの出入りに関する情報が表示され，具体的には，商品・製品の販売収入，原材料の購入や人件費・その他の諸経費の支払いに要した支出額などが記載されている。次に，投資活動区分には，企業の投資にかかわるCFの出入りに関する情報が表示され，企業の設備投資（設備の購入・売却），証券投資（証券の購入・売却），融資（長期間の貸付金の貸与・回収）の３つの活動の収支額が記載される。最後に，財務活動区分では，企業の財務にかかわるCF情報が表示され，借入金による資金調達とその返済，社債による資金調達とその償還，新株発行による資金調達と自己株式買入れ，配当などの収支額が記載される[34]。

　次に，C/Sの活動区分情報の利点は，各区分に示された金額の符号から，経営状態を診断できることにある。ただし，CFが限りなくゼロに近いプラスといったケースも存在しうるため，符号パターンだけからでは，読み取れないこともある。したがって，各活動区分のCF金額の大きさの確認も合わせて行う必要性がある。

　営業，投資，財務の３つの活動区分の符号パターンの組み合わせは，**図表１-3-14**に示すように，９つのパターンのいずれかに該当する。特にタイプ①から⑧についてはDickinson［2011］のCFの符号パターンに基づく，企業のライフサイクル区分に従っている。タイプ①は，設立間もない急成長中の企業である。タイプ②は成長段階にあり，営業活動と借入金等で調達したCFを投資にまわしている。タイプ③は営業活動で得たCFをもとに，投資と調達資金の返済とを行っている。タイプ④不健全なパターンで倒産の可能性もある。タイプ⑤は通常は生じない稀なパターンだが，業界の低迷を受けて，巨額なM&Aに備えて資金を準備している企業などがあてはまりうる。タイプ⑥はリストラクチャリングに取り組んでいる可能性のある企業である。タイプ⑦は経営不振に陥っている企業である。タイプ⑧は縮小企業であり，貸し剥がしにあっている

可能性がある。分析対象企業のCFの符号パターンを，この分類にあてはめながら，企業がライフサイクル上のどの段階にあるのかを確認することができる。

図表1-3-14は，「日経NEEDS Financial QUEST 2.0」を利用し，2014年3月決算期の上場企業2,297社[35]について①から⑧のCFパターンに分類し，それぞれに該当する企業数を示したものである。その結果，タイプ③を示す企業が圧倒的に多く，タイプ②を示す企業が次に多く，タイプ③とタイプ②で約75％を占めることがわかる。なお，表中のゼロ・キャッシュとは，営業，投資，財務のCFの値がゼロであった企業をさす。

**図表1-3-14** キャッシュ・フロー・パターンとその分布（2014年3月期）

| キャッシュ・フロー・パターン<br>（営業　投資　財務） | Dickinson［2011］の<br>ライフサイクル区分 | 企業数<br>（社） | 割合<br>（％） |
|---|---|---|---|
| タイプ①　（－　－　＋） | 導入 | 137 | 5.96 |
| タイプ②　（＋　－　＋） | 成長 | 467 | 20.33 |
| タイプ③　（＋　－　－） | 成熟 | 1,264 | 55.03 |
| タイプ④　（－　－　－） | 淘汰 | 87 | 3.79 |
| タイプ⑤　（＋　＋　＋） | 淘汰 | 24 | 1.04 |
| タイプ⑥　（＋　＋　－） | 淘汰 | 215 | 9.36 |
| タイプ⑦　（－　＋　＋） | 衰退 | 22 | 0.96 |
| タイプ⑧　（－　＋　－） | 衰退 | 59 | 2.57 |
| ゼロ・キャッシュ | － | 22 | 0.96 |
| 合　計 | － | 2,297 | 100.00 |

### ⑤　銀行業の財務諸表

次に，本書では京都銀行の分析を行っているが，銀行の財務諸表は「銀行業における決算経理要領」の適用を受けるため，特に損益計算書の構造が一般企業と異なっている。さらに，銀行の経営上「業務粗利益」，「業務純益」の2指標が重視されるが，それらは損益計算書には記載されていない。そこで，銀行業の損益計算書の構造と2指標について説明を行う。

まず，銀行業の損益計算書であるが，**図表1-3-15**に示したような構造をとる。一般企業の売上高に相当するのは，経常収益とよばれるものであり，それに対応する費用は経常費用とよばれる。経常収益，経常費用ともに，内訳が示

**図表1-3-15　銀行の損益計算書の雛形**

| | | |
|---|---:|---:|
| 経常収益 | | |
| 　資金運用収益 | ××× | |
| 　役務取引等収益 | ××× | |
| 　特定取引収益 | ××× | |
| 　その他業務収益 | ××× | |
| 　その他経常収益 | ××× | ××× |
| 経常費用 | | |
| 　資金調達費用 | ××× | |
| 　役務取引等費用 | ××× | |
| 　特定取引費用 | ××× | |
| 　その他業務費用 | ××× | |
| 　営業費用 | ××× | |
| 　その他経常費用 | ××× | ××× |
| 経常利益 | | ××× |
| 特別利益 | | ××× |
| 特別損失 | | ××× |
| 税金等調整前当期純利益 | | ××× |
| 法人税、住民税および事業税 | | ××× |
| 法人税等調整額 | | ××× |
| 法人税等合計 | | ××× |
| 当期純利益 | | ××× |
| 非支配株主に帰属する当期純利益 | | ××× |
| 親会社株主に帰属する当期純利益 | | ××× |

されており、それぞれ銀行の業務に応じた収益と費用の科目と金額が示されている。

　銀行の主要な業務は、①預金・融資、②送金・出金サービス、③商品有価証券の販売、④外貨・国債の売買、⑤その他の5つに分けることができる。それらの業務は、**図表1-3-16**で示すように、各種収益・費用の科目とそれぞれ対応している。預金・融資業務に対応する収益は資金運用収益、費用は資金調達費用であり、資金運用収益から資金調達費用を差し引くことで（損益計算書に記載はないが）資金運用利益を算定することができる。商品有価証券の販売業務に対応する収益は役務取引等収益、費用は役務取引等費用であり、役務取引

### 図表1-3-16 銀行の業務と対応する収益・費用と業務別利益

①**預金・融資業務**
　…預金を預かり，貸出金等で儲ける業務
　【利益構造】　　貸出金利　　　－　　　預金金利
　　　　　　　| 資金運用収益 | － | 資金調達費用 | ⇒ **資金運用利益**

②**送金・出金サービス業務**
　…送金，引出等のサービスに伴う手数料で儲ける業務
　【利益構造】　　手数料の受取　　－　　処理費見合い
　　　　　　　| 役務取引等収益 | － | 役務取引等費用 | ⇒ **役務取引等利益**

③**商品有価証券の販売業務**
　…販売目的で一時保有する（商品）有価証券のディーリングで
　　儲ける業務
　【利益構造】　商品有価証券等の収益　－　商品有価証券等の費用
　　　　　　　| 特定取引収益 | － | 特定取引費用 | ⇒ **特定取引利益**

④**外貨・国債の売買**
　…市場での売買で儲ける業務
　【利益構造】　外国通貨，国債の売却益　－　同売却損
　　　　　　　| その他業務収益 | － | その他業務費用 | ⇒ **その他業務利益**

⑤**その他の業務**
　…銀行自身が運用で行う株式売買益，金銭信託運用益など
　　　　　　　| その他経常収益 | － | その他経常費用 | ⇒ **その他経常利益**

業務別の利益を算定することが可能

※　　　の中に記載されているのが，各業務に対応する収益・費用の科目である。

出所：銀行経理問題研究会［2012］，第4章をもとに作成

等収益から役務取引等費用を差し引くことで，役務取引等利益を求めることができる。同様に，商品有価証券の販売業務についても，対応する収益は特定取引収益，費用は特定取引費用であり，その差し引きから特定取引利益を求めることができる。外貨・国債の売買業務についても，同様にして，その他業務利益を算定できる。

次に,銀行の代表的な経営指標について述べる。銀行の経営目標に用いられる指標として,業務粗利益と業務純益とが知られている。業務粗利益は,銀行の中心的な取引である「融資取引」,「手数料取引」,「有価証券の販売取引」「外貨・国債の売買取引」等で得る収益から,そのサービス提供の元手として要した費用を差し引いたものである。これは一般企業の売上総利益に相当する指標である。次に,業務純益とは,上記の業務粗利益から,「経費」(人件費や店舗・システムの費用)と貸付金に関するデフォルト・リスクを反映した「一般貸倒引当金」(これらは,販売費及び一般管理費に相当する)を差し引いた指標であり,銀行が本来営む業務からの利益を示す指標である。業務純益は,一般企業の営業利益に相当する指標である。

業務粗利益は,**図表1-3-17**に示すように,先述の①から⑤の業務のうち,銀行の中心的業務である①から④までの業務別利益をもとに構成される。しかしながら,「金銭の信託運用見合費用」という科目が損益計算書上に表示され

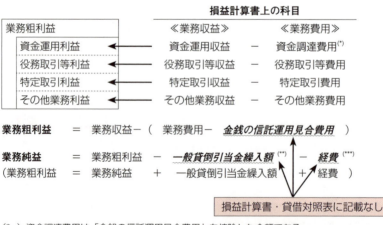

**図表1-3-17** 業務粗利益と業務純益の算定方法

(*) 資金調達費用は「金銭の信託運用見合費用」を控除した金額である。
(**) 貸倒引当金には,銀行が融資先の倒産危険性に応じて貸倒れ率を見積もって設定する一般貸倒引当金と,経営破綻先・実質経営破綻状態にある融資先に対して設定する個別貸倒引当金があり,ここでは前者のみの金額を用いる。
(***) 経費には,人件費,物件費,税金などが含まれる。

出所:銀行経理問題研究会[2012],793頁をもとに作成

ていないので,財務諸表から業務粗利益を導くことはできない。また,業務純益についても,一般貸倒引当金[36]や経費に関する情報が損益計算書・貸借対照表等に記載されていないため,財務諸表から求めることができない。

図表1-3-18 決算状況表収録の総括表の雛型（一部省略）

| 区　分 | 当期 | 前期 | 増減 |
|---|---|---|---|
| 経常収益 | ××× | ××× | ××× |
| 　業務収益 | ××× | ××× | ××× |
| 　　資金運用収益 | ××× | ××× | ××× |
| 　　役務取引等収益 | ××× | ××× | ××× |
| 　　特定取引収益 | ××× | ××× | ××× |
| 　　その他業務収益 | ××× | ××× | ××× |
| 　臨時収益 | ××× | ××× | ××× |
| 経常費用 | ××× | ××× | ××× |
| 　業務費用 | ××× | ××× | ××× |
| 　　資金調達費用 | ××× | ××× | ××× |
| 　　（うち金銭の信託運用見合費用） | ××× | ××× | ××× |
| 　　役務取引等費用 | ××× | ××× | ××× |
| 　　特定取引費用 | ××× | ××× | ××× |
| 　　その他業務費用 | ××× | ××× | ××× |
| 　　一般貸倒引当金繰入額 | ××× | ××× | ××× |
| 　　経費 | ××× | ××× | ××× |
| 　臨時費用 | ××× | ××× | ××× |
| 経常利益 | ××× | ××× | ××× |
| 　業務純益 | ××× | ××× | ××× |
| 　業務粗利益 | ××× | ××× | ××× |
| 　　（うち資金利益） | ××× | ××× | ××× |
| 　　（うち役務取引等利益） | ××× | ××× | ××× |
| 　　（うち特定取引利益） | ××× | ××× | ××× |
| 　　（うちその他業務利益） | ××× | ××× | ××× |
| 特別利益 | ××× | ××× | ××× |
| 特別損失 | ××× | ××× | ××× |
| 税引前当期利益 | ××× | ××× | ××× |
| （法人税や利益処分案等が続くが,以下省略） | ・<br>・ | ・<br>・ | ・<br>・ |

業務粗利益，業務純益ともに，外部に公表されている損益計算書から誘導することはできないが，銀行から金融庁に対して提出する「決算状況表」の中に収録される「総括表」（図表1-3-18）という書類に記載される内部情報をもとに算定する指標とされる。そのため，本来であれば企業外部者が独自に算定をすることが困難な指標である。ただ，業務粗利益も業務純益も，有価証券報告書の「第2節　事業の状況」にて参考情報として開示されているので，情報を入手することは可能である。
　最後に，銀行の貸借対照表の特徴について簡単に述べる。銀行業の貸借対照表の構造については，損益計算書で確認されるような大きな違いがあるというわけではない。ただし，貸借対照表の資産項目と負債項目には，銀行の事業形態に起因する固有の特徴が存在するため，その点を指摘しておく。
　銀行は，預金者から資金の預け入れ（預金）を受けて，資金を必要とする家計や企業に貸し付ける（貸付金）事業を行っている。預金は，預金者から見れば資産であるが，銀行側から捉えると，預金者から預金の引き出し要求を受けた場合には，返金に応じなければならないため，将来のCFのマイナスをもたらしうる「負債」として位置づけられる。したがって，貸借対照表上，銀行は巨額な負債（預金）を抱える企業と映る（「預金」以外にも，銀行自身が他行等から借り入れを行う「借用金」や「社債」などもある）。貸付金については，資金を借りた側からすると，当該資金は返済しなければならない負債になるが，貸し付けた銀行からすると，ゆくゆくは貸し付けた資金は返済されることになり，将来のCFのプラスをもたらしうる「資産」になる。銀行は預金者の預金を原資として貸し付けを行うため，資産の金額も巨額になり，その資産の中の最も大きな項目は貸付金となる（「貸付金」以外にも，銀行自身が手許に置く「現金」，日本銀行や他の市中銀行への「預け金」，「有価証券」，「土地」，「建物」等の有形固定資産などがある）。銀行の貸借対照表を理解するうえで，このような特徴がある点には留意が必要である。

◆注
1　社名は一部略称を用いた。数値は2014年3月期のものである。京セラ，オムロン，日本電産，村田製作所，ワコールHDは米国会計基準に基づく数値である。
2　ここでは「ものづくり企業」という言葉をそれほど厳密な意味で使っているわけではなく，製造業といった意味で使用している。ちなみに，経済産業省他[2009]は「ものづく

り」を広く製造業と捉える一方で，ものづくり基盤技術振興基本法施行令で定める「ものづくり基盤技術」や「ものづくり基盤産業」と区別して使用している。また，藤本［2007］は「ものづくり」を「要素技術をつなぎ，顧客に向かう「流れ」を作り，新しい設計を盛り込んだ人工物（＝製品）によって顧客を満足させる経済活動」（藤本［2007］, 5頁）と定義している。

3 「分析のためのプラットフォーム」で取り上げている分析手法をより詳細に学びたい方は，参考文献に提示した各種文献を参照されたい。

4 たとえば，Mintzberg et al. ［2008］（齋藤嘉則 監訳［2012］『戦略サファリ（第2版）』）では，既存の戦略論をデザイン，プランニング，ポジショニング，ラーニング，コグニティブなど10の学派に分類している。また，沼上［2009］では，戦略論を①戦略計画学派，②創発戦略学派，③ポジショニング・ビュー，④リソース・ベースド・ビュー，⑤ゲーム論的アプローチの5つのアプローチに分類を行い，「事前の合理的計画（トップダウン）v.s. 事後の創発重視（ボトムアップ）」と「経営資源 v.s. 環境の機会と脅威」の2軸のマトリックスにプロットを試み，整理を行っている。

5 具体的には，戦略計画学派，ポジショニング・ビューに属する戦略論を中心に取り扱うことになる。他方で，リソース・ベースド・ビュー，創発戦略などは分析では用いないことになる。

6 集成型多角化はコングロマリット型ともいわれる。集成型多角化を推進する際に，合併や買収によって他企業を取得することで，他事業に進出する方法を採用することもある。その際に，豊富な現金を保有し，負債が少なく，利益剰余金の厚い企業をターゲットとすることもある。企業のコングロマリット化には，既存の事業を強化することよりも，財務的利益を狙うことが動機となる可能性もありうる。

7 多角化の議論とは異なるが，企業の成長の方向性として，市場の占有率を上げることを目的に（それは価格支配力を握る等のねらいもあるが），同業種間のM&Aを含む「水平化統合」も想定しうる。新日鉄と住友金属の経営統合のように，類似製品を扱う企業が統合し，製品のラインナップを充実させるとともに，市場占有率の向上をねらうものである。本書で取り上げる日本電産が，モーター業界でM&Aを繰り返しているが，その成長の方向性は，この水平化統合に該当すると考えられる。

8 これら4つの多角化戦略は，上述の成長マトリックスにおける多角化戦略の概念的条件を満たすため，新市場に新製品を投入する点で相違はない。その点には注意が必要である。異なるのは，(1)その新製品が企業の既存の製品・技術と関連性をもつのかという点と，(2)その新市場は，企業が展開する既存の市場・顧客と関連性をもつのかという点である。

9 いま，M社とN社が存在し，それぞれがa，b，cの事業に進出しており，M社がa，b，cを3：1：1の比率で展開し，N社が1：1：1の割合で展開している場合を想定する。Ansoffの区分を用いると，M社とN社の多角化戦略は，進出している事業内容に差がないため，「同じタイプの多角化」として分類される。しかし，Rumeltの区分を用いると，各事業への取組みのウェイトの差が考慮されるため，「異なるタイプの多角化」として分類される可能性がある。

10 相対的市場占有率とは，「同一セグメント内の最大の競合他社のシェアに対する自社SBUのシェア」を示し，「当該市場セグメントでの自社の強さを示すもの」（Kotler［2001］, 邦訳，53-54頁）である。

11 市場成長率とは，「事業が対象としている市場の年間成長率」（Kotler［2001］, 邦訳，53頁）を示している。

12 Ansoff［1965］（広田［1969］翻訳）によると，共通の流通チャネルが利用できるといった「販売シナジー」，共通の生産設備・人員を活用できるという「生産シナジー」，研究開発投資の成果を転用できるといった「投資シナジー」，異業種でも類似の経営管理手法を

活用できる「経営管理シナジー」などが存在する。
13 たとえば，2つの事業で部品を共通化する取り組みを行う時に，部品共通化のためにデザインを変更する，材質変更が必要になる，頻繁な打合せが必要になる等，追加コストが発生する場合には，単純にシナジーを享受できるわけではない。これらの調整コストがあまりにも大きくなれば，企業にとってマイナスのシナジーを生じさせるおそれもある。
14 ある企業が財Xと財Yの生産を行い，その生産量をそれぞれ$Qx$, $Qy$とする。その生産にかかる費用をTCと表記する場合に，範囲の経済は，以下のような関係式として記述することができる。$TC(Qx, Qy) < TC(Qx, 0) + TC(0, Qy)$
15 ただ，たとえば，牧場経営まで行うステーキレストランに狂牛病の問題が生じ，顧客が牛肉を敬遠するようなケースでは，複数工程とはいえ，牛肉を扱うという単一事業の性質から，リスクを分散できない可能性も残る。
16 多角化を進めている企業に関して，DCF法等を用いて事業ごとの価値を算定し合算した場合に，「事業の理論価値の合計額＞株式時価総額」となる現象をいう（Berger and Ofek [1995]）。経営戦略論では，範囲の経済やリスク分散の観点から，企業が成長するための戦略的打ち手の1つとして，多角化が推奨される。しかしながら，ファイナンス論では，投資家が多様な企業の株式を購入しポートフォリオを形成することが可能なので，企業自身が多様な事業を抱え込む必要はないと主張する（Brealey et al. [2008]，邦訳，197頁）。そこで，多角化の程度の高い企業に対して，投資家が割り引いた評価を下すことが考えられる。
17 多数の売り手と多数の買い手の存在を想定し，市場価格は需要と供給が一致する水準（均衡）で決まる状態のこと。このような状況下では，特定の企業が財の市場価格に対する決定権を保有することができない。
18 標準的な利潤とは，理論的には利益水準ゼロに該当する。また，超過利潤とは，ある企業が「他者が獲得している標準的な利潤」を超えて得ることができる超過部分相当の利潤のことを指す。
19 このような考え方は，産業組織論の中核を占めるもので，S-C-Pパラダイム（Structure - Conduct – Performance Paradigm）として知られている。このS-C-Pパラダイムは，企業が所属する産業の構造を分析し，企業が採るべき行動を決定すれば，企業の利益水準が決定されると想定する枠組みである（Barney [2007]，岡田訳，上巻，54頁）。その名称は，Structure（産業構造）- Conduct（企業行動）- Performance（企業業績）のそれぞれの頭文字に由来している。このパラダイムにおいて，企業が決定する経営戦略は「企業行動」に該当する。すなわち，産業構造の現状と企業が達成したいと望む業績水準とを考慮したうえで，企業が採用すべき経営戦略が決定されることを示唆する。
20 産業構造といった場合，一般的には，農林漁業などの第一次産業，製造業からなる第二次産業，サービス業からなる第三次産業の一国における構成比率を指す言葉である。ただ，産業組織論・経営戦略論では，企業が展開する産業の競争状態（ライバル企業数など）の構造を指す言葉として，産業構造という用語が使われている。本書では，混乱を避ける意味で，以後，業界構造という用語を用いることとする。
21 詳しくは，Porter [1980]（土岐他訳 [1995]，17-49頁）を参照されたい。
22 Porterは3つの基本戦略を相互排他的に採用すべき旨を主張しているが，実際の企業では，単一の企業が単一の戦略を採用するというわけではなく，ビジネス・ユニットや企業が抱えるブランドごとに異なる戦略を採用している。また，Porterが提唱する集中戦略下では，集中差別化戦略か集中コスト・リーダーシップ戦略を採用できることになる。この点について，Porterの3つの基本戦略のうち，本質的なものは差別化戦略とコスト・リーダーシップ戦略の2つであり，集中戦略は概念的に独立していないという批判も存在する。
23 財務構成の概略の図示を目的とするため，後に財務指標（たとえば，流動比率）を算定

24 経営者が自社の経済実態にそぐわない財務諸表を公表する動機としては，一般的に以下の4点が知られている。
(1)経営者報酬と会計利益が連動しており，経営者が自らの報酬の増加をねらった場合
(2)財務制限条項への抵触を恐れた場合
(3)公益事業を始めとする規制産業の価格の決定や受注の争奪，事業認可において自社の会計数値が深く関与している場合
(4)自社の経営計画を達成し，市場での自社の評価を確立したい場合
　なお，財務制限条項とは，「企業が資金調達を行う際に資金提供者グループと契約し，企業の一連の財務活動を制限しようというタイプの契約」(伊藤［2006］，217頁)のことである。なお，このような会計政策分析は，財務分析の前段階の調整といった位置づけのために行うだけのものではなく，会計政策分析自体が会計学の中でも大変興味深い研究領域として認識されている。興味のある方は是非とも勉強してもらいたい。

25 財務分析を行ううえで，以下の点についてお断りしておく。
　①分析対象期間は，過去5年間とした(基本的には2010年3月期～14年3月期だが，各企業の決算時期によって多少のずれがある)。②収益性と効率性を測る指標の算出に用いた貸借対照表項目は，期首・期末の平均値を用いた。③純資産の部が創設された以降の期間については，新株予約権および少数株主持分を純資産から控除して，各種比率を算定した。なお，前書では05年3月期～09年3月期までを分析対象期間としてきたが，新株予約権が負債と資本の中間項目だった時期については，負債にも自己資本にも含めないで，各種比率を算定することとした。つまり，新株予約権の金額を常に資本にも負債にも含めないことで，時系列的な比較可能性を担保している。

26 第2章以降の各企業分析において，ここに挙げた比率のすべてについては言及していない。しかし，それは紙幅の都合上そうせざるを得なかったためで，すべての企業においてこれらの指標を用いた分析を行ったことを一言お断りしておく。また，各企業を分析する上で，必要だと思われる指標は適宜追加した。

27 2015年4月以降開始の事業年度より，当期純利益が少数株主損益調整前当期純利益を表すことになる。本書内での当期純利益は，少数株主損益を調整した後の利益である点を断っておく。

28 ROA本来の概念からすると，(分母の)負債と自己資本に対応する利益概念は事業利益であるが(桜井［2008］，141-143頁)，本書では，デュポンチャートに沿った要因分解を重視するため，ROAの分子に当期純利益を用いる。なお，デュポンチャートに沿った要因分解とは，以下のような等式を意味する。

　　　ROE＝ROA×財務レバレッジ
　　　　　＝売上高利益率×総資産回転率×財務レバレッジ
　　　財務レバレッジ＝総資産／自己資本

29 流動資産の中で，棚卸資産は，(1)まだ販売できる状況になかったり，(2)必ず売れる保証がなかったりと，換金可能性の点で難がある場合がある。特に(1)については，たとえば，マンションメーカーにとってはマンションが，ワインメーカーにとってはワイン(数年寝かせる必要性)がそれぞれの製品に該当するが，製造工程内にあるものの製品の完成までに数年を要する仕掛品状態にあるものも，金額的には棚卸資産に含まれている。したがって，棚卸資産の中には，まだ数年は販売できないものも含まれている点には注意が必要である。また，棚卸資産には，前払費用，前渡金のような換金可能性のない資産項目も含まれている。

30 本項の内容については，2014年8月18日に水野一郎先生(関西大学教授)からのレク

チャーを受けた。
31　日銀方式では，粗付加価値を「経常利益＋人件費＋金融費用＋租税公課＋減価償却費」として求める。
32　製造原価報告書は，金融商品取引法の財務諸表等規則の要請によって，製造業の中でも上場企業等の一部の企業について，個別財務諸表の損益計算書の（当期製品製造原価の情報の）明細書として作成が義務づけられている。したがって，すべての製造業企業が製造原価報告書を開示しているわけではないし，開示していたとしても，個別ベースの情報のみであり，連結ベースの製造原価報告書の情報は存在しない。なお，2014年3月26日の財務諸表等規則の改正により，個別財務諸表開示の簡素化が図られ，連結財務諸表において事業セグメント情報を開示する企業は，個別財務諸表における製造原価報告書の開示を省略できることになった。このため，製造原価報告書の開示を取りやめる企業も出てきており，付加価値計算に必要な情報が，ますます取得しづらくなってきている。
33　帝国データバンクでは，「倒産」を以下の6つのケースに該当する場合として定義している。(1)銀行取引停止処分を受ける，(2)経営代表が倒産を認めた内整理をする，(3)会社更生手続開始を裁判所に申請する，(4)民事再生手続開始を裁判所に申請する，(5)破産手続開始を裁判所に申請する，(6)特別清算開始を裁判所に申請する。
　このうち(1)は，手形や小切手の支払期日が到来した際に，当座預金口座の預金残高，あるいは当座預金口座に充当すべき普通預金・現金が不足した際に，上記の支払要求に応じられないことによるものであるため，(1)の倒産の危険度を予想する際にC/S情報が有用である。預金残高が不足することで，手形や小切手の支払いに応じられない事態のことを，手形や小切手の「不渡りを出す」という。制度上は，1回目の不渡りを出した後6ヵ月以内に2回目の不渡りを出すと，手形交換所（手形や小切手を取引するところ）から取引停止処分を受け，その後2年間はすべての銀行と当座取引・貸付取引ができなくなり，事実上の倒産状態となる。制度上は2回まで，不渡りの猶予を与えているが，実際には，1度でも不渡りを出してしまうと，その情報が噂として回ってしまい，取引先から取引代金の支払条件の変更等を求められることも想定される。
　なお，小切手と手形の違いについて追記をすると，現金化の容易さという点では，小切手は銀行に持ち込めば数日で現金化が可能であるのに対して，手形は支払期日の到来まで現金化は不可能である。ただし，手形は銀行に持ち込み割引を受けることができる。振出時の条件という点では，小切手は振出金額と同額以上の預金残高の存在が求められるのに対し，手形は支払期日までに振出額以上の資産を預金口座に入金すればよいとされる。
34　受取配当金，支払配当金，受取利息，支払利息のC/S上の表示に関しては，以下の(a)(b)のどちらかの方法によることができるとされている。(a)支払配当金のみを財務活動の区分に記載し，残りを営業活動の区分に表示する。(b)受取利息，受取配当金を投資活動の区分に記載し，支払利息，支払配当金を財務活動の区分に記載する。(b)の方法のほうが，投資活動と財務活動を意識した区分記載が可能となるため，理論的な整合性が高いと考えられるが，多くの企業は(a)の方法を採用している。
35　以下の条件を満たす企業である。①日経NEEDs Financial Quest2.0の「一般事業会社」から財務データを取得できる企業であること，②2014年3月期決算の上場企業（ジャスダックを含む）であること，③日本基準で財務諸表を作成していること，④3つの活動区分（営業・投資・財務）のすべての区分についてのキャッシュ・フロー情報の入手が可能であること。
36　貸借対照表の貸倒引当金の金額には，個別貸倒引当金と一般貸倒引当金の合計額が記されており，それぞれの内訳は不明である。

# 第2章

# 分析のためのプラットフォーム(2)

## 第1節　企業価値推定モデル

本書では，各章の統一的試みとして，それぞれの第5節において，分析対象企業の企業価値算定を行っている[1]。企業の理論的な企業価値を推定し，実際の時価（企業の将来性に対する市場の評価）との間に乖離がある場合には，その原因を探ることで，より深い企業分析を行うことができる。そこで本章では，前章に引き続き，第3章以降に共通する分析のプラットフォームの説明として，企業価値推定の統一プラットフォームを示すこととする。

### (1) 企業価値概念と2つの企業価値推定モデル

まず，推定の対象となる企業価値の定義について述べる。企業価値という用語はさまざまな意味で用いられるが，本書では伊藤［2007］の定義を参考にして「その企業が将来にわたって生み出すキャッシュ・インフローもしくは利益の合計額の現在価値のうち，株主に帰属する部分の価値」を指す言葉として用いることにする。つまり，本書で推定を試みた企業価値は，株主に帰属する部分の価値のみであり，債権者に帰属する価値と考えられる負債価値を含まない。

企業価値推定の手法としては，キャッシュ・インフローをベースに推定を行う割引キャッシュ・フロー法（Discounted Cash Flow Method，以後，DCF法とする）と，利益額および純資産簿価額をベースに推定を行う残余利益法（Residual

Income Method) とが知られている。DCF法は，将来の各期におけるフリー・キャッシュ・フロー（Free Cash Flow，以後，FCFとする）を予測し，その割引現在価値合計額によって理論的な企業価値を算出するものである。FCFは営業活動から得られるキャッシュ・フロー（Cash Flow，以下，CFとする）から，投資に伴うCFを控除したものであり，資金提供者に分配可能なCFと解釈される。DCF法ではこれを企業価値の源泉とする。他方で，残余利益法は，期首株主資本簿価に将来の残余利益の割引現在価値合計を加算することで理論上の株主価値を算出しようという手法である。残余利益とは，各期の当期純利益から各期の要求利益（期首資本簿価×株主資本コスト率）を控除したものであり，その性質から超過利益と呼ばれることもある。

　企業価値推定値の精度の高さという点では，将来キャッシュ・フローのすべてを推定しなければならないDCF法よりも，将来キャッシュ・フロー推定の一部に確定した会計数値を用いる残余利益法のほうが（厳密には，将来キャッシュ・フローのうち，正常利益相当部分の現在価値は期首株主資本簿価によって捉えられるので，超過利益相当部分のみを推定すればよい残余利益法のほうが），見積誤差が少なく優位性をもつと考えられている[2]。現に，竹原・須田［2004］によって，残余利益法によった企業価値推定額のほうがDCF法によった企業価値推定額に比して，高い株価説明力をもつことが報告されている。

　ただ，本書では，企業価値推定をより慎重に行うために，分析対象企業ごとにDCF法と残余利益法のいずれが適しているかを検証し，その検証結果に基づき，企業価値推定時に用いる評価手法を決定している。具体的には，分析対象企業の過去の業績数値をもとに，DCF法と残余利益法の両手法を用いて過去時点の企業価値を算定し，過去時点の実際の株価との比較を通じて，どちらの評価モデルのほうが，過去の期間においてより適切な企業価値推定値を提供してきたのかを確認している[3]。そのうえで，分析対象企業により適した評価モデルを用いて，2014年3月期の予測財務諸表に対応する企業価値（当該財務諸表が公表されるであろう2014年6月末時点の企業価値）を推定している。

　ここまで，企業価値とその推定モデルに関する説明を行ってきたが，次項では，企業価値算定の具体的なステップを説明する。本書での企業価値算定プラットフォームは伊藤［2007］を基礎としており，企業価値の算定にあたり，①予測財務諸表の作成，②割引率の算定，③DCF法による企業価値の算定ま

たは残余利益法による企業価値の算定，の３つのステップを経ている。そこで，以下では，３つのステップについて順に述べていくこととする。

## （２）予測財務諸表の作成

　予測財務諸表は，売上高を単一のバリュー・ドライバーとして予測し，予測売上高に各財務諸表科目の対売上高比率を乗ずることによって作成される。財務諸表科目の対売上高比率には，過去10会計年度の対売上高比率を単純平均したものを用いた。また，将来の配当金額については配当政策が業績連動型と判断される場合は純利益に対する配当金額の比率が一定となるように決定した。他方で，安定配当政策をとっていると判断された場合は将来にわたって変化しないと仮定した。

　継続企業を仮定し，企業価値を算定するためには，理論的には将来のすべての期間の業績（その基礎となる売上高）を予測しなければならない。しかしながら，将来のすべての期間の業績を合理的に予想することは不可能である。そこで，将来10会計年度については売上高の予測を行い，それ以降の期間については，売上高が一定の成長率で成長すると仮定し，後に示す定率成長モデルによる継続価値算定を行うこととした。さらに，個別企業の事情を考慮したより厳密な売上高の予測を試みるため，前述の将来10会計年度のうち，前半５会計年度を詳細予測期間，その次の後半５会計年度を簡易予測期間として２期間に区分する。つまり，売上高予測は，詳細予測期間，簡易予測期間，それ以降の定率成長期間の３期間に分けて行うこととなる。そのイメージを示したものが**図表２-１-１**である。詳細予測期間における売上高予測手法として，過去の財務諸表データをもとに算定した平均成長率[4]を用いて売上高を予測する方法を

**図表２-１-１　売上高予測のイメージ**

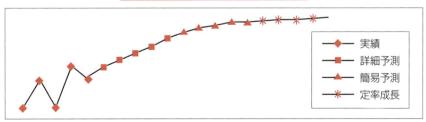

出所：売上高予測モデルを使用して作成

採用した。また，2014年6月末時点の企業価値算定に関しては，企業ごとに設定したシナリオに基づき売上高を直接予測する方法を採用している。簡易予測期間では詳細予測期間の「第4－第5会計年度間の売上高成長率」から「永続成長率」に向かって徐々に成長率が収斂する[5]という仮定を置いて，売上高の予測を行った。定率成長期間は永続成長率で成長すると仮定する。永続成長率は長期インフレ率に収斂するとの考え方に従い，長期インフレ率として0.5%を採用した[6]。

## （3）割引率の算定

　以下では，DCF法による企業価値の算定に用いる割引率である加重平均資本コスト（Weighted Average Cost of Capital, 以後，WACCとする）の算定基礎について説明する。WACCは企業全体のステークホルダーに対する要求利回りを表すものであり，株主資本コスト率と負債コスト率を算出し，これらを資本調達の割合に応じて加重平均することにより求められる。残余利益法においては株主資本コスト率が割引率として用いられるが，これはWACCの算出過程において算出されるものでもあるため，ここではWACCの説明のみを行う。

　株主資本コストは資本資産評価モデル（Capital Asset Pricing Model, 以後，CAPMとする）に基づいて算定する。以下に示すのが，CAPMによる株主資本コスト算定式である。

　　株主資本コスト（$Re$）＝リスクフリーレート＋$\beta$・市場リスクプレミアム[7]

　まず，リスクフリーレートとは，リスクなしで運用できる投資案件の期待利回りをいう。一般に10年物の長期国債の利回りが用いられるため，今回は2014年3月時点の長期国債（10年物）の平均入札価格に対応する平均利回りである0.565%を用いた。次に$\beta$（ベータ）とは，個別の株式銘柄の株式市場全体に対する相対的なリスクの大きさを表したものである。本書では最初に各企業の月次株価終値およびTOPIXの月次終値データ（60ヵ月分）を用いて修正前$\beta$を算出した上で，修正式によって修正後$\beta$を算出してこれを用いることとした[8]。最後に市場リスクプレミアムとは，投資者が株式というリスク資産に投資する上でどれほどの追加的リターンを要求するかを数値的に表現したものである。市場リスクプレミアムについては実務における採用数値が3.0～5.0%という記

述が多く，本書は3.0%を採用した。

次に，負債コスト率についてであるが，簡便的に支払利息を期中平均有利子負債額で割ることによって算定した。また，有利子負債を利用することで節税効果[9]が得られることから，負債コストは実効税率の分だけ割り引かれることになる。このことは次式において，負債コスト率に（1－実効税率）を乗じるという形で示されている。

$$WACC = 株主資本コスト率 \times \frac{E}{E+D} + 負債コスト率 \times \frac{D}{E+D} \times (1-実効税率)$$

$E$：株式時価総額　$D$：期首有利子負債時価（簿価を使用[10]）

## （4）DCF法による企業価値の算定

DCF法とは，将来の各期におけるFCF[11]を予測し，その割引現在価値合計額によって理論的な企業価値を算出するものである。企業価値の理論的な算出式は以下の式で示される。

$$企業価値 = \sum_{n=1}^{\infty} \frac{FCF_n}{(1+r)^n} = \frac{FCF_1}{1+r} + \frac{FCF_2}{(1+r)^2} + \frac{FCF_3}{(1+r)^3} + \cdots\cdots$$

$r = $ WACC

上記式によれば各期のFCFを無限期先まで予測する必要があるが，実際にそのような予測を行うことは不可能である。そこで，ある一定期間に関してはFCFの予測を行い，それ以後の期間に関しては，FCFをある値で一定と仮定した定率成長モデルによって算出される継続価値によって代用する。定率成長モデルによる継続価値は無限等比級数の和の公式から導出されるため，容易に算出できる。継続価値の算出式は以下の通りである。

$$継続価値 = \frac{FCF}{r-g} \quad ただし，\; r = 割引率,\; g = 永続成長率,\; r > g$$

すなわち，一定期間以後の項に関しては，この式によって算出した継続価値に代えることで，企業価値を算定することになる。本書では予測財務諸表の作成で述べた通り，第11会計年度以降を定率成長とした。

前述の作業で算出される価値は，事業活動から得られるすべてのFCFを現

在価値に割り引いたものであるため,株主に帰属する部分の価値を算出するためには調整が必要である。そこで,本書では上式の結果に非事業資産簿価を加算し,有利子負債と新株予約権の簿価を差し引いたものを企業価値とした。

## (5) 残余利益法による企業価値の算定

　残余利益法は,直近の期末株主資本簿価(当期の期首株主資本簿価)に将来の残余利益の割引現在価値合計を加算することで,理論上の株主価値を算出しようというものであり,理論的には以下の式で示される。

$$株主価値 = BVE_0 + \sum_{n=1}^{\infty} \frac{NI_n - r \cdot BVE_{n-1}}{(1+r)^n}$$

$$= BVE_0 + \frac{NI_1 - r \cdot BVE_0}{1+r} + \frac{NI_2 - r \cdot BVE_1}{(1+r)^2} + \frac{NI_3 - r \cdot BVE_2}{(1+r)^3} + \cdots\cdots$$

　　　$BVE$=株主資本簿価　　　$NI$=当期純利益　　　$r$=株主資本コスト率

　DCF法と異なり,毎期の株主にとっての価値の変化分だけを問題としているため,割引率は株主資本コスト率となる点に留意する。また,計算結果は最初から株主に帰属する部分の価値となる。

　DCF法同様に,無限期間にわたり超過利益の予測を行うことはできないので,一定期間後の項は定率成長モデルによる継続価値で代用する必要がある。手順としては,期首株主資本簿価を算出[12]し(上記式の第1項),DCF法と同様に将来10会計年度について事業価値を算出し(同第2項～第11項),その後は定率成長モデルにより継続価値を算出した(同第13項以降を代用)。

　なお,残余利益法では,クリーン・サープラス関係の維持を前提としている点に注意が必要である。純利益には株主資本が対応し,包括利益には純資産が対応することになる。本書では,土田［2010］(137頁)に従い,期首株主資本額のインプットとして「自己資本」,すなわち「株主資本＋評価・換算差額等」の金額(会社法施行以前は「資本合計」の金額)を利用し,当期純利益項と対応させている。

◆注

1 金融機関である株式会社京都銀行については，一般事業会社と同様の枠組みによって企業価値を算定することが困難であるため，企業価値の推定を行っていない。
2 残余利益法は，DCF法に比べて株価説明力が高いとする研究が存在する。その理由として，さまざまな要因が考えられている。たとえば，DCF法と残余利益法とでは継続価値の意味合いが異なっている点を挙げることができよう。DCF法における継続価値には，予測期間以降の期待キャッシュ・フローの現在価値すべて，すなわち，予測期間以降に獲得される正常利益と超過利益両方の現在価値が含まれている。他方で，残余利益法における継続価値には，予測期間以降の超過利益の現在価値のみが含まれる。このことは，残余利益法における継続価値は，DCF法の継続価値に比べて，算定された企業価値の中に占める割合が小さくなり，継続価値の見積りに誤差があった場合，それが及ぼす影響がDCF法に比べ相対的に小さくなることを意味している（Palepu *et al.* [2000]，邦訳，303-305頁，大日方[2007]，203頁）。これら以外の理由も考えられようが，この論点を深く追求することは本書の趣旨から外れており，ここではこれ以上言及することはしない。
3 2009年3月期から2013年3月期までの5期間について，DCF法と残余利益法による理論上の企業価値を推定し，同期間の各年6月末時点の実際の株式時価総額と対比する。企業価値について，理論値を実際値で除したValue-Price-Ratioを算定することで理論値と実際値との乖離を確認し，より多くの年度で，その乖離が小さかった方法を，分析対象企業の適切な企業価値推定方法として採用している。
4 ここでは幾何平均を用いて算出している。
5 たとえば，第5会計年度の対前年度売上高成長率が10%，永続成長率が0.5%であれば，第6会計年度の売上高成長率は8.1%となり，以下6.2%，4.3%，2.4%となり第10会計年度に0.5%となるように計算した。
6 長期インフレ率と同率で売上高が成長すると仮定することは，売上高の成長がインフレ率を超えられず，実質的にゼロ％成長であることを仮定するのと同義である。
7 市場リスクプレミアム＝市場ポートフォリオの期待収益率－リスクフリーレート
8 修正後$\beta = 0.33 + 0.67 \cdot$修正前$\beta$という修正式に，修正前$\beta$を代入することによって算出する。この修正処理は金融調査などでしばしば活用されるものである（伊藤[2007]，356頁）。
9 有利子負債利用に対して支払う支払利息は，税法上損金に算入される。したがって，有利子負債を利用しない場合に比べて，（支払利息の金額×税率）の分だけ，税金によるキャッシュ・アウト・フローが少なくなる。この現象を節税効果という。
10 本来的には時価を用いるべきであるが，有利子負債に関しては簿価と時価に大きな差は存在しないと考えられるため，ここでは簡便的に簿価を使用することとしている。
11 本書では，税引後営業利益（Net Operating Profits After Taxes；NOPAT）に減価償却費を加算し，運転資本の増加額，固定資産の増加額をそれぞれ減算したものをFCFとして計算を行った。
12 期首株主資本額へのインプット値に関する議論は桜井[2010]（302-303頁）を参照せよ。

第3章

# 京セラ株式会社

　企業名に「京」の名を冠し，その創業の地を明示しながら事業活動を行うとともに，総資産額およそ2兆6,000億円という圧倒的規模を有するなど，京セラ株式会社は，まさに京都企業の代表的存在といえる。独特の経営哲学や，その実践手法であるアメーバ経営など話題の多い企業であるが，その独自性はどのように表れているだろうか。一般的な経営戦略や財務戦略の分析に加え，同社の目指す企業経営のあり方に焦点を当てた分析を行い，その実態に迫ってみたい。

本社ビル（写真提供：京セラ）

## 第1節　企業概要

### (1) 沿　革

　京セラ株式会社（以下，本章において「京セラ」と略す）は，1959年に稲盛和夫氏が，京都市中京区で「京都セラミック株式会社」を創業したことに始まる。もともと稲盛氏は大学卒業後，京都にあった碍子製造会社でテレビのブラウン管に使うファインセラミック材料[1]の研究開発を行っていたが，そこでの経験をもとに，27歳の若さで設立したのが京都セラミック株式会社だった。その主たる沿革は図表3-1-1のとおりである。

　創業以来，京セラはファインセラミック技術をコアとして，瞬く間に成長した。1960年代に東京に営業所を開設し，滋賀・鹿児島に工場を新設した。1971年には大阪証券取引所へ，翌年には東京証券取引所への上場も果たした。同時に1970年代からはアメリカ・ドイツをはじめ，世界各国に進出し，1980年にはニューヨーク証券取引所への上場も果たした。現在では連結売上高の60％を海外売上高が占めるまでになっている。

　またこの間，京セラはファインセラミック部品の製造販売のみに依存した会社の事業構造を転換した。1963年の半導体部品，75年の太陽電池，79年の通信

**図表3-1-1　主たる沿革**

| | |
|---|---|
| 1959年 | 稲盛和夫氏が京都市中京区で京都セラミック株式会社を創業 |
| 1963年 | 半導体部品事業へ参入 |
| 1972年 | 東京証券取引所へ上場 |
| 1975年 | ソーラーエネルギー事業へ参入 |
| 1979年 | 通信機器事業および情報機器事業へ参入 |
| 1980年 | ニューヨーク証券取引所へ上場 |
| 1984年 | 京セラが中心となって第二電電（現・KDDI）を設立[2] |
| 1998年 | 本社を京都市伏見区へ移転 |
| 2000年 | 経営危機にあった三田工業（現・京セラミタ）へ資本参加 |
| 2008年 | 三洋電機㈱の携帯電話端末事業等を承継 |
| 2012年 | オプトレックス㈱を連結子会社化 |

出所：同社ホームページをもとに作成

機器など各方面に多角化を進め,今日につながる総合電子部品メーカーとしての道を歩み始めたのである。

## (2) 現在の状況

京セラは前述のような経緯で成長したわけであるが,現在,いかなる事業を展開しているのだろうか。ここでは,事業セグメント区分にもとづいて説明してみたい。

京セラは事業を大きく①部品事業と②機器事業とに区分している。①には,ファインセラミック部品関連事業,半導体部品関連事業,ファインセラミック応用品関連事業,電子デバイス関連事業があり,②には,通信機器関連事業および情報機器関連事業がある[3]。これらの売上高構成比率は**図表3-1-2**に示されるが,ここから,いずれか1つの事業が中心的なウェイトを占めているわけではないことが読みとれる。

また,多角化経営を行っていることもあって,京セラの企業規模は非常に大きなものとなっている。たとえば,総資産額はおよそ2兆6,000億円(14年3月

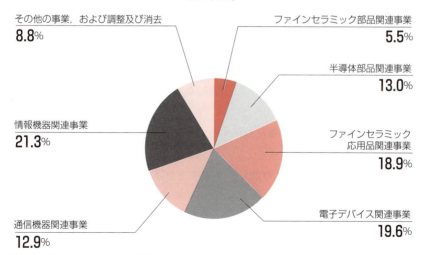

図表3-1-2　2014年3月期の売上高構成

事業セグメント別売上高構成比(連結)
2014年3月

出所:会社案内2014 京セラ株式会社 CORPORATE PROFILE

期)であり,日本の電気機器業界全体で11位,電子部品メーカーでは1位という位置づけである。また,株式時価総額はおよそ2兆2,000億円であり,すべての上場企業の中で50位前後というランクを維持している[4]。さらに,グループ全体の従業員数はおよそ7万人である。

このように今日の京セラは,多様な事業を営む企業規模の大きな企業である。次節以降では順を追って,事業の状況や財務の状況など諸々の側面から,その姿を捉えていきたい。

## 第2節　経営戦略分析

本節では,企業全体を対象とする全社戦略と,個々の事業を対象とする事業戦略とに分けて,京セラの採用する戦略を分析する。

### (1) 全社戦略と現状

すでに述べたように,京セラは多角化経営を行っている。具体的には,コア技術であるファインセラミック技術を多方向に展開し,半導体部品や切削工具,セラミックコンデンサ,ソーラーエネルギーシステムなどに進出してきた。また,セラミックコンデンサなどのデバイス事業を川下に展開し,携帯電話端末といった最終製品も取り扱っている。こうした多角化は,基本的にファインセラミック技術の応用の結果であるという意味で,技術関連のある分野への多角化であるといえるし,素材という川上から,各種部品・モジュール・最終製品という川下への進出という意味では前方的な垂直型多角化といえる。

京セラが多角化経営を行うことには大きく3つの理由があると考えられる。第1には複数の核となる事業を確保することにより,事業環境に変化が起こる中でも安定した経営を実現するというリスクの分散である。これは,技術革新や単価の変動など環境変化の激しいエレクトロニクス業界に身を置く同社にとって重要な事項といえよう。第2には企業規模の拡大である。稲盛氏は,限られたマーケットサイズの事業を専業で続けていては企業の成長に限界があると述べており,成長意欲の高い京セラにとって多角化は欠かすことのできない選択だったといえる。第3には,シナジー効果である。例としては,最終製品

を扱うことで入手した市場動向に関する情報を部品の研究開発に活かし，付加価値の高い部品を製造できるということが挙げられる。

さて，全社戦略とは，希少な社内の経営資源をいかなる事業に配分・投資するかという方針である。そこで，多角化の実施状況を探るためにも，投資先にあたる各セグメントの経営成績について，①売上高と②投下資本利益率という2つの観点から概観し，それらを統合して③PPMを分析することを試みたい。

## ① 売上高

図表3-2-1は，企業全体と各セグメントの売上高の推移を示している。第1節でも述べたが，各セグメントがそれぞれ一定の売上高を獲得できていることがわかる。また，セグメントごとの収益変動があるものの，京セラ全体の売上高は，ほぼ堅調に推移している。ここに，リスク分散の機能（事業間の収益変動相殺）を確認することができる[5]。加えて，ファインセラミック応用品関連事業の伸びに着目すると，ほぼ毎年10～20％程度拡大し続け，この10年間で約1.5倍の売上高規模になっている。これは当該セグメントに区分されるソーラーエネルギー事業の拡大に伴うものである。ソーラーエネルギーに関しては，2012年7月に固定価格買取制度が開始されるなど，国内市場で今後の発展が期待されており，この事業こそ，新時代の京セラを支える一大事業に成長するものと思われる。

**図表3-2-1　セグメント別売上高推移**（単位：億円）

出所：有価証券報告書

## ② 投下資本利益率

図表3-2-2では，単なる規模にとどまらない投資に対するリターンという観点から各セグメントの業績を示している[6]。ここから，前述のファインセラミック応用品関連事業が，いまだ発展途上であり収益性が安定していないということがうかがえる。また，通信機器関連事業が，図表3-2-1に示したように全社売上高のうち12%を占める事業でありながら，京セラのWACCである5.54%を継続的に下回る低いリターンしか得られていないという問題点も把握することができる[7]。

**図表3-2-2　事業投下資本税引後事業利益率のセグメント別推移表**（単位：%）

| 事業投下資本税引後事業利益率 | 10年3月期 | 11年3月期 | 12年3月期 | 13年3月期 | 14年3月期 |
|---|---|---|---|---|---|
| ファインセラミック部品関連事業 | −1.0% | 12.5% | 11.0% | 7.3% | 10.2% |
| 半導体部品関連事業 | 10.3% | 20.1% | 14.9% | 15.4% | 11.3% |
| ファインセラミック応用品関連事業 | 5.7% | 6.8% | 1.5% | 3.3% | 6.3% |
| 電子デバイス関連事業 | 2.3% | 7.1% | 2.3% | −0.5% | 2.8% |
| 通信機器関連事業 | −7.8% | 1.1% | 0.8% | 0.7% | 0.8% |
| 情報機器関連事業 | 5.3% | 6.3% | 7.1% | 5.0% | 5.8% |

出所：有価証券報告書

## ③ PPM

京セラの各事業について，売上高成長率を縦軸に，事業投下資本税引後事業利益率を横軸にとって位置づけを示したのが図表3-2-3である[8]。各事業をプロットするにあたり，事業投下資本税引後事業利益率についてはWACC5.54%を上回っているか否かで分類した。第1章にて詳述されているとおり，PPMにおける戦略では資金を「問題児」に投資することで「問題児」を「花形」へ育成することを目標とする必要があるが，京セラにおいては電子デバイス関連事業や通信機器関連事業が「問題児」に該当する。そのため，PPMが示す方針としては，これら以外の事業が今後「金のなる木」へと移行してゆくにつれ，それらから得られた資金を電子デバイス関連事業や通信機器関連事業に投資することにより，「花形」への育成を目指す，ということが導

かれる[9]。

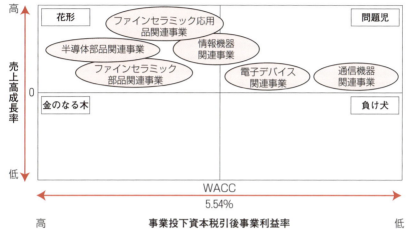

図表3-2-3 京セラの事業ポートフォリオ（2014年3月期）

## （2）事業戦略と現状

本書では紙幅の関係から，①成長事業であるファインセラミック応用品関連事業と，②低迷が続く通信機器関連事業という2つのセグメントのみに絞って説明する。

### ① ファインセラミック応用品関連事業

当事業は主にソーラーエネルギー事業から構成されており，再生可能エネルギーに対する世界的な期待の高まりと，設置資金援助などの施策による市場の拡大次第で，今後も大きな発展が予想される[10]。

ただし，いかに市場が拡大したとしても，競争が激化すれば，十分な収益を獲得できないおそれもある。そこで京セラは，原材料メーカーと長期契約を結ぶことで安定生産を実現し，あわせて一貫生産体制の構築により製品力の強化を図ろうとしているのである[11]。加えて，住宅用太陽光発電システムの販売チャネルの面でも力を入れ，イオン株式会社との業務提携にもとづくショッピングセンター内へのテナント店出店や，業界唯一のフランチャイズ方式にもと

づく地域に根ざした販売・施工・サービス体制の整備により競争優位の確立を目指している。

② **通信機器関連事業**

　京セラは，以前より通信機器関連事業において，国内ではKDDIなどの通信キャリアをグループ企業として創業し，これらに対して端末や基地局を提供するという垂直統合戦略を採用してきた。しかし，近年では，各キャリアのモバイルナンバーポータビリティ（MNP）制度による顧客獲得競争が激化するなど市場環境が大きく変化したほか，端末販売の市場規模の拡大は停滞している[12]という厳しい状況にある。

　こうした中，京セラは規模拡大による収益性の向上を追求し，2008年4月1日付で三洋電機の携帯電話事業を437億円で承継した。しかし，それを踏まえても2008年3月期の国内シェアは5.3％にとどまり[13]，また北米市場でも苦戦が続いた結果，2009年3月期においては，統合・リストラ費用などもあわせて180億円の事業損失を計上した。ところが，2013年上半期から京セラの端末シェアは北米市場において第4位となり，日本企業の中ではトップに躍り出た。これは，旧三洋電機の携帯電話事業が有していた北米での販路，開発力，設計技術等と京セラ既存の経営資源との融合の結果である。また，国内でもシェアは10％を超え，特にスマートフォンが堅調に推移している。そのため今後は，収益力の回復が期待されるであろう。

## 第3節　財務分析

　本節においては，収益性，効率性，安全性，成長性，およびキャッシュ・フロー（CF）という5つの観点から京セラの財務諸表を分析していく。ここでは，相対的な位置づけを探るため，同業他社の財務指標との比較も行った。比較対象企業としては，京セラと同じ米国会計基準を採用する電子部品メーカーから，オムロン株式会社，TDK株式会社，日本電産株式会社，株式会社村田製作所の4社を選定している。これら5社の要約貸借対照表を示したものが**図表3-3-1**である。

### 図表3-3-1 分析対象企業・比較対象企業の要約貸借対照表

**京セラ（2014年3月期）**

| 流動資産 | 51.9% | 流動負債 | 12.4% |
| 当座資産 | 29.5% | | |
| 棚卸資産 | 12.7% | 固定負債 | 12.2% |
| その他 | 9.7% | | |
| | | 純資産 | 75.4% |
| 固定資産 | 48.1% | 株主資本 | 62.9% |
| 有形固定資産 | 10.3% | 評価換算差額 | 9.5% |
| 無形固定資産 | 6.7% | 上記以外 | 2.9% |
| 投資その他 | 31.1% | | |

**オムロン（2014年3月期）**

| 流動資産 | 60.6% | 流動負債 | 24.9% |
| 当座資産 | 40.4% | | |
| 棚卸資産 | 14.9% | 固定負債 | 9.0% |
| その他 | 5.2% | | |
| | | 純資産 | 66.1% |
| 固定資産 | 39.4% | 株主資本 | 68.1% |
| 有形固定資産 | 20.7% | 評価換算差額 | −2.3% |
| 投資その他 | 18.7% | 上記以外 | 0.3% |

**TDK（2014年3月期）**

| 流動資産 | 52.7% | 流動負債 | 30.2% |
| 当座資産 | 37.0% | | |
| 棚卸資産 | 11.0% | 固定負債 | 17.2% |
| その他 | 4.7% | | |
| | | 純資産 | 52.6% |
| 固定資産 | 47.3% | 株主資本 | 58.3% |
| 有形固定資産 | 30.2% | 評価換算差額 | −7.0% |
| 無形固定資産 | 9.5% | 上記以外 | 1.3% |
| 投資その他 | 7.6% | | |

**日本電産（2014年3月期）**

| 流動資産 | 52.8% | 流動負債 | 24.2% |
| 当座資産 | 38.1% | | |
| 棚卸資産 | 10.6% | 固定負債 | 29.4% |
| その他 | 4.1% | | |
| | | 純資産 | 46.4% |
| 固定資産 | 47.2% | 株主資本 | 39.4% |
| 有形固定資産 | 25.6% | 評価換算差額 | 5.0% |
| 無形固定資産 | 13.3% | 上記以外 | 2.0% |
| 投資その他 | 8.3% | | |

**村田製作所（2014年3月期）**

| 流動資産 | 54.1% | 流動負債 | 14.0% |
| 当座資産 | 31.7% | | |
| 棚卸資産 | 13.7% | 固定負債 | 7.9% |
| その他 | 8.7% | | |
| | | 純資産 | 78.1% |
| 固定資産 | 45.9% | 株主資本 | 76.1% |
| 有形固定資産 | 27.9% | 評価換算差額 | 0.7% |
| 無形固定資産 | 6.0% | 上記以外 | 1.3% |
| 投資その他 | 12.0% | | |

① **収益性分析**

　まずは，売上高当期純利益率を**図表3-3-2**に示す。京セラの利益率を時系列的にみていくと，特に2011年3月期以降，毎期堅調な収益性を確保できてい

るとわかる。この改善は，第2節で示したようにファインセラミック部品関連事業や半導体関連事業が好調であることによる部分が大きいと考えられる。

次に，京セラと他企業との比較を行う。2011年3月期および2012年3月期において京セラは業界1位の利益率であった。その他の年度においても，決して他企業に劣るといったことはなく，比較的高水準の利益率を維持している。

図表3-3-2 売上高当期純利益率（単位：％）

| 売上高当期純利益率 | 10年3月期 | 11年3月期 | 12年3月期 | 13年3月期 | 14年3月期 |
|---|---|---|---|---|---|
| 京セラ | 3.7 | 9.7 | 6.7 | 5.2 | 6.1 |
| オムロン | 0.7 | 4.3 | 2.6 | 4.6 | 6.0 |
| TDK | 1.7 | 5.2 | −0.3 | 0.1 | 1.7 |
| 日本電産 | 8.8 | 7.6 | 6.0 | 1.1 | 6.4 |
| 村田製作所 | 4.7 | 8.7 | 5.3 | 6.2 | 11.0 |

出所：有価証券報告書

ところで，前述の売上高当期純利益率はフロー項目のみに着目した収益性指標である。そこで，フロー項目・ストック項目の双方を考慮に入れた総資本利益率（ROA）についても他企業と比較してみたい。**図表3-3-3**をみると，ROAは同業他社と比較して高い水準にあるとはいい難いことがわかった。

図表3-3-3 総資本利益率（単位：％）

| 総資本利益率（ROA） | 10年3月期 | 11年3月期 | 12年3月期 | 13年3月期 | 14年3月期 |
|---|---|---|---|---|---|
| 京セラ | 2.2 | 6.3 | 4.0 | 2.9 | 3.4 |
| オムロン | 0.7 | 4.8 | 3.1 | 5.3 | 7.1 |
| TDK | 1.2 | 4.3 | −0.2 | 0.1 | 1.3 |
| 日本電産 | 7.5 | 7.0 | 5.1 | 0.8 | 4.8 |
| 村田製作所 | 2.7 | 5.4 | 3.1 | 3.9 | 7.5 |

出所：有価証券報告書

② **効率性分析**

ROAについては，ROA＝売上高当期純利益率×総資本回転率という関係が成り立つが，右辺を構成する売上高当期純利益率は，前述のように京セラがオムロンなどの比較対象企業を概ね上回っていた。そのため，京セラのROAの

低さは総資本回転率（効率性指標）に由来すると予想できる。

そこで，総資本回転率をみてみよう。**図表3-3-4**に示されるように，京セラは他社よりも低水準の回転率となってしまっている。このことは，京セラの総合的な資産活用の効率性が低いということを意味している。京セラは内部留保が1兆円を超える企業である。十分なリターンを得られる投資案件がなく，内部留保を続けてしまったがゆえに収益性・効率性が低下したといえるのかもしれない。

図表3-3-4 総資本回転率（単位：回）

| 総資本回転率 | 10年3月期 | 11年3月期 | 12年3月期 | 13年3月期 | 14年3月期 |
|---|---|---|---|---|---|
| 京セラ | 0.6 | 0.7 | 0.6 | 0.6 | 0.5 |
| オムロン | 1.0 | 1.1 | 1.2 | 1.1 | 1.2 |
| TDK | 0.7 | 0.8 | 0.8 | 0.7 | 0.8 |
| 日本電産 | 0.8 | 0.9 | 0.9 | 0.7 | 0.8 |
| 村田製作所 | 0.6 | 0.6 | 0.6 | 0.6 | 0.7 |

出所：有価証券報告書

図表3-3-5 主要事業資産回転率（単位：回）

| 主要事業資産回転率 | 10年3月期 | 11年3月期 | 12年3月期 | 13年3月期 | 14年3月期 |
|---|---|---|---|---|---|
| 京セラ | 1.7 | 1.8 | 1.5 | 1.5 | 1.6 |
| オムロン | 1.6 | 1.8 | 1.7 | 1.7 | 1.9 |
| TDK | 0.7 | 0.8 | 0.8 | 0.7 | 1.4 |
| 日本電産 | 1.3 | 1.4 | 1.4 | 1.3 | 1.4 |
| 村田製作所 | 1.1 | 1.2 | 1.0 | 1.0 | 1.2 |

出所：有価証券報告書

総資本回転率が低水準となっている原因を探るため，続いて，代表的な事業資産である売上債権，棚卸資産，有形固定資産の活用効率を複合的にみてみたい。**図表3-3-5**をみると，京セラの主要事業資産回転率は同業他社と比べてもやや高い数値を継続的に示していることが読み取れ，資産活用の総合的な効率性の低さは，事業資産の活用に問題があるのではなく，非事業資産の活用効率の悪さから生じるものと予測される。

それでは，ここからは非事業資産の代表的存在である金融投資に着目してい

きたい。まず，京セラの場合，2014年3月期末段階で金融投資が総資産の約1割を占めており，これは，オムロンや日本電産などと比べ，圧倒的に高い水準にある[14]。これだけ多くの金融投資を行っていることが，総資本回転率の低下を招いたことは間違いないようにも思われる。ただし，金融投資の存在が，企業の総合的な資産活用の効率を悪化させているか否かを最終的に判断する前に，金融投資単独の収益性についても分析しておく必要があるだろう。

**図表3-3-6　金融投資税引前利回り（単位：%）**

| 金融投資税引前利回り | 10年3月期 | 11年3月期 | 12年3月期 | 13年3月期 | 14年3月期 |
|---|---|---|---|---|---|
| 京セラ・金融投資 | 4.9 | 4.6 | 4.7 | 7.7 | 8.3 |

出所：有価証券報告書

**図表3-3-6**は，受取配当金や売却損益などの金融投資にかかる税引前リターンを，期中平均の金融投資元本で除することによって算定した一種のROIを表している。図表3-3-6をみると，12年3月期までは4%程度の数値しか示しておらず，さらに税金を考慮すれば，リターンは2%程度にまで落ち込んでしまうと考えられることから，これらがWACCを大幅に下回る水準となっていることからも，企業全体の資産活用の効率を悪化させていると考えられる。しかし，13年3月期，14年3月期においては，そのような金融投資の収益性の低さは改善され，金融投資を大量に保有することが，必ずしも資産活用効率の悪化にはつながっていないと判断できる。

③　**安全性分析**

　京セラは非常に高い安全性を誇っているといえる。連結財務諸表において有利子負債は総資産の約1.36%であり，特に京セラ株式会社単体でみれば無借金経営となっている。また，先に掲げたように大量の現金預金や金融投資を有していることもあって，短期支払能力を表す流動比率も2014年3月期には一般に望ましいとされる200%を遥かに凌ぐ417.6%を達成している。

④　**成長性分析**

　**図表3-3-7**は成長性分析の一環として，2010年3月期の各項目の数値を1とし，当該年度の値に対する各年度の値を比率として表したものである。2013

年3月期までは売上高成長率,総資産成長率はほぼ横ばいであるものの,2014年3月期には大きな成長を遂げていることがわかる。また,当期純利益の成長率については継続して売上高の成長を上回っていることもみてとれる。

図表3-3-7 京セラの主たる成長性指標（10年3月期の値を1とする）

| 成長性（2010年を1とする） | 10年3月期 | 11年3月期 | 12年3月期 | 13年3月期 | 14年3月期 |
| --- | --- | --- | --- | --- | --- |
| 売上高成長率 | 1.00 | 1.18 | 1.11 | 1.19 | 1.35 |
| 当期純利益成長率 | 1.00 | 3.05 | 1.98 | 1.66 | 2.21 |
| 総資産成長率 | 1.00 | 1.05 | 1.08 | 1.23 | 1.43 |

出所：有価証券報告書

⑤ キャッシュ・フロー分析

図表3-3-8は,京セラの営業活動によるキャッシュ・フロー（営業CF），投資活動によるキャッシュ・フロー（投資CF），および財務活動によるキャッシュ・フロー（財務CF）の推移を示したものである。京セラの場合,営業CFはおおむね安定的な動きとなっているが,特に2010年3月期と2014年3月期に多くの営業CFを獲得しており,近い値をとっている。しかしその一方で,当期純利益をみると,2014年3月期は2010年3月期の2倍以上の金額となっている。連結CF計算書の細目によると,この要因は主に営業外損益・特別損益項目の調整部分にあると考えられる。また,投資CFと財務CFは分析期間においていずれも一貫してマイナスとなっているが,これらは主に固定資産の取得と配当金の支払いによるものである。

図表3-3-8 キャッシュ・フローの推移（単位：百万円）

|  | 10年3月期 | 11年3月期 | 12年3月期 | 13年3月期 | 14年3月期 |
| --- | --- | --- | --- | --- | --- |
| 営業CF | 137,583 | 119,687 | 109,065 | 109,489 | 149,141 |
| 投資CF | −49,318 | −121,364 | −56,051 | −66,142 | −101,141 |
| 財務CF | −38,047 | −26,820 | −50,769 | −31,431 | −32,805 |

出所：有価証券報告書

⑥ まとめ

最後に5つの観点からの分析結果を総括したい。京セラは安全性の面では極めて優良であり,中長期的には収益性の改善がなされてきたことが明らかに

なった。他方で，安全性を高めるために内部留保を手厚くし，行き場のない資産を金融投資等の形で保有し続けた結果，資産の活用効率が悪化し，ストックを考慮した効率性が他社に比べて低い水準にとどまっているということもわかった。

## 第4節　独自の分析：株主至上主義ではない経営実践

　京セラでは，経営理念として「全従業員の物心両面の幸福を追求すると同時に，人類，社会の進歩発展に貢献すること」を掲げ，創業者である稲盛和夫氏の説く「心をベースに経営する」ということを実践している。このような「心」をキーワードとする独自の経営哲学は「京セラフィロソフィ」としてまとめあげられ，独自の部門別採算管理制度である「アメーバ経営」にも活かされている。では，このような独自の経営哲学，経営姿勢は財務数値等の面にどのような形で現れるのだろうか。また，京セラはどのような企業像を目指しているのだろうか。本節では，近年注目を集める「株主重視型経営」と関連づけながら，同社の目指す企業経営のあり方に迫っていくこととする。

### （1）京セラの経営スタイル

　京セラが目指す企業経営のあり方を探るにあたって，企業の経営姿勢や経営者の経営哲学は，経営戦略や財務分析の結果に現れると考えられる。京セラの場合，第3節までの一般的な分析から，①WACCを下回る事業の存在，②非効率な金融投資の存在，および③極めて高い財務的安全性という特徴や問題点が発見された。ここから読み取れるのは，京セラがWACCを下回る事業や金融投資により株主価値を毀損させているということである。また，**図表3-4-1**をみると，実際に株式市場でも京セラが十分な評価を得られていないことがわかる。では，なぜ京セラは株価や株主価値という点にあまり主眼を置いていないのだろうか。

図表3-4-1 PBR（株式時価総額／純資産簿価）[15]

| PBR | 10年3月期 | 11年3月期 | 12年3月期 | 13年3月期 | 14年3月期 |
|---|---|---|---|---|---|
| 京セラ | 1.2 | 1.1 | 0.9 | 1.0 | 1.2 |
| オムロン | 1.7 | 1.8 | 1.3 | 1.4 | 2.9 |
| TDK | 1.5 | 1.2 | 1.2 | 0.7 | 1.5 |
| 日本電産 | 3.6 | 2.5 | 2.6 | 1.8 | 4.4 |
| 村田製作所 | 1.5 | 1.6 | 1.4 | 1.8 | 3.1 |

出所：有価証券報告書およびYahoo！ファイナンス株価データ

## （2）京セラ経営の背景

京セラの目指す企業経営のあり方を探るにあたって，同社がなぜ株価や株主価値にあまりこだわらないのかを探る必要がある。そこで，創業者である稲盛氏の発言や社会活動，さらにはビジネスという観点からみた京都の特徴から，同社の企業経営の背景を探ることとする。

### ① 稲盛氏の発言および社会活動

> ◆「当社は中小零細で始まった企業でもあり，第一に株主に貢献しようとは言っていません。従業員の物心両面の幸せを実現し，社会への貢献を果たす，ということを企業の目的に掲げています。」（日経ビジネス2004年9月27日号）
> ◆「株主のために従業員が苦しんでいたのでは，長い目で見て長続きしないわけで，それでは本末転倒でしょう。」（同上）
> ◆社会貢献活動として，科学の発展や思想・芸術の発展に尽くした人物を表彰する京都賞を創設する等し，その積極的な寄付活動は米カーネギー財団からも表彰されている。なお，京都大学にも多額の寄付を行っている。

以上の発言や社会貢献活動からうかがえるのは，京セラが，従業員や社会に貢献することは株主価値を高めることよりも重要だと考えていることである。すなわち，京セラには，株主価値の最大化を是とする一般的な経営理論やファイナンス理論とは異なった，株主価値を多少犠牲にすることも正当化しうる考え方が存在すると考えられる。

② 京都という場所の特性

◆多くの企業がベンチャー企業として創業しており，倒産リスクを増加させる負債を嫌う傾向にある。すなわち，無借金経営を好む傾向にある。
◆また，同様にベンチャー企業として始まった名残からカリスマ創業者の影響力が強く，株式公開後も，会社は株主のものという意識が薄く，むしろ会社は創業者や従業員のものであるという意識が強く残っている。
◆京都企業はいわゆる「系列」とよばれる大企業集団に属さず，どの企業とも水平的な関係を築く傾向にある。

これらの一般的な「京都企業」の特性は，京セラの経営理念にも共通しており，株主よりも従業員等を重視する考え方の背景になっていると考えられる。

### （3）株主重視型経営vs.ステークホルダー重視型経営

　上記の議論では株主価値を高め，企業価値を最大化することを目指すという一般的な理論とは異なる考え方の存在が示唆された。そこで，一般的な経営理論やファイナンス理論における株主重視の経営を「株主重視型経営[16]」とよび，それに対し，株主だけでなく，従業員や社会を重視する京セラの経営を「ステークホルダー重視型経営」とよぶこととする。京セラでは，企業行動の規範となるべき「京セラグループCSR指針」を制定しており，その序文で「ステークホルダーとの相互信頼の構築，京セラグループの持続的な発展をはかるとともに，社会の健全な発展に貢献」することを経営の根幹として掲げている。そのような方針にもとづく経営を，本章では「ステークホルダー重視型経営」と定義する。そして，「株主重視型経営」と「ステークホルダー重視型経営」の両者を対比し，京セラの「ステークホルダー重視型経営」の本質に迫る。
　ステークホルダー重視型経営では，従業員や社会への貢献，また倒産リスクを回避するという観点から，企業経営の安定性や継続性を何より重視しており，それがWACCを下回る事業の存続や非効率な金融投資，巨額の内部留保につながっている可能性がある。また，ステークホルダー重視型経営の各ステークホルダーのメリットは，**図表3-4-2**のようにまとめることができる。
　では，上記にみたステークホルダー重視型経営は，実際に京セラの経営においても各ステークホルダーにメリットをもたらしているといえるだろうか。こ

### 図表3-4-2 ステークホルダー重視型経営のメリット

| | 主なステークホルダーへのメリット |
|---|---|
| 従業員 | 安定した雇用や給与が確保されることが多く，必ずしもリストラの心配がない。 |
| 取引先 | 中長期的な観点から，安定した良好な関係を維持し，互恵関係を築くことができる。 |
| 社　会 | 短期的な利益にとらわれず，CSRやコンプライアンスに注力できる。 |
| 株　主 | 安定した配当，堅調な株価を期待できる。 |
| 経営者 | 目先の利益にとらわれることなく，中長期的視点から事業投資を行える。 |

　れを検証するため，株主価値を非常に重視した企業として有名な日本電産[17]を比較対象に付加価値分析[18]を行うと，**図表3-4-3**のようになる。付加価値分析とは，企業の生み出した付加価値が各ステークホルダーにどのように分配されているかを調べる分析である。図表3-4-3からは，京セラは日本電産より付加価値率[19]が高く，特に従業員や社会といったステークホルダーへの分配率が高いことがみてとれる。

　なお，2014年3月期以降，京セラは連結配当性向を日本電産と同様30％以上とする方針を固めた。ただしそれはステークホルダー重視型経営から株主重視型経営へと移行するという意味ではなく，「あわせて，中長期の企業成長を図るために必要な投資額等を考慮し，総合的な判断により配当金額を決定することとしています。また，当社は，今後も安定的かつ持続的な企業成長を図るため，新事業・新市場の創造，新技術の開発および必要に応じ，外部経営資源の

### 図表3-4-3 京セラと日本電産の比較（直近5年平均，個別財務諸表ベース）

| | 京セラ | 日本電産 |
|---|---|---|
| 売上高付加価値率 | 21.8％ | 26.6％ |
| 従業員（人件費） | 28.9％ | 21.5％ |
| 社会（寄付金） | 0.5％ | ― |
| 役員（役員報酬） | 0.4％ | 1.5％ |
| 債権者（支払利息等） | 0.1％ | 1.9％ |
| 株主（配当金） | 23.8％ | 40.9％ |
| 行政（法人税等） | 10.7％ | 9.5％ |
| 会社（内部留保） | 17.5％ | 31.6％ |
| 調整（減価償却＋特別損益） | (18.0％) | (－6.9％) |

出所：有価証券報告書

獲得に備える内部留保金を勘案し，健全な財政状態を維持する方針です」と説明されている[20]。

### （4）環境経営とCSR報告書

「京セラフィロソフィ」の実践として，京セラはCSR活動を重視しており，とりわけ環境への取組みがその根幹となっている。京セラの経営理念にある「全従業員の物心両面の幸福を追求すると同時に，人類，社会のシンポ発展に貢献する」ということを基本として，「低炭素社会，循環型社会，自然共生社会の形成に向け，更に目的意志を高めて，環境保全，地球環境商品開発，省エネルギー・地球温暖化防止，省資源，廃棄物削減，化学物質の適正管理，生物多様性保全等の環境対策について総合的な取り組みを行い，より積極かつ継続的に地球環境保護に貢献する改善活動を行う」ことを掲げている。そのことが，地球環境保護を重視し同業他社と比較して遙かに充実したCSR報告書を開示[21]していることにもつながっていると考えられる。特に環境への取組みに関しては，環境会計・環境監査をいち早く導入するなど，積極的な環境保全対策が行われていることが大きな特徴である。

### （5）まとめ

京セラの「心」をキーワードとした独自の経営哲学は，株主価値の最大化ではなく，従業員や社会といったステークホルダーをも含んだ各ステークホルダー価値の総和を最大化させるという経営につながっているのである。また，京セラにおいては，経営哲学である「京セラフィロソフィ」がステークホルダー重視型経営へとつながり，その経営理念が財務数値にまで現れているといえるだろう。

## 第5節　企業価値推定

### （1）モデルの説明力の検証

本節では，まず，基本プラットフォームに従い，DCF法と残余利益法の両

モデルを用いて，2009年3月期から2013年3月期の理論時価総額を算出した。**図表3-5-1**は，理論時価総額と実際の時価総額（各年6月末時点）の数値，およびVPRの数値を示したものである。

同図表は，2009年3月期から2013年3月期までのいずれの年度においても，残余利益法で算出した理論時価総額のVPRのほうがDCF法で算出した理論時価総額のVPRよりも1に近い値であることを示している。よって，ここでは残余利益法のほうが理論時価総額を算出する上で適切なモデルであると判断し，残余利益法を用いて2014年3月期の理論時価総額を算出する。さらに，実際の時価総額（2014年6月末時点）と理論時価総額を比較する。

**図表3-5-1　実際時価総額と理論時価総額の比較**（単位：百万円）

|  | 09年3月期 | 10年3月期 | 11年3月期 | 12年3月期 | 13年3月期 |
| --- | --- | --- | --- | --- | --- |
| 時価総額 | 1,390,819 | 1,388,905 | 1,559,171 | 1,306,642 | 1,932,224 |
| DCF法 | 2,392,626 | 2,214,246 | 2,269,121 | 2,425,515 | 2,698,190 |
| 残余利益法 | 1,523,147 | 1,224,477 | 1,136,012 | 1,187,261 | 1,555,201 |
| VPR（DCF法） | 1.72 | 1.59 | 1.46 | 1.86 | 1.40 |
| VPR（残余利益法） | 1.10 | 0.88 | 0.73 | 0.91 | 0.80 |

## （2）基本プラットフォームに基づく理論時価総額の測定

前述したように，ここでは残余利益法に基づく理論時価総額の算出を行うが，より精緻な理論時価総額を算定するため，以下のシナリオを想定する。

> **シナリオ①〔成長シナリオ〕**　京セラは決算短信上で2015年3月期の売上高を1兆5,800億円と，前年度からの向上を目指している。したがって，予測期間最初の5年間（2015年3月期から2019年3月期まで）については2015年3月期にこの予想売上高を達成したのち，過去10年間の平均売上高成長率約2.0%で成長すると想定する。予測期間6年目以降（2020年3月期から2024年3月期まで）は売上高成長率が徐々に長期インフレ率0.5%に近づいていき，予測期間10年目以降（2025年3月期以降）は0.5%で売上高が成長すると仮定する。
>
> **シナリオ②〔現状維持シナリオ〕**　予測期間最初の5年間（2015年3月期から2019年3月期まで）については，2015年3月期に上述の売上高予想値を達成し，残りの期間もこの水準が維持されると想定する。予測期間6年目以降（2020年3月期から2024年3月期まで）はシナリオ①と同様に，売上高成長率が徐々

に長期インフレ率0.5%に近づいていき，予測期間10年目以降（2025年3月期以降）は成長率を0.5%とする。

上記の各シナリオをもとに理論時価総額を推定した結果，シナリオ①，シナリオ②の順に，理論時価総額が約2兆5,266億円，約2兆1,955億円となった。2014年6月末時点の京セラの時価総額が約1兆8,156億円であるため，シナリオ①のVPRが1.39，シナリオ②のVPRが1.21となった。この結果より，実際の時価総額がシナリオ②の理論時価総額を下回っていることがわかるが，このことの解釈として，市場が京セラによる売上高予測の実現性ならびに将来の成長性に関して疑問を持っている可能性が考えられる。

## 第6節　総　　括

改めて京セラという会社を振り返ると，同社がファインセラミック技術をコアに電子部品業界でトップの地位に就くにあたって，同社の経営哲学がアメーバ経営という同社の採算管理制度に具現化され，同時に経営戦略や財務戦略に大きな影響を及ぼしてきたといえるだろう。すなわち，従業員の生活を守り，社会に貢献できる会社を作ろうとする哲学が，太陽電池から携帯電話に至るまでの事業の多角化や多額の現金保有・金融投資，また1兆円を超える内部留保につながっていたということである。このような経営哲学が，京セラの高い収益率につながっている。現状では，必ずしも市場が高評価を下しているというわけではないが，同社の経営哲学は，長期的な京セラの収益性に貢献すると同時に，今後も社会貢献度の高い優良企業としての評価を一段と高めると考えられる。

京セラは京都を代表する会社であり，京都企業に共通する特徴を数多く備えているが，その経営哲学が会社のあり方を定義づけているという点で，非常に特徴的な企業といえるだろう。

◆注

1 セラミックスとは，非金属の無機材料で，その製造工程において高温処理を受けたもののことである。その中でも特に，原料・組成・製造プロセスにこだわった工業用部品として高い付加価値を有するものをファインセラミックスという。
2 現在，KDDIに対する京セラの持株比率は12.76％で，互いの代表取締役会長が他方の取締役を兼任しているという関係にある。また，携帯電話端末の販売を中心に京セラのKDDIに対する売上高は1,164億9,800万円にのぼり，これは連結売上高の8.0％にあたる（ともに2014年3月期）。
3 各セグメントの主要製品を掲げたい。ファインセラミック部品関連事業：情報通信用部品・半導体製造装置用部品・自動車用部品等。半導体部品関連事業：携帯電話端末向け水晶/SAW用セラミックパッケージ・デジタルカメラ向けCCD/CMOSイメージセンサー用セラミックパッケージ等。ファインセラミック応用品関連事業：ソーラーエネルギーシステム・切削工具等。電子デバイス関連事業：携帯電話端末，PC用小型セラミックコンデンサ・OA機器用サーマルプリントヘッド等。通信機器関連事業：携帯電話端末・PHS端末・PHS基地局等。情報機器関連事業：エコシスプリンタ・デジタル複合機等。
4 「マーケット：時価総額上位ランキング」（2014年12月17日確認）株式会社日本経済新聞社による。
5 たとえば，それぞれ全社売上高の20％程度を占める通信機器関連事業と情報機器関連事業の過去5年間の売上高の相関係数は0.11であり，両者を同時に展開することは，結果的に一定のリスク引き下げ効果をもたらしたといえる。
6 図表に示されるのは各セグメントの事業利益をその投下資本で除したものであるが，投下資本には当該セグメント固有の資産に加え，本社資産のうち金融資産を除く部分をセグメント固有の資産価額を配賦基準として配分したものが含まれている。
7 企業は株主や債権者から調達した資本を事業に投下し，そこから得たリターンによって，株主や債権者に見返りをもたらすという存在である。従って，株主や債権者が要求する期待利回りを総合的に表すWACCは，企業が事業を通じて獲得すべき必要最低限の利益率を意味し，WACCを継続的に下回る事業を行うことは企業価値を毀損する原因ともなる。
8 第1章にて示されているとおり，本来のPPM分析では縦軸に市場全体の成長性，横軸に市場シェアが用いられる。しかし，当該データが入手困難であったことから，ここでは縦軸に売上高成長率，横軸に利益性の指標を使った分析を行うこととした。
9 「金のなる木」は，高い成長率が期待できない一方で，多額の収益が得られる上に投資が必要最低限におさえられることから，これに該当する事業は企業の収益源となる。
10 2030年には世界の市場規模が5兆1,270億円に，国内市場が産業用1兆4,000億円，住宅用1兆5,000億円にまで拡大するという予測がある（「プレスリリース　世界の太陽電池関連市場を調査」（2014年12月17日確認）株式会社富士経済による）。
11 たとえば品質の面では，ドイツ商品試験財団による太陽電池モジュール15製品の比較テストにおいて，京セラ製品は最高の評価を得ている（「Geld verdienen mit eigenem Strom」2014年12月17日確認）。
12 たとえば，2013年度通期の端末出荷台数は前年度比5.7％減の3,941万台であった（「2013年度通期国内携帯電話端末出荷概況」（2014年12月17日確認）株式会社MM総研による）。また,2014年度以降も出荷台数は低調に推移するという見通しが立てられている。
13 「Web BCN」（2009年10月31日確認）株式会社BCNによる。なお，シャープ・パナソニック・NEC・富士通の4社はそれぞれ10％以上のシェアを誇っている。
14 京セラはKDDI株を大量に保有しているが，既述したようにKDDIは京セラにとって一種のグループ企業にあたるため金融投資の集計には含めていない。

15 ここでは中長期的な株価の割安度を測る指標として，また当期純利益の増減に影響されにくい指標としてPBRを用いた。
16 ここでは，経費を抑え最大の利益を計上することに主眼を置き，株主への配当を優先させるような経営方針を，株主重視型経営とよぶ。株主重視型経営では，従業員への給与や社会への貢献は経費（コスト）であると捉えられる（平成19年度「年次経済財政報告」内閣府）。
17 日本電産の永守社長は，米投資週刊誌Barron'sに，世界の名経営者30人として日本企業で唯一紹介され，「日本で最も株主を重視した経営者の一人である」と評価されている。このことからも，日本電産が株主価値を重視した企業であると想定できる。
18 付加価値とは生産過程を通じて新たに生み出される価値のことをいう。本分析における付加価値は，原則として日銀方式にもとづいているが，ステークホルダーへの分配割合を確かめるという本分析の趣旨から，（粗）付加価値＝経常利益＋人件費＋役員報酬＋金融費用＋租税公課＋寄付金＋減価償却費（賃借料含）として算出した。
19 付加価値率が高ければ，その分各ステークホルダーへの分配が高まるといえる。
20 「個人投資家の皆様へ：配当金」（2014年2月28日確認）。
21 CSR報告の充実度合いについては単純に分量で比較できるものではないが，少なくとも本章での比較対象企業の多くが10数頁から20数頁のレポートを提出しているなか，京セラのCSR報告書は実に133頁にもわたり，多くの活動について詳細な説明がなされていた。

第4章

# 日本電産株式会社

　日本電産株式会社（以下，本章において「日本電産」と略す）は，「M&Aの雄」として，M&A戦略に代表されるアグレッシブな経営姿勢と，急成長・好業績で知られる京都企業である。しかし，日本電産という企業がどのような企業であるのか，すなわち，企業規模やその製品，事業展開の概要については，あまり詳しく知られていないのではないだろうか。そこで，本章では日本電産の実態に迫るべく，同社に関して総合的な分析を行うとともに，独自の分析において，会計戦略および税務戦略が同社の経営戦略とどのようにかかわっているのかを考察していくこととする。

車載用モータ（写真提供：日本電産）

## 第1節　企業概要

本節では，現状分析の一環として，日本電産の沿革や規模，およびその事業内容を確認する。

#### 図表4-1-1　主たる沿革

| | |
|---|---|
| 1973年7月 | 京都市西京区において会社設立，精密小型ACモータの製造を始める |
| 1976年4月 | アメリカ現地法人，米国日本電産㈱を設立 |
| 1979年10月 | 8インチ型ハードディスク装置用スピンドルモータの生産を開始 |
| 1984年2月 | アメリカ，トリン社の軸流ファン部門を買収。初の本格的M&Aを行う |
| 1988年11月 | 大阪証券取引所第2部，京都証券取引所に株式を上場 |
| 1989～93年 | シンガポール，タイ，中国，ドイツに現地法人を設立 |
| 1995年2月 | 共立マシナリ㈱とシンポ工業㈱へ資本参加 |
| 1997年3月 | トーソク㈱に資本参加 |
| 4月 | ㈱リードエレクトロニクスに資本参加 |
| 1998年2月 | ㈱コパルならびにコパル電子㈱に資本参加 |
| 9月 | 東京証券取引所市場第1部に上場，同時に大阪証券取引所市場第1部に指定替え |
| 2001年9月 | ニューヨーク証券取引所に上場 |
| 2003年10月 | ㈱三協精機製作所に資本参加 |
| 2006年12月 | フランス，ヴァレオ社の車載モータ事業を買収 |
| 2007年2月 | シンガポール，ブリリアントマニュファクチャリング社を買収 |
| 4月 | 日本サーボ㈱に資本参加 |
| 2010年1月 | イタリア，Appliances Components社の家電用モータ事業を買収 |
| 2月 | タイ，Salee社が所有するベースプレートメーカーSC WADO社を買収 |
| 10月 | アメリカ，Emerson Electric Co.のMotors & Controls事業を買収 |
| 2011年7月 | 三洋精密㈱に資本参加 |
| 2012年4月 | アメリカ，プレス機器メーカーThe Minster Machine Companyを買収 |
| 5月 | イタリア，Ansaldo Sistemi Industriali S.p.A.を買収 |
| 9月 | 米国持株会社を設立しAvtron Industrial Automation, Inc.を買収 |
| 11月 | 米国持株会社がKinetek Group Inc.を買収 |
| 12月 | 江蘇凱宇汽車電器有限公司に資本参加 |
| 2014年3月 | ホンダエレシスを買収 |

出所：ホームページをもとに作成

## （1）沿　革

　日本電産は，1973年に，創業者であり現社長でもある永守重信氏によって，京都に設立されたモータメーカーである。その沿革を，M&Aを中心に図表4-1-1に示す。会社が設立された洛西地域は，1965年に国道9号線が全線開通するなど道路交通網の整備が進んだにもかかわらず，当時は農業主体の区域であった。しかし，西には西山連峰が連なる丘陵地帯で，空気や水の澄んだ内陸性気候であり，精密機器の製造に適した環境条件が整っていた。そこで，当時の桂工場では，精密小型AC[1]モータの製造・販売が行われていたが，次第に精密小型モータのみならず，ブラシレスDCモータ，ファンブロワー（排風機）分野へと広がり，1979年には，8インチ型HDD用スピンドルモータを世界に先駆けて実用化することに成功した。さらに1984年にはアメリカのファンメーカーであるトリン社を買収し，同社初めてのM&Aを行った。1988年には大阪証券取引所第2部，京都証券取引所への上場を達成した。1990年代に入ると，同社は引き続きHDD用スピンドルモータ分野で技術的優位を確保するとともに，積極的なM&Aを行い，精密加工技術，検査・計測技術，プレス技術等，モータの製造にかかわるさまざまな技術をグループ内に確保し，その規模を急激に成長させていった。その結果，1998年には東京証券取引所第1部に上場した後，2001年には世界最大の証券取引所であるニューヨーク証券取引所への上場を達成し，世界企業として新たな一歩を踏み出すこととなった。さらに2009年以降M&Aのスピードを増した同社は現在，世界中にグループ企業約230社を擁しており，「世界No.1の総合モーターメーカー」としてさらなる成長を目指しているところである。

## （2）現在の状況

　まず，企業規模を確認する。日本電産は，連結売上高約8,751億円（2014年3月期），株式時価総額約1兆6,228億円（2014年5月12日現在），従業員数がグループ全体で約10万人（2014年5月12日現在）の電気機器メーカーである。電機業界全体でみると，売上高ではオムロン，株式時価総額では日立製作所とほぼ同程度であり，日本電産の規模がいかに大きいかがわかる。

　次に，日本電産はどのような事業・製品分野へ展開しているのかをみていく。

日本電産は同社の事業を、「精密小型モータ事業」、「車載及び家電・商業・産業用事業」、「機器装置事業」、「電子・光学部品事業」、「その他の事業」の5事業に分類している。これらの事業の売上高構成比を示したものが**図表4-1-2**、事業ごとの製品を示したものが**図表4-1-3**である。

まず、「精密小型モータ事業」は売上高の約4割を占める日本電産の主力事業であると同時に、営業利益率15.6％（2014年3月期、以下同様）と最も利益率

**図表4-1-2　日本電産セグメント別売上構成（2014年3月期）**

物流・サービス他、オルゴール関連商品
その他　0.9%（1.2%）
電子・光学部品
カメラシャッタ、スイッチ、トリマポテンショメータ、部品加工、樹脂成型品
8.3%（9.7%）
機器装置
産業用ロボット、基板検査装置、高速プレス機器、チップ実装機、計測機器、変減速機、FA機器、カードリーダー
9.9%（9.0%）
HDDモータ　21.2%（23.3%）
精密小型モータ　41.4%（45.1%）
家電・商業・産業用　26.3%（22.8%）
8,751億円
車載　13.2%（12.2%）
その他小型モータ　20.2%（21.8%）
光ディスク装置用モータ、OA機器用モータ、ポリゴンレーザスキャナ用モータ、MPU冷却用ファン、ゲーム機用ファン、PC・通信機器用ファン、家電用ファン、自動車用ファン、携帯電話用振動モータ、ブラシ付モータ、ステッピングモータ、モータ駆動ユニット
車載及び家電・商業・産業用　39.5%（35.0%）

※（　）内のパーセントは昨年度の構成比
日本電産グループ連結事業区分別売上構成
（2014年3月末現在）

出所：ホームページをもとに作成

**図表4-1-3　セグメント別製品構成**

| | |
|---|---|
| 精密小型モータ | HDD用、CD・DVD用、OA機器用、スマートフォン・携帯電話用等 |
| 車載及び家電・商業・産業用 | 自動車用、家電用、商業用、産業用 |
| 機器装置 | 産業用ロボット、カードリーダ、基板検査装置、プレス機器、計測機器、変減速機、FA機器等 |
| 電子・光学部品 | スイッチ、トリマ、センサ、カメラシャッター等 |
| その他 | 物流、サービス、オルゴール関連商品等 |

出所：ホームページをもとに作成

の高い分野の1つとなっている。主に世界シェア75％のHDD用モータ，CD・DVD用モータ，OA機器用モータ，汎用の小型ブラシレスモータ，ファンモータ，スマートフォン・携帯電話に使われる振動モータ等から構成されている。これらの事業については，新市場・新顧客向けの拡販活動が功を奏した結果，売上高，営業利益とも順調に拡大しており，今後も安定成長が期待できるといえるだろう。

次に，もう一方の主力事業である「車載及び家電・商業・産業用事業」もまた，売上高の約4割を占めている。営業利益率こそ約6.5％に留まっているものの，売上高は前年度比39％の増加，営業利益率は約8.4倍となり過去最高を更新している。新規買収による売上増だけでなく，車載用新機種（たとえばブレーキ用モータなど）の量産やエアコン用モータの増収等が売上高の拡大を牽引しており，今後最も営業利益率の成長が期待される事業である。

また，「機器装置事業」についても売上高・営業利益とも増加傾向にあり，営業利益率が13.9％となっている。本事業は主に，液晶ガラス基板搬送用ロボット，ATM（現金自動預け払い機）などに使用されるカードリーダ，半導体パッケージやタッチパネル用の検査装置，各種プレス機器等により構成されており，たとえばATM用カードリーダのシェアは約80％を占める等，各用途で高いシェアとなっている。

さらに，「電子・光学部品事業」は営業利益率2.0％，売上高の約1割を占める事業であり，産業用電子機器に搭載されるスイッチ，トリマ，センサ等の電子部品と，デジタルカメラやスマートフォン・携帯電話に搭載されるカメラシャッター，手振れ補正装置等の光学部品を主力としている。コスト削減により2014年3月期には営業黒字を達成しており，今後は高収益・高付加価値事業となることが期待される事業である。

最後に，「その他事業」として物流・サービス関連およびその他の製品・サービスが分類されている。

## 第2節　経営戦略分析

競争状況の把握，および経営戦略の分析は，今後の日本電産を予測し分析す

るためには欠かすことのできない要素である。そこで，本節では，日本電産がどのような競争状況のもとで，どのような経営戦略によって成長を図ろうとしているのかを分析していきたい。

## （1）競争状況

まず，業界全体および日本電産をとりまく競争状況の把握について，最も一般的な分析手法の1つであるPorterのファイブ・フォース・モデルに従い分析を行う。その概要をまとめたものが，**図表4-2-1**である。

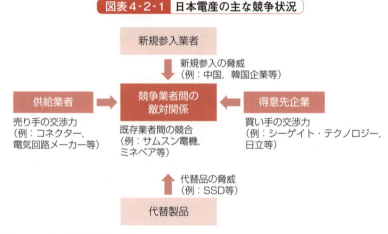

図表4-2-1 日本電産の主な競争状況

出所：Porter［1980］をもとに作成

ファイブ・フォース・モデルによれば，当該市場の長期的な収益性を決定する1つ目の競争要因は，「既存業者間の競合」である。この点につき，主力製品のHDD用モータであれば，日本電産はサムスン電機やミネベア，パナソニック等の企業と競争関係にある。HDD用モータのような精密小型モータ市場は，これらの企業の寡占状態にある。

2つ目の競争要因は「新規参入の脅威」である。一般に付加価値の高いハイテク電子部品は新技術導入の余地が大きいため，新規参入を誘引させやすく，競争が激化しやすいと考えられている。今後も一定の成長が見込まれる情報家電用の精密小型モータ市場では，すでに複数の中国・韓国企業が参入しており，また，自動車の電子制御化によって市場が拡大している車載用モータにおいて

も，今後他のモータメーカー等が新規参入すると考えられている。従って，「新規参入の脅威」は大きい。

　3つ目の競争要因は「買い手の交渉力」である。モータは部品としての性質上，その価格は得意先である組み立てメーカーの影響を大きく受けることになる。特にHDD用モータのように，モータメーカー間のみならずシーゲイト・テクノロジー社，ウェスタン・デジタル社，日立グローバルストレージ社といった買い手のHDD製造業者間にも価格競争が存在する場合，日本電産のようなモータ供給企業は強い価格下落圧力にさらされることになる。しかし，日本電産のシェアは約80％と高いことから，「買い手の交渉力」はさほど強くはないと考えられる。

　4つ目の競争要因は「売り手の交渉力」である。日本電産の場合，コネクターや電気回路といった部品の一部を外部の業者から調達しており，これらの部品の調達が困難になれば同社の業績に大きな影響を与えることになる。従って「売り手の交渉力」は弱くはないといえる。

　5つ目の競争要因は「代替品の脅威」である。日本電産では，売上高の約2割強をHDD用モータが占めているが，HDDに代わる記憶装置としてソリッド・ステート・ドライブ（以下SSD）がある。SSDはフラッシュメモリを用いる記憶装置であるが，HDDのようなディスクやモータを持たないため，高速に読み書きができ，消費電力が少なく，また衝撃にも強いといったメリットがある。現在，SSDは容量当たりの単価がHDDに比べ高いため採用数はいまだHDDのほうが多いものの，将来的にはHDDの採用数を上回り，HDD用モータ需要を減少させる可能性がある。その一方で，SSDの記憶媒体としてのクラウド・サーバーにHDDが用いられることから，HDDモータ需要は引き続き大きいとも考えられ，「代替品の脅威」の大きさについては判断がつきかねる状況である。

## （2）経営戦略

　次に，前述のような競争状況のもとで，日本電産がどのような経営戦略を立てているのかについて分析していきたい。同社は現在，財務数値面では，2015年度の売上高1.2兆円，営業利益率15％の達成を目標に掲げており，自律成長とM&Aを基軸に，「精密小型モータ」，「車載」，「家電・商業・産業用」，「その

他の製品グループ」の4本柱の確立を進めている。

　まず，自律成長について4本柱のうち主要な3つの事業別に確認していく。精密小型モータについては，2015年度に売上高4,000億円，営業利益率22%を目標に掲げている。特にHDD用モータは，タブレットやスマートフォン等新しいIT端末の普及によりパソコン用途としては低迷しているが，一方でこういったIT端末の普及や画像・動画等の高画質・高容量化，ソーシャルメディアやゲーム，電子書籍の普及等を背景にビッグデータ時代を迎えつつあり，市場全体は安定的に推移している。そのような中で高いシェアを維持することで「既存業者間の競合」という競争要因に対応し，競争優位を生かした収益性改善に注力しようとしているのである。また，その他小型モータについては，従来から同社が掲げる「スリー新活動」を引き続き掲げている。"スリー新"とは"新製品・新市場・新顧客"を指し，同社ホームページによれば「新しい製品・市場・顧客を積極的に切り拓く活動」とある。同社の手がけるブラシレスDCモータは，「省エネ・長寿命・低騒音」という特性を持っており，その特性を生かせる分野は，AV機器，IT機器，OA機器，通信機器，家電，環境関連機器，産業機器等多岐にわたる。これは，Porterの戦略論にあてはめて考えるならば，既存市場においては，製品に関して他社との「差別化」を図り，さらなる市場シェアの獲得，世界ナンバーワンシェア製品を増やすことで，利益率を向上させようということである。他方で，競争がまだ少ない成長市場においては，既存アプリケーションにおける激しい競争から脱却すべく新たな活用の場を発掘し，大きな利益と持続的成長を得ようとしている。

　車載事業は，同社の中でも重点成長事業と位置づけられ，その目標は2015年度に売上高3,000億円，営業利益率11%となっている。世界No.1シェアを誇る電動パワステ用モータ等の車載用モータ，車載カメラ，コントロールバルブ，電動オイルポンプ等の車載製品を提供し，これらにモータなどの制御を行う電子制御ユニット（ECU）技術を活かした電動パワーステアリングユニットやアンチロックブレーキユニット，先進安全技術製品である乗員検知システムユニットや車線維持支援システムユニット等を加えることで，各部品がシステム化され，高付加価値のモジュール製品を提供することが可能となる。このようにモータ，ECU，センサー等を統合して車のさまざまな機能を電子制御する"自動車の電装"メーカーを同社は目指しており，これまで培ったモータ技術

にECUやセンサーの先進技術を統合したシステム・モジュール製品を自動車業界に提供することを予定している。

　家電・商業・産業用事業についても車載用と同様に，重点成長事業と位置づけられている。売上・コスト両面でシナジー効果の追求と収益性の改善を図り，2015年度に売上高3,000億円，営業利益率13％を達成するのがその目標である。家電部門では洗濯機，乾燥機，食洗機用モータを，商業部門ではエアコン用モータ等を手がけており，産業部門では農業，石油，ガス，鉱業，上下水道，製鉄，海洋といったマーケットを中心に事業を展開している。世界的な省エネ・省電力化の流れを追い風に，家電・商業・産業用事業のさらなる発展を目指しているところである。

　次に，もう1つの経営戦略の要であるM&A戦略についてみていきたい。同社はよく知られているように，現在まで実に40社におよぶM&Aを行い，そのM&Aすべてを成功させてきたといわれている。では，なぜ日本電産は数多くのM&Aを行い，成功させることができたのだろうか。この点に関し，同社はM&Aをいわば技術・販路を育て上げるために要する"時間を買う"ための手法と位置づけ，買収対象企業を「回るもの，動くもの」関連企業のみに限定し，同社が保有しないモータ関連技術や生産設備を持つ会社を中心にターゲットとしてきた。このため，同社は今後の発展に必要な技術を，自社で開発するより早く確実に手に入れ，自社技術とのシナジー効果を生かして新製品を開発でき，技術革新や需要の増減が激しい市場で効率的にシェアを高めることに成功してきたのである。

　ただし，そのM&Aは必ずしも同じ性格を持つものではなく，企業の成長に合わせて変化しつつあることに留意するべきである。1990年代半ばまでのM&Aについては，その主眼は主力事業である精密小型モータの国際競争力の強化に置かれていた。しかし，それ以降はグループ経営が意識され始め，グループとして成長を図るためにM&Aが活用されている。具体的には，2000年代前半までの同社のM&Aでは，経営状態の良くない会社を，当該会社の同意を得た上で買収し，そこを立て直すというという「救済型」M&Aで成功を収めてきた。その対象は，3Q6$S^2$等の経営指導を行いやすい国内の会社であった。他方，近年の買収をみると，2006年に買収したヴァレオ社はフランス，2007年に買収したブリリアントマニュファクチャリング社はシンガポールにお

ける自動車部品関連企業である。さらに2009年以降はM&Aの件数を急速に増加させており，わずか5年で12社もの企業を買収している。つまり，ここから読み取れるのは，同社が車載・家電市場等の新市場を非常に重視しており，同市場でのモータ技術・シェア獲得のために，今までよりもさらに攻めの姿勢で，「積極型」M&Aを進めているということである。

## 第3節　財務分析

本節では，財務諸表分析を通じて日本電産の概況に迫ることととする。なお，比較にあたっては，日本電産同様モータ関連事業を主力とする東証1部上場企業を対象とする[3]。これらの企業の要約貸借対照表図を示したものが**図表4-3**

**図表4-3-1 分析対象企業・比較対象企業の要約貸借対照表図**

**日本電産**（2014年3月期）

| 流動資産 | 52.8% | 流動負債 | 24.2% |
| 　当座資産 | 38.1% | | |
| 　棚卸資産 | 10.6% | | |
| 　その他 | 4.1% | 固定負債 | 29.4% |
| 固定資産 | 47.2% | 純資産 | 46.4% |
| 　有形固定資産 | 25.6% | 　株主資本 | 39.4% |
| 　無形固定資産 | 13.3% | 　評価換算差額 | 5.0% |
| 　投資その他 | 8.3% | 　上記以外 | 2.0% |

**マブチモーター**（2014年3月期）

| 流動資産 | 70.8% | 流動負債 | 6.6% |
| 　当座資産 | 58.4% | 固定負債 | 1.5% |
| 　棚卸資産 | 10.6% | | |
| 　その他 | 1.8% | 純資産 | 91.9% |
| | | 　株主資本 | 88.7% |
| | | 　評価換算差額 | 3.2% |
| 固定資産 | 29.2% | | |
| 　有形固定資産 | 19.8% | | |
| 　無形固定資産 | 0.3% | | |
| 　投資その他 | 9.1% | | |

**ミネベア**（2014年3月期）

| 流動資産 | 49.7% | 流動負債 | 31.8% |
| 　当座資産 | 29.9% | | |
| 　棚卸資産 | 15.5% | | |
| 　その他 | 4.3% | 固定負債 | 25.4% |
| 固定資産 | 50.3% | 純資産 | 42.8% |
| 　有形固定資産 | 43.8% | 　株主資本 | 55.8% |
| 　無形固定資産 | 1.5% | 　評価換算差額 | −14.4% |
| 　投資その他 | 5.0% | 　上記以外 | 1.4% |

-1である。

## （1）財務諸表の修正

　財務諸表を分析するにあたり，企業間比較および時系列比較の障害になると考えられる，一時的ないし特異的な事象および表示を修正する。
　第1に，日本電産は米国会計基準に準拠しているがマブチモーターおよびミネベアは日本の会計基準に準拠しており，単純な比較は困難である。従って，各指標に関しては両会計基準間で差がないと思われるものを使用し，両会計基準間で特に差があると思われるものには修正を加える[4]。第2に，日本電産の売上高の約7割が海外での売上であり，円高になれば為替差損が出る。年度によってはその影響額が極めて大きい年もあるため修正する[5]。

## （2）財務政策の分析

　財務分析を行うにあたり，企業がいかなる財務政策および会計・税務政策をとっているかを認識することは重要であるが，本項では次節とのかかわりからも，財務政策のみを扱う。同社社長の永守氏は「会社は株主のもの」と位置づけ，ステークホルダーの中でも株主を特に重視している。そのため経営目標にはROEを設定し，また財務面では，資本コストを意識し企業買収の資金等も外部の短期借入金によって調達している。また，毎年の配当金は徐々に増加しているものの配当性向は概ね30％以下に留まっており，高成長を続けている現状においては安定配当を基調としながらもむしろ高株価を志向しているものと考えられる。なお2014年3月には株式分割も行っており，投資単位当たりの金額を引き下げることで流動性の向上と投資家層の更なる拡大を試みている。この点からも，積極的な株主価値向上を図っているといえる。

## （3）ファンダメンタル分析

　以上をふまえつつ，収益性，効率性，安全性，成長性，およびキャッシュ・フロー（CF）の各観点から総合的な分析を行う。

① 収益性分析
　収益性の観点，特に日本電産が経営指標とするROEについて算定した結果

が**図表4-3-2**である。ROE値は，同社の目標である15%には直近3年間到達しておらず，特に2013年3月期には大幅に下落している。これは，スマートフォンやタブレット端末の台頭による需要の減少が主な要因であるが，その後2014年3月期には業績を回復させ，日本電産は3社中最も優れた収益性を有する企業となっている。ところが，ROEを要素ごとに分解した**図表4-3-3**，**図表4-3-4**をみると，売上高当期純利益率では年度によってはマブチモーターが日本電産を上回る一方で，財務レバレッジでは日本電産がマブチモーターを上回っているということがわかる。すなわち，このROEの分解から浮かび上がるのは両社の経営戦略および財務戦略の違いである。経営戦略として，マブチモーターは利益率の高いブラシ付小型モータに特化するという戦略を採っているのに対し，日本電産はモータ全般に展開しようとする戦略であり，事業の一部には利益率の低い車載および家電・商業・産業用モータ事業のような事業

**図表4-3-2 ROE（単位：%）**

| ROE | 10年3月期 | 11年3月期 | 12年3月期 | 13年3月期 | 14年3月期 |
|---|---|---|---|---|---|
| 日本電産 | 16.3 | 15.0 | 11.2 | 2.0 | 12.1 |
| マブチモーター | 2.8 | 2.7 | −0.2 | 3.3 | 5.2 |
| ミネベア | 3.6 | 6.4 | 3.0 | 0.9 | 9.8 |

出所：以下各指標とも有価証券報告書をもとに筆者が作成

**図表4-3-3 売上高当期純利益率（単位：%）**

| ROS | 10年3月期 | 11年3月期 | 12年3月期 | 13年3月期 | 14年3月期 |
|---|---|---|---|---|---|
| 日本電産 | 8.8 | 7.6 | 6.0 | 1.1 | 6.4 |
| マブチモーター | 7.7 | 6.4 | −0.6 | 7.5 | 9.7 |
| ミネベア | 2.9 | 4.6 | 2.4 | 0.6 | 5.6 |

**図表4-3-4 財務レバレッジ（単位：倍）**

| 財務レバレッジ | 10年3月期 | 11年3月期 | 12年3月期 | 13年3月期 | 14年3月期 |
|---|---|---|---|---|---|
| 日本電産 | 2.0 | 2.1 | 2.2 | 2.4 | 2.3 |
| マブチモーター | 1.0 | 0.9 | 0.9 | 1.0 | 1.1 |
| ミネベア | 1.5 | 1.5 | 1.6 | 1.9 | 1.8 |

が含まれている。従って、売上高当期純利益率でみた場合、日本電産はマブチモーターと比べ相対的に低く抑えられるのである。また、財務戦略に関しては、総資本のほぼ100%が株主資本であるマブチモーターとは対照的に、日本電産は積極的に負債活用（財務レバレッジの利用）を図っており、その結果としてROEが押し上げられているということがわかる。

② **効率性分析**

効率性指標の算定結果は、**図表4-3-5**と**図表4-3-6**に示している。効率性の観点からみた場合、日本電産は棚卸資産回転率が他の企業に比して優れていることがわかる。在庫を減らすことは技術革新の速いIT市場では非常に重要なことであり、また、日本電産が経営管理項目の1つとして全社的に重要視している在庫の圧縮政策[6]が一定の成果を上げているといえる。

**図表4-3-5 棚卸資産回転率**（単位：回）

| 棚卸資産回転率 | 10年3月期 | 11年3月期 | 12年3月期 | 13年3月期 | 14年3月期 |
| --- | --- | --- | --- | --- | --- |
| 日本電産 | 8.4 | 7.5 | 7.5 | 6.7 | 6.6 |
| マブチモーター | 5.2 | 5.1 | 4.2 | 4.2 | 4.5 |
| ミネベア | 6.4 | 6.1 | 5.1 | 4.8 | 5.8 |

**図表4-3-6 売上債権回転率**（単位：回）

| 売上債権回転率 | 10年3月期 | 11年3月期 | 12年3月期 | 13年3月期 | 14年3月期 |
| --- | --- | --- | --- | --- | --- |
| 日本電産 | 4.1 | 4.2 | 3.9 | 4.2 | 4.9 |
| マブチモーター | 6.2 | 7.4 | 6.6 | 6.0 | 5.6 |
| ミネベア | 4.4 | 4.8 | 4.3 | 4.5 | 5.0 |

③ **安全性分析**

安全性指標の算定結果は**図表4-3-7**に示している。安全性の観点からみた場合、日本電産はマブチモーターに比べて低いが、これはマブチモーターが、総資産の4割にもおよぶ過剰ともいえる当座資産を保有しているからであって、日本電産は必要最低限度の水準を十分に満たしているといえる。

図表4-3-7 当座比率（単位：％）

| 当座比率 | 10年3月期 | 11年3月期 | 12年3月期 | 13年3月期 | 14年3月期 |
|---|---|---|---|---|---|
| 日本電産 | 110.4 | 127.0 | 127.0 | 97.0 | 157.2 |
| マブチモーター | 971.4 | 1039.0 | 918.5 | 814.7 | 880.5 |
| ミネベア | 77.1 | 73.8 | 75.9 | 76.4 | 94.3 |

④ 成長性分析

図表4-3-8は，成長性指標の算定結果を示している。成長性の観点からみた場合，3社に大きな違いはなく，2012年3月期を除けば，いずれも年約10％以上成長していることがわかる。このような高い成長率の伸びは，近年の精密小型モータ需要の増加にあると考えられる。特に2014年3月期において，その傾向が顕著に現れている。ただし，今後もこのスピードで成長できるかは不確実であり，収益性の面からは先述した車載および家電・商業・産業用モータ事業の成長が重要な鍵になると考えられる。

図表4-3-8 売上高成長率（10年3月期の水準を1とした）

| 売上高成長率 | 10年3月期 | 11年3月期 | 12年3月期 | 13年3月期 | 14年3月期 |
|---|---|---|---|---|---|
| 日本電産 | 1.00 | 1.15 | 1.16 | 1.21 | 1.49 |
| マブチモーター | 1.00 | 1.18 | 1.12 | 1.21 | 1.54 |
| ミネベア | 1.00 | 1.18 | 1.10 | 1.24 | 1.63 |

⑤ キャッシュ・フロー分析

日本電産の積極的な投資とM&A戦略は，CFの動きにも現れている。日本電産の営業活動によるキャッシュ・フロー（営業CF），投資活動によるキャッシュ・フロー（投資CF），および財務活動によるキャッシュ・フロー（財務CF）の推移を示したのが，図表4-3-9である。特に経営分析との関係から投資CFに着目すると，2012年3月期を除けば，当期純利益を上回る大きなマイナスの金額を計上しており，多くのキャッシュを投資にまわしていることがみてとれる。なお，2012年3月期にも固定資産への投資は他の会計期間とほぼ同額程度行っていることから，2012年3月期の投資CFのマイナスが小さい要因としては，この年度のみ比較的規模の大きいM&Aを実施していないことが考えられる。

**図表4-3-9 キャッシュ・フローの推移**（単位：百万円）

|       | 10年3月期  | 11年3月期  | 12年3月期 | 13年3月期  | 14年3月期 |
|-------|----------|-----------|----------|-----------|----------|
| 営業CF | 90,080   | 83,084    | 56,712   | 110,286   | 87,219   |
| 投資CF | −43,666  | −106,942  | −19,918  | −133,854  | −63,178  |
| 財務CF | −119,627 | 3,763     | −814     | 61,117    | 13,471   |

出所：有価証券報告書

## ⑥ まとめ

　以上から，日本電産は積極的な設備投資やM&Aが功を奏した結果，収益性の面で優れていることがわかる。また，財務面でも積極的に負債を活用する等してROEを高めており，現状をみる限り，日本電産は株主価値を重視した経営を行っているといえる。ただし，同社の目標とする2015年度の売上高1.2兆円達成には車載および家電・商業・産業用モータ事業の飛躍的な成長が不可欠であり，同事業における自律成長とM&Aの実施は必須といえる。従って，同社のビジネス・ポートフォリオの転換と拡大は今後も重要であり，さらに，単なる規模の拡大のみならず，M&A後の資金管理等グループ全体としての経営管理が一層重要になってくると考えられる。

# 第4節　独自の分析：M&Aにおける会計・税務戦略

　前節の分析では，日本電産がこれまで精密小型モータ事業におけるM&Aにより急成長を遂げる一方で，今後の同社の発展および経営目標達成には，特に車載および家電・商業・産業用モータ事業において，M&A戦略がなお重要となることがわかった。ところで，M&A戦略には買収前の対象企業の選定，事業の価値評価，および買収後の統合作業といった項目が含まれるが，この点に関連して，会計や税務はどのような役割を期待されるのだろうか。本節では，M&Aにおける戦略としての会計・税務の役割を分析し，そこから生じるメリットを考察することとする。

## （1） M&Aを成功に導く会計戦略

　M&Aにおいて，会計戦略を展開する目的とは次のようなものである。日本

電産は，企業価値を向上させるために，その手段としてM&Aを行っている。また，M&Aを有利に運ぶために，会計戦略を展開している。ここで想定する会計戦略とは，企業買収後に，買収の効果を会計数値上に反映させ，業績向上の演出を行うことである。というのも，このような演出を行うことで，投資家に対して，企業成長と経営目標の達成とを実現できる印象を与え，また，今後のM&Aにあっても，統合交渉を有利に進めることができるからである。会計戦略のより具体的な内容については，以下のとおりである。

第1に，日本電産は被買収企業を連結対象に組み込んだ後に，被買収企業の持株割合を徐々に増加させている。**図表4-4-1**のように，たとえば日本電産サンキョーであれば，2006年3月期時点で持株割合55.6%であったが，2009年3月期には72.8%まで増加させ，2013年3月期に100%子会社化させていることがわかる。この点に関し，日本電産は「株式取得により，発行会社への経営参加をはかり，今後両者間の開発，製造，販売の各分野を通じて幅広いシナジー効果を追求するもの」と説明している。他方で，次のように考えることもできる。それは，連結子会社が黒字である限り，当該子会社に対する持株割合を低い割合としておくことは，子会社が稼いだ利益の全額を親会社に帰属させることができず，少数株主利益という利益控除項目を残すことになる。

**図表4-4-1** 主要子会社の持株比率の推移 （単位：%）[7]

| | 06年 | 07年 | 08年 | 09年 | 10年 | 11年 | 12年 | 13年 |
|---|---|---|---|---|---|---|---|---|
| 日本電産サンキョー | 55.6 | 63.7 | 65.6 | 72.8 | 74.7 | 76.7 | 77.4 | 100 |
| 日本電産コパル | 57.5 | 57.5 | 57.5 | 59.1 | 59.9 | 64.8 | 66.0 | 66.5 |
| 日本電産コパル電子 | 55.4 | 59.2 | 62.0 | 63.7 | 64.6 | 65.4 | 65.4 | 65.4 |
| 日本電産トーソク | 65.0 | 65.0 | 65.4 | 66.2 | 68.7 | 71.6 | 71.8 | 72.3 |

出所：有価証券報告書

そこで，株価割安時には株式取得を行い，持株割合を増加させることで，少数株主利益を減少させているというものである。これにより，売上高等の数値を増加させることなく当期純利益の額を増加させることができ[8]，長期的には売上高当期純利益率等の各財務指標の改善にもつながるのである。

第2に，日本電産は2005年3月期より米国会計基準による決算発表を行っている。アメリカでは米国会計基準による開示しか認められていないものの，日本では，2002年4月より米国上場企業に対して，日本基準のみならず米国会計

基準での開示も認めており，開示コスト削減の点から，米国基準に従って開示することは，合理的な選択であるとも考えられる[9]。ただ，子会社が日本基準で決算発表を行っていることを考えると，米国基準による決算発表には，のれん償却の必要がなくなる点もメリットとして考えられる。これにより，**図表4-4-2**のように，日本基準での開示と比べ，のれん償却費相当分を利益額に対し有利に働かせることも可能となる。

図表4-4-2 純利益に対する会計戦略の影響（単位：百万円）[10]

|  | 01年 | 02年 | 03年 | 04年 | 05年 | 06年 | 07年 |
|---|---|---|---|---|---|---|---|
| ①当期純利益 | 10,711 | 6,580 | 10,680 | 16,089 | 33,455 | 40,949 | 39,932 |
| ②のれん償却額 | 63 | 602 | 722 | 732 | 5,616 | 8,069 | 8,251 |
| ③実効税率（％） | 30.4% | 18.8% | 9.7% | 27.6% | 22.4% | 23.6% | 26.6% |
| ④当期純利益（のれん償却あり） | 10,667 | 6,086 | 9,982 | 15,434 | 27,859 | 33,737 | 31,900 |

|  | 08年 | 09年 | 10年 | 11年 | 12年 | 13年 | 14年 |
|---|---|---|---|---|---|---|---|
| ①当期純利益 | 41,156 | 28,353 | 51,961 | 52,333 | 40,731 | 7,986 | 56,404 |
| ②のれん償却額 | 12,834 | 13,513 | 8,596 | 6,314 | 7,568 | 2,549 | 12,334 |
| ③実効税率（％） | 24.8% | 26.5% | 23.3% | 23.3% | 26.5% | 48.9% | 30.4% |
| ④当期純利益（のれん償却あり） | 29,883 | 17,496 | 45,368 | 47,490 | 35,169 | 6,683 | 47,820 |

出所：FORM20-F，有価証券報告書

## （2）M&Aを成功に導く税務戦略

　M&Aにおいて，税務戦略を展開する目的とは次のようなものである。日本電産は，企業価値を向上させるための手段としてM&Aを実施している。さらに，企業価値向上を後押しする手段として，税務戦略を展開している。ここで想定する税務戦略とは，税金支払いによる支出を抑制し，企業のフリー・キャッシュ・フローを最大化することである。M&Aは，企業グループの形成・再編や海外進出を伴うが，M&Aに関連した税務戦略として，子会社の増加によって生じる繰越欠損金の有効利用や，国際的な税率格差の活用などを挙げることができる。税務戦略のより具体的な内容については，以下の分析のとおりである。

　第1に，日本電産は06年3月期より連結納税制度を導入している。これは納税を会社ごとではなくグループ一体として行うものであり，現状では，子会社からの受取配当金にかかる税金を減少させることができ，またグループ全体の

資金効率の改善等，グループ経営の強化につながるものと考えられる。なお，2005年3月には連結納税制度の要件（100％子会社のみを連結範囲に含めることができる）を満たすため，組織再編税制の課税繰り延べメリット[11]を利用したと思われる株式交換により日本電産キョーリを100％子会社化している。その後さらに，2013年3月期より日本電産サンキョーを，2014年3月期より日本電産コパル，日本電産コパル電子，日本電産トーソクを，それぞれ100％子会社化している。

第2に，日本電産は生産拠点を法人税率の低い海外に積極的に移転している。もちろん，海外進出の主たる目的は，現地顧客への効率的な製品納入など，実際のビジネスのオペレーションの効率化にあるのだが，結果的に税務面での恩恵を受けられるという側面もある。たとえば，精密小型ファンや自動車用部品を生産するベトナムの場合，外資系企業は，まず利益計上後の法人税を2年間免除され，続く3年間は法人税を50％減，その後も法人税率を20％にする等の手厚い優遇政策を受けられる。日本の法定税率が約40％であることを考えると，税務戦略上，非常に大きなベネフィットとなっていることがわかる。そうした税務戦略により，日本電産は一定の成果をあげ，実際に戦略の目的を達成できているのではないだろうか。税率の低さが日本電産の国際競争力につながり，ひいては企業価値を高めているものと考えられる。

## 第5節　企業価値推定

### （1）モデルの説明力の検証

本節では，まず，基本プラットフォームに従い，DCF法と残余利益法の両モデルを用いて，2009年3月期から2013年3月期での理論時価総額を算出した。**図表4-5-1**は，理論時価総額と実際の時価総額（各年6月末時点）の数値，およびVPRの数値を示したものである。

同図表より，2009年3月期から2013年3月期までのいずれの年度においても，残余利益法で算出した理論時価総額のVPRのほうがDCF法で算出した理論時価総額のVPRよりも1に近い値であることがわかる。従って，ここでは2014

年の理論時価総額を算出するモデルとして残余利益法が適切であると判断し，残余利益法を用いて2014年3月期の理論時価総額を算出したうえで，2014年6月末時点の実際の時価総額と比較する。

図表4-5-1 実際時価総額と理論時価総額の比較 （時価総額の単位：百万円）

|  | 09年3月期 | 10年3月期 | 11年3月期 | 12年3月期 | 13年3月期 |
|---|---|---|---|---|---|
| 時価総額 | 857,394 | 1,083,711 | 1,079,359 | 876,253 | 1,008,272 |
| DCF法 | 1,673,825 | 2,297,608 | 2,073,360 | 2,455,112 | 3,030,917 |
| 残余利益法 | 1,058,721 | 1,046,038 | 1,290,296 | 1,408,445 | 1,852,476 |
| VPR（DCF法） | 1.95 | 2.12 | 1.92 | 2.80 | 3.01 |
| VPR（残余利益法） | 1.23 | 0.97 | 1.20 | 1.61 | 1.84 |

## （2）基本プラットフォームに基づく理論時価総額の測定

　前述したように，ここでは残余利益法に基づく理論時価総額の算出を行うが，より精緻な理論時価を算出するため，以下のシナリオを想定する。

> シナリオ①〔成長シナリオ〕　予測期間のうち，最初の5年間（2015年3月期から2019年3月期まで）については，2015年3月期の売上高目標（9,600億円）を達成した後に，過去10年間（2005年3月期から2014年3月期）における売上高の平均成長率と同率（6.76%）で成長を続けると仮定する。予測期間6年目以降（2020年3月期から2024年3月期まで）の売上高については，徐々に成長率を低下させていき，予測期間10年目以降（2025年3月期以降）は長期インフレ率0.5%で成長すると仮定する。
>
> シナリオ②〔現状維持シナリオ〕　予測期間のうち，最初の5年間（2015年3月期から2019年3月期まで）については，2015年3月期の目標を達成した後にその水準を維持すると仮定する。予測期間6年目以降（2020年3月期から2024年3月期まで）は，売上高成長率が長期インフレ率0.5%の水準に近づき，予測期間10年目以降（2025年3月期以降）は売上高が0.5%で成長すると仮定する。

　上記のシナリオに基づき，理論時価総額を算出した結果，シナリオ①では約2兆4,955億円，シナリオ②では約1兆6,722億円となった。日本電産の2014年6月末時点の実際の時価総額は約1兆8,036億円であり，シナリオ①のVPRは1.38，シナリオ②のVPRは0.93となった。この結果より，市場はシナリオ①が

想定する成長率ほどではないものの，日本電産の今後の成長を期待しているといえるのではないだろうか。

## 第6節 総 括

本章で検討してきたように，日本電産は，競争の激しいIT関連のモータ市場でM&Aを重ねることによって急成長を遂げ，日本有数の企業となるに至ったことがわかった。他方で，今後はその針路を他の成長市場へも向け，他社との差別化を図ると同時に，引き続き積極的なM&Aを行うことでさらなる成長を模索している姿勢もうかがえた。さらに，このように同社の経営戦略の柱であるM&A戦略において，会計や税務が企業価値向上に大きな役割を果たしていることもわかった[12]。これらを総括して考えると，日本電産は企業価値を重視した，非常に成長性の高い会社であるといえるだろう。また，第5節では，実際の時価総額が，現状維持シナリオを若干ながらも上回る結果となり，成長シナリオほどではないものの市場が日本電産の成長を期待していると考えられる結果となった。第4節までの一連の分析結果は，日本電産のファンダメンタルと成長可能性がともに優れていることを示唆しており，市場はそういった点を評価しているのかもしれない。

◆注
1 ACは電流の交流，DCは直流を表す。
2 ３Ｑ６Ｓとは：日本電産創業者である永守重信氏が考案した経営改善手法であり，「Quality Worker（良い社員）」，「Quality Company（良い会社）」，「Quality Products（良い製品）」の３つの「Ｑ」の目標を実現するために「整理」，「整頓」，「清潔」，「清掃」，「作法」，「躾」の６つの「Ｓ」を実行する活動のことである。
3 なおマブチモーターのみ12月決算だが，そのまま直近の財務諸表を使用し分析を行う。
4 具体的には日本基準の連結財務諸表に計上される"のれん償却額"（注９に詳述）を当期純利益に足し戻し，純資産の部に計上される"少数株主持分"を純資産から控除する。
5 日本電産は為替リスクを認識し，その上で企業活動の一環として当該リスクに対し，設備投資および仕入れをドル建てで行い，外貨建債券に為替予約を行う等の，為替リスク減殺を図っているから財務諸表の修正は不要に思える。他方ですべての為替リスクをヘッジすることは困難であり，また製品の製造・販売を主とする製造業において，財務活動ともよべる為替変動の影響およびそのヘッジの効果を利益に反映させておくことは，企業間の収益性の比較および時系列比較を困難にするものと考えられる。従って為替差損益に（１－実効税率）を乗じた上で当期純利益に足し戻し修正を行う。なお，比較可能性を担保す

るために，マブチモーターとミネベアについても同様の処理を行う。当該修正により最も大きな金額の変動があったのは日本電産の2011年3月期の当期純利益であり，修正前52,333百万円に対し，修正後は59,407百万円となった。

6　日本電産は5大経営管理項目として品質・在庫・材外費・生産性・経費を重視している。
7　いずれも2014年3月期末までに完全子会社化していることから，2014年3月期のデータは割愛する。
8　分析対象期間である2014年3月期までにおいては，連結財務諸表上，子会社の損益計算書および貸借対照表は"全部連結"，すなわち持株割合にかかわらず各勘定項目の金額がそのまま財務諸表上反映されることになる。従って，持株割合の増加に対応すべき子会社収益への持分増加は，少数株主利益の減少という形でのみ財務諸表上反映されることになるのである。
9　日本基準では，通常のれんは競争にさらされて時の経過とともに減価するものと考えられること，また，のれんを投資の一部とみるならば一定の期間内で償却することが費用収益対応の点で合理的であること，さらに，超過収益力が維持されているとしても，それは企業の追加的な投資により補完されているにすぎず，償却を行わないことは結果的に自己創設のれんの計上につながるという論拠から，20年以内の規則的償却を行うこととし，さらに減損処理の余地も残している。他方米国会計基準では，企業の超過収益力に固有性があり模倣が困難な場合，当該超過収益力には持続可能性があるといえるから，のれんが時間の経過とともに減価するとは必ずしもいえず，さらに減価する場合でもその減価形態は不明瞭であるから，のれんの費用化は減損によって企業の収益と対応させることが適当とし，のれんの規則的償却を禁じている。
10　のれん償却額は，簡便的に米国会計基準における2000年3月期以降の営業権の額にもとづき，その前年からの営業権増分額を翌年以降5年均等償却すると仮定した場合の値である。日本電産は2004年3月期まで，のれんを5年償却していた。また，④当期純利益（のれん償却あり）については，①－②×（1－③）という式で算出している。
11　法人税法では，法人が所有する資産を他に移転した場合，原則として時価による譲渡があったとみなし，当該譲渡損益に対して課税が行われる。ところが，課税単位は原則として個々の会社を単位とするから，組織再編が行われた場合，グループ全体では経済的な実態に何ら変化がないにもかかわらず多額の課税が生じるという不合理が生じることになる。そこで，一定の要件を満たした組織再編（適格組織再編）であれば，資産移転にかかる譲渡損益の清算を繰り延べることができるとされている。なお，現金交付ではなく株式交換によって組織再編を行うのは，当該適格要件を満たすためである。
12　今後も同社のM&A戦略において会計・税務は一定の役割を果たすと考えられる。会計の面では，現在，国際的に統一された会計基準としてのIFRS（国際財務報告基準）採用の流れが強まっており，同基準採用により，クロスボーダーのM&Aが増加すると考えられる。また，税務の面では2009年3月期の税制改正により，同年4月より海外子会社からの受取配当金の95%分が非課税となっており，今までは海外子会社での再投資に充てられていた留保金が国内に還流され，それを原資としたM&Aの実施が考えられる。

# 第5章

# 株式会社村田製作所

　株式会社村田製作所（以下，本章において「ムラタ」と略す）は電子部品業界に属し，通信機器，AV機器，コンピュータなどに使われる部品を製造している企業である。中でも主力商品のセラミックコンデンサ[1]の分野では世界No.1のシェアを誇っており，京都を代表する企業の1つである。ムラタは，原材料からの一貫生産体制や市場対応型マーケティングといった独特な経営方針を持っており，高い収益性がその特徴といえる。本章の「独自の分析」では，その高い収益性がいかにして可能となったのか，マトリックス経営，特に管理会計手法に焦点を当てて分析を行っている。

村田製作所チアリーディング部（写真提供：村田製作所）

## 第 1 節　企業概要

### （1）沿　革

　ムラタのルーツは，創業者の村田昭氏の父である村田吉良氏が戦前に始めた村田製陶所にある。村田製陶所は電気の絶縁と導体の保持に用いられる碍子を生産しており，昭氏はここで働いていた。そんな中，太平洋戦争が激化し電波兵器の必要性から特殊磁器への需要が高まった。当時，「独自性を追求しろ」という吉良氏の教えを受け特殊磁器に手をつけていた昭氏はこれを機に独立して村田製作所を創設し，セラミックコンデンサの開発・生産を行った。

　戦後はラジオブームを背景にセラミックコンデンサへの需要が高まった。そのような中で，ムラタは京都大学と連携して1947年に，それまでの酸化チタンよりも優れたチタン酸バリウムを原料として使用したセラミックコンデンサを誕生させた。これ以後，ムラタは独自製品開発のために研究開発に力を入れ，テレビや通信機器向けの部品など時代に合わせた製品を次々と開発する一方で，1982年には単機能部品メーカーから複合部品メーカーへの転換を志向して電気音響株式会社へ資本出資を行った。こうしてムラタは今日のようなエレクトロニック・セラミックスメーカーへと成長していった。また，海外に向けては，ラジオやテレビが輸出の花形となる中，1960年頃からアメリカへの輸出を開始した。また，1962年には旧ソ連へプラント輸出を行っている。1970年代には，リスク分散や市場の拡大を狙い，ヨーロッパ・アジアへ進出し，1980年にはカナダの多国籍企業エリーの買収を行った。その後も世界各地に生産拠点を設けてグローバルな生産体制を敷き，販売拠点も世界各地に拡充させていった。その結果，ムラタの海外売上高は現在，連結売上高の実に90％以上を占めるに至っている。主たる沿革は**図表 5-1-1** の通りである。

### （2）現在の状況

　現在，ムラタの時価総額は 2兆1,929億4,107万円（2014年 3 月末），連結従業員数は 4 万人以上となっている。ここでは，もう少し掘り下げて，現在の製品別売上高比率や地域別売上高などからムラタをみていきたい。それぞれについ

### 図表5-1-1 主たる沿革

| 年月 | 内容 |
|---|---|
| 1944年10月 | 村田昭氏が京都市中京区で個人経営の村田製作所を創業 |
| 1950年12月 | (株)村田製作所に改組 |
| 1961年2月 | 本社を長岡京市に移転 |
| 1962年10月 | 第1回プラント輸出（旧ソ連向け第1次） |
| 1963年3月 | 大阪証券取引所市場第二部と京都証券取引所（01年閉鎖）に株式を上場 |
| 1969年12月 | 東京証券取引所市場第二部に株式を上場 |
| 1970年2月 | 東京証券取引所，大阪証券取引所ともに第1部に上場 |
| 1976年8月 | シンガポール証券取引所上場 |
| 1980年9月 | カナダの多国籍企業エリーを買収 |
| 1982年9月 | 電気音響(株)に資本参加 |
| 1999年3月 | 東京都渋谷区に東京支社を開設 |
| 2004年10月 | 本社を現在地に移転 |
| 2007年8月 | アメリカ合衆国のC&D Technologies, Inc.のPower Electronics事業部他17社を買収 |
| 2012年1月 | フィンランドの開発・生産及び販売会社VTI Technologies Oy（現Murata Electronic Oy）他を買収 |
| 3月 | ルネサスエレクトロニクス(株)のパワーアンプ事業を譲受 |
| 7月 | 米国の開発・生産及び販売会社RF Monolithics, Inc.他を買収 |
| 2013年8月 | 東京電波(株)を買収 |
| 2014年3月 | 東光(株)を連結子会社化 |

出所：ムラタのホームページおよび有価証券報告書をもとに作成

て，**図表5-1-2**，**図表5-1-3**にまとめてみた。

　ムラタは自社の製品を，コンポーネントとモジュールに大別した上で，さらに，コンポーネントを①コンデンサ，②圧電製品，③その他コンポーネント，モジュールを④通信モジュール，⑤電源他モジュールへと分類している。連結売上高に占める割合をみると，コンデンサ，通信モジュールの売上高が高いことがわかる。

　また，地域別売上高では，中華圏（中国・台湾）が突出しており，アジアその他，日本，ヨーロッパ，南北アメリカと続いている。ここ5年でみると，日本，ヨーロッパ，南北アメリカでの売上が横ばいである一方で，中華圏での売上が急速に増加傾向にあり，現在では中華圏の売上高は連結売上高の約55%を占めるまでに成長している。

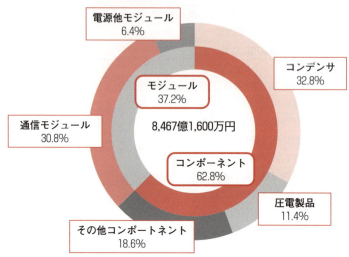

図表5-1-2 製品別売上高比率

出所:2014年3月期有価証券報告書をもとに作成

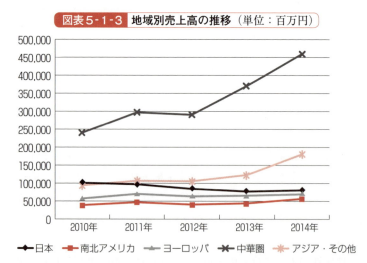

図表5-1-3 地域別売上高の推移（単位：百万円）

出所:有価証券報告書をもとに作成

# 第2節　経営戦略分析

本節では，電子部品業界でのムラタの位置づけ，ならびにムラタがとっている経営戦略やそれを支える損益管理システムおよびマーケティング戦略について分析を行う。

## (1) 業界状況

ムラタは電子部品業界に位置する[2]。電子部品業界は世の中がデジタル化するのに伴って拡大してきたが，2008年以降は世界的な不況の影響を受け，一時的な縮小を余儀なくされた。また，国内的には，2011年3月の震災の影響を少なからず受けている。この業界に属する企業の売上高と当期純利益（ともに2014年3月期）の概要は，**図表5-2-1**のとおりである。

同表によると，ムラタは売上高が4位，当期純利益が1位となっており，業界内でもトップクラスの経営基盤を有していることがうかがえる。しかし，電子部品といっても，その種類は多岐にわたっている。そのため，電子部品業界

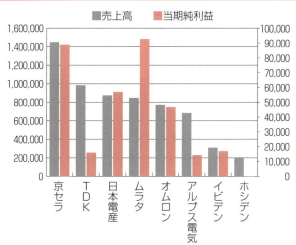

図表5-2-1　電子部品業界の売上高・当期純利益（単位：百万円）

（注）売上高については左軸の数値を，当期純利益については右軸の数値を参照
出所：2014年3月期有価証券報告書をもとに作成

の企業は必ずしも競合しているとはいえないかもしれない。特に京都企業は，独自路線を進むオムロン（第6章），多角化を図る京セラ（第3章），モータに特化した日本電産（第4章），コンデンサに軸を置いて独自の製品開発を行うムラタ（本章）といったように，それぞれの持ち味とする分野が完全には一致していない。このような業界の中で，事業内容，事業規模，海外への進出度の点で，比較的ムラタと類似しているのはTDKである。特に，生産する部品が携帯電話，パソコン，デジタル家電，自動車等に使われているという点，および両社とも一貫生産体制を構築している点で共通している。本章では，上記の京都企業3社およびTDKをひとまず競合他社と判断し，第3節「財務分析」での比較の対象とする。

## （2）ムラタの経営戦略

　ムラタのホームページでは，同社の強み（グループ力）について「技術」「マーケティング」「経営」の側面から，それぞれ「垂直統合」「ロードマップ」「マトリックス組織」とその特徴を指摘している。

### ① 垂直統合戦略

　ムラタは原材料から製品までの一貫生産体制を敷く形で垂直統合戦略をとっている。材料技術，プロセス技術，設計技術，生産技術，ならびにそれらを支えるソフトウエア技術および分析評価技術といった要素技術のすべてを自社でマネジメントすることで独自の価値を付加し，高収益化につなげている。

　しかし，原材料から製品までを内製化するとなると生産の効率が下がるように思える。ではなぜ，ムラタは垂直統合戦略をとっているのだろうか。その理由は，ムラタの製品の原料および部品を製造するための資産は，関係特殊資産[3]に該当すると考えられるからである。第1節で簡単にふれたように，ムラタの製品には独自性がある。加えて，ムラタは多品種大量生産を行っており，同業他社であってもムラタと同種の製品を扱っているとは限らない。これらのことから，同業他社とは違う部品が必要であることがわかる。よって，ムラタの製品とその原料や部品を製造する両設備のそれぞれに，高度な関係特殊性が認められると考えられる。企業が関係特殊性の高い資産を保有する場合には，垂直統合を進め自製することで，コストを抑えることが可能となる（垂直統合

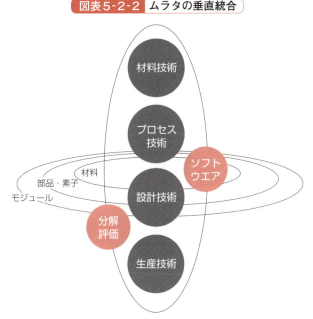

図表5-2-2 ムラタの垂直統合

出所：㈱ムラタエレクトロニクス・ホームページ

と関係特殊性との関係については、補論にて詳述する）。

　これらのほかにも、ムラタの垂直統合戦略を推し進める他の要因としては、規模の大きい製品市場を持つことが挙げられる。たとえばムラタはセラミックコンデンサの分野では世界トップのシェアを持つが、それほど大きいシェアを持つならば、垂直統合を行った場合でも自社の中で規模の経済が発生するであろう。よって、ムラタのように、関係特殊性の高い資産を多く保有し規模の大きい製品市場を持つ企業は、垂直統合を行うことによって、取引コストや原材料原価の低減をねらった経営が可能となるのである。

② ロードマップ化による市場対応型マーケティング

　ムラタは、市場が求めるものを提供するという一見当たり前のようで非常に難しいことを、徹底的なデータ分析とニーズに応じた技術開発によって成し遂げている。マーケティングにおいて、営業担当者やセールスエンジニアが集めた顧客の声は、社内外のさまざまなデータと組み合わされ「マーケットイン

フォメーション」にまとめられる。これらのマーケットインフォメーションを基にして，商品の需要を明らかにした「マーケットロードマップ」，そのために必要な新規開発・生産体制を明らかにした「プロダクトロードマップ」，さらに，必要な技術の構築を示す「テクノロジーロードマップ」として描かれ，効率的な研究開発が進められることになる。

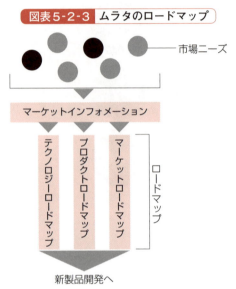

図表5-2-3　ムラタのロードマップ

出所：㈱ムラタエレクトロニクス・ホームページ

　このように，市場で求められる製品を予測し，技術開発によってその製品を実現させる体制は，無駄が生じないように徹底されたものとなっている。この裏側には，営業担当者から技術者まで，会社が一丸となって「求められているものを提供する」というムラタの強い意志が感じられる。

③　マトリックス経営
　前述したように，ムラタは生産において材料から製品までの垂直統合戦略をとって高収益化につなげている。現に2014年3月期のムラタの売上高当期純利益率は11.0%と，同業他社の日本電産の6.4%，京セラの6.1%，オムロンの6.0%などと比べても圧倒的に高い。しかし，使用している資本に対する利益率がこ

れに比例するかというとそうではない。そのため，ムラタは生産工程のどこにどのような問題があるのかを的確に判断するために，製品別と工程別のマトリックスを作成し，そのマトリックス単位で，生産高，原価，利益，資産回転率などをチェックしている。さらに，本社機能スタッフは，グループ全体をサポートしている。こうすることによって，製品Aの原料部門のB工程といったような非常に細かいレベルでの損益管理が可能になるのである。このような徹底した損益管理によって，ムラタは，グループ全体で技術革新とローコスト化を達成している[4]。

以上の分析から，ムラタは，市場に求められているものを的確に提供することで無駄な投資を減らし，原材料からの一貫生産体制で取引コストや原材料－原価を低減させ利益を最大化するという戦略をとっていると考えられる[5]。

## 第3節　財務分析

本節では，可能な限り企業の実像に迫った財務分析を行うために，収益性，効率性，安全性，および成長性といった視点から，同業他社との比較を交えつつムラタの財務分析を行う。使用するデータは過去5期分とする。比較する企業は，ムラタと同業界で米国会計基準を採用しているTDK株式会社，京セラ株式会社，オムロン株式会社，日本電産株式会社とする。これら5社の要約貸借対照表図を示したものが**図表5-3-1**である。

### (1) バイアスの修正

ムラタの過去5年間の財務データにおいて，特殊な会計処理を行ったため正確な財務諸表分析に支障をきたし，修正を加えるべきであると考えられる事象は見当たらなかった。

### (2) 財務比率分析

① 収益性分析

　**図表5-3-2**は，ムラタ，TDK，京セラ，オムロン，日本電産の売上高純利

### 図表5-3-1 分析対象企業・比較対象企業の要約貸借対照表図

**ムラタ（2014年3月期）**

| 流動資産 | 54.1% | 流動負債 | 14.0% |
| --- | --- | --- | --- |
| 当座資産 | 37.8% | | |
| 棚卸資産 | 13.7% | 固定負債 | 7.9% |
| その他 | 2.6% | | |
| | | 純資産 | 78.1% |
| | | 株主資本 | 76.2% |
| | | 評価換算差額 | 0.6% |
| 固定資産 | 45.9% | その他 | 1.3% |
| 有形固定資産 | 27.9% | | |
| 投資その他 | 18.0% | | |

**TDK（2014年3月期）**

| 流動資産 | 52.7% | 流動負債 | 30.2% |
| --- | --- | --- | --- |
| 当座資産 | 37.6% | | |
| 棚卸資産 | 11.0% | | |
| その他 | 4.1% | 固定負債 | 17.2% |
| | | 純資産 | 52.6% |
| 固定資産 | 47.3% | 株主資本 | 58.3% |
| 有形固定資産 | 30.2% | 評価換算差額 | −7.0% |
| 投資その他 | 17.1% | 上記以外 | 1.3% |

**京セラ（2014年3月期）**

| 流動資産 | 51.9% | 流動負債 | 12.4% |
| --- | --- | --- | --- |
| 当座資産 | 29.5% | | |
| 棚卸資産 | 12.7% | 固定負債 | 12.2% |
| その他 | 9.7% | | |
| | | 純資産 | 75.4% |
| | | 株主資本 | 62.9% |
| 固定資産 | 48.1% | 評価換算差額 | 9.5% |
| 有形固定資産 | 10.3% | 上記以外 | 2.9% |
| 無形固定資産 | 6.7% | | |
| 投資その他 | 31.1% | | |

**オムロン（2014年3月期）**

| 流動資産 | 60.6% | 流動負債 | 24.9% |
| --- | --- | --- | --- |
| 当座資産 | 40.4% | | |
| 棚卸資産 | 14.9% | 固定負債 | 9.0% |
| その他 | 5.2% | | |
| | | 純資産 | 66.1% |
| 固定資産 | 39.4% | 株主資本 | 68.1% |
| 有形固定資産 | 20.7% | 評価換算差額 | −2.3% |
| 投資その他 | 18.7% | 上記以外 | 0.3% |

**日本電産（2014年3月期）**

| 流動資産 | 52.8% | 流動負債 | 24.2% |
| --- | --- | --- | --- |
| 当座資産 | 38.1% | | |
| 棚卸資産 | 10.6% | | |
| その他 | 4.1% | 固定負債 | 29.4% |
| | | 純資産 | 46.4% |
| 固定資産 | 47.2% | 株主資本 | 39.4% |
| 有形固定資産 | 25.6% | 評価換算差額 | 5.0% |
| 無形固定資産 | 13.3% | 上記以外 | 2.0% |
| 投資その他 | 8.3% | | |

益率の推移を表している。同図表から，ムラタの売上高当期純利益率は10年3月期には世界的不況の影響による大幅な悪化から回復傾向にあったが，11年の震災の影響を受け，再度低下，ただし，その後，回復したことがうかがえる。14年3月期には他社と比べて圧倒的に高い利益率をあげ，09年3月期以前の水

図表5-3-2 売上高当期純利益率（単位：％）

| 売上高当期純利益率 | 10年3月期 | 11年3月期 | 12年3月期 | 13年3月期 | 14年3月期 |
|---|---|---|---|---|---|
| ムラタ | 4.7 | 8.7 | 5.3 | 6.2 | 11.0 |
| TDK | 1.7 | 5.2 | −0.3 | 0.1 | 1.7 |
| 京セラ | 3.7 | 9.7 | 6.7 | 5.2 | 6.1 |
| オムロン | 0.7 | 4.3 | 2.6 | 4.6 | 6.0 |
| 日本電産 | 8.8 | 7.6 | 6.0 | 1.1 | 6.4 |

出所：有価証券報告書をもとに作成

図表5-3-3 総資本利益率（ROA）（単位：％）

| 総資本利益率（ROA） | 10年3月期 | 11年3月期 | 12年3月期 | 13年3月期 | 14年3月期 |
|---|---|---|---|---|---|
| 村田製作所 | 2.7 | 5.4 | 3.1 | 3.9 | 7.5 |
| TDK | 1.2 | 4.3 | −0.2 | 0.1 | 1.3 |
| 京セラ | 2.2 | 6.3 | 4.0 | 2.9 | 3.4 |
| オムロン | 0.7 | 4.8 | 3.1 | 5.3 | 7.1 |
| 日本電産 | 7.5 | 7.0 | 5.1 | 0.8 | 4.8 |

出所：有価証券報告書をもとに作成

準まで戻している。これは，円安における効果と売上高が過去最高を記録したためである[6]。他方，TDKは，データから判断する限り，震災によるダメージを最も大きく受けてしまっており，現在，まだ回復途上にあると判断される。

次に，**図表5-3-3**に示した，企業の総合的な収益性を示す総資本利益率（ROA）を見てみよう。各社ともに当期純利益率と同じような傾向を示しており，上記の観察結果が一定程度の説明力を有していることが示唆される。

② **効率性分析**

効率性を分析するにあたってまず総資本回転率を見てみよう。**図表5-3-4**より，ムラタの総資本回転率は近年横ばいであり，他社と比較してもほぼ同水準で推移していることがわかる。同様に，**図表5-3-5**から，ムラタの売上債権回転率は他社と遜色ないものであることがわかる。しかしながら，**図表5-3-6**より，ムラタ，TDK，および日本電産の有形固定資産回転率は他社と比べて，一貫して低いということが判明した。

有形固定資産回転率が低い原因としては，原材料からの一貫生産体制をとっ

**図表5-3-4 総資本回転率**（単位：回）

| 総資本回転率 | 10年3月期 | 11年3月期 | 12年3月期 | 13年3月期 | 14年3月期 |
|---|---|---|---|---|---|
| ムラタ | 0.6 | 0.6 | 0.6 | 0.6 | 0.7 |
| TDK | 0.7 | 0.8 | 0.8 | 0.7 | 0.8 |
| 京セラ | 0.6 | 0.7 | 0.6 | 0.6 | 0.5 |
| オムロン | 1.0 | 1.1 | 1.2 | 1.1 | 1.2 |
| 日本電産 | 0.8 | 0.9 | 0.9 | 0.7 | 0.8 |

出所：有価証券報告書をもとに作成

**図表5-3-5 売上債権回転率**（単位：回）

| 売上債権回転率 | 10年3月期 | 11年3月期 | 12年3月期 | 13年3月期 | 14年3月期 |
|---|---|---|---|---|---|
| ムラタ | 5.4 | 5.2 | 4.7 | 4.7 | 4.8 |
| TDK | 5.5 | 5.2 | 4.6 | 4.6 | 5.0 |
| 京セラ | 5.7 | 5.8 | 5.0 | 4.7 | 5.0 |
| オムロン | 4.4 | 4.7 | 4.4 | 4.3 | 4.6 |
| 日本電産 | 4.1 | 4.2 | 3.9 | 4.2 | 4.9 |

出所：有価証券報告書をもとに作成

**図表5-3-6 有形固定資産回転率**（単位：回）

| 有形固定資産回転率 | 10年3月期 | 11年3月期 | 12年3月期 | 13年3月期 | 14年3月期 |
|---|---|---|---|---|---|
| ムラタ | 1.7 | 2.2 | 2.0 | 2.2 | 2.5 |
| TDK | 2.4 | 2.7 | 2.5 | 2.4 | 2.7 |
| 京セラ | 4.2 | 5.2 | 4.7 | 4.8 | 5.4 |
| オムロン | 4.1 | 5.1 | 5.1 | 5.3 | 5.9 |
| 日本電産 | 2.9 | 3.1 | 2.9 | 2.8 | 3.0 |

出所：有価証券報告書をもとに作成

ているために，固定資産が相対的に多いということが考えられる。ここ5年の数値をみる限り，回転率が特に改善されているということもないため，効率性にだけ着目するならば，何らかの対策が必要なのかもしれない。ただし，ムラタにとって垂直統合による人材・技術・ノウハウなどの内部化こそが高い利益率の源泉となっている可能性があるため，この指標が低いのは致し方ないともいえる。

## ③ 安全性分析

次に安全性分析を行うために流動比率・当座比率・自己資本比率・有利子負債比率・固定比率の比較を行う。それぞれの算定結果は，**図表５-３-７**以下に示されている。一般的に流動比率は200％以上，負債比率・固定比率は100％以下であれば安全であるとされている。図表から，ムラタおよび京セラの流動比率は，200％をはるかに上回っており，他社と比べても圧倒的に高い数値であることがわかる。

また，有利子負債比率も低い水準を保っている。さらに，固定比率も京セラ，オムロンとともに大変低い数値となっている（ただし，日本電産は例外）。以上のことから，ムラタは電子部品業界屈指の安全性の高い企業といえる。

**図表５-３-７ 流動比率（単位：％）**

| 流動比率 | 10年3月期 | 11年3月期 | 12年3月期 | 13年3月期 | 14年3月期 |
|---|---|---|---|---|---|
| ムラタ | 492.9 | 372.8 | 355.6 | 351.4 | 387.4 |
| TDK | 213.9 | 160.8 | 167.5 | 161.6 | 174.8 |
| 京セラ | 357.6 | 375.7 | 380.2 | 388.3 | 417.6 |
| オムロン | 183.7 | 180.7 | 201.5 | 229.0 | 243.7 |
| 日本電産 | 142.9 | 180.4 | 174.1 | 137.2 | 218.1 |

出所：有価証券報告書をもとに作成

**図表５-３-８ 当座比率（単位：％）**

| 当座比率 | 10年3月期 | 11年3月期 | 12年3月期 | 13年3月期 | 14年3月期 |
|---|---|---|---|---|---|
| ムラタ | 348.6 | 247.5 | 219.4 | 227.7 | 270.7 |
| TDK | 156.2 | 110.7 | 108.0 | 109.7 | 124.7 |
| 京セラ | 251.8 | 247.0 | 239.0 | 251.1 | 270.7 |
| オムロン | 112.8 | 115.8 | 121.9 | 145.9 | 161.4 |
| 日本電産 | 110.4 | 127.0 | 127.0 | 97.0 | 157.2 |

出所：有価証券報告書をもとに作成

### 図表5-3-9 自己資本比率（単位：％）

| 自己資本比率 | 10年3月期 | 11年3月期 | 12年3月期 | 13年3月期 | 14年3月期 |
|---|---|---|---|---|---|
| ムラタ | 86.2 | 83.1 | 80.8 | 79.2 | 76.8 |
| TDK* | 49.8 | 50.3 | 46.4 | 48.0 | 51.3 |
| 京セラ | 72.8 | 73.0 | 73.7 | 72.1 | 72.4 |
| オムロン | 57.6 | 55.6 | 59.7 | 64.0 | 65.8 |
| 日本電産 | 49.1 | 47.5 | 46.2 | 41.3 | 44.4 |

（注）株主資本／総資本で計算
出所：有価証券報告書をもとに作成

### 図表5-3-10 有利子負債比率（単位：％）

| 有利子負債比率 | 10年3月期 | 11年3月期 | 12年3月期 | 13年3月期 | 14年3月期 |
|---|---|---|---|---|---|
| ムラタ | 0.6 | 0.9 | 3.7 | 5.1 | 4.4 |
| TDK* | 49.7 | 45.9 | 54.8 | 52.7 | 42.0 |
| 京セラ | 2.5 | 2.2 | 1.8 | 1.5 | 1.4 |
| オムロン | 7.2 | 8.3 | 3.5 | 1.0 | 0.1 |
| 日本電産 | 17.1 | 20.7 | 23.5 | 30.9 | 30.0 |

（注）有利子負債／株主資本で計算
出所：有価証券報告書をもとに作成

### 図表5-3-11 固定比率（単位：％）

| 固定比率 | 10年3月期 | 11年3月期 | 12年3月期 | 13年3月期 | 14年3月期 |
|---|---|---|---|---|---|
| 村田製作所 | 67.5 | 70.2 | 70.4 | 63.8 | 59.7 |
| TDK | 101.8 | 99.9 | 105.8 | 99.6 | 92.3 |
| 京セラ | 60.5 | 57.5 | 57.8 | 61.6 | 66.5 |
| オムロン | 80.5 | 75.1 | 71.4 | 65.4 | 60.0 |
| 日本電産 | 93.4 | 105.6 | 97.6 | 121.4 | 106.1 |

出所：有価証券報告書をもとに作成

④ 成長性分析

　ムラタがどの程度の成長を遂げているかを，売上高成長率から見てみよう。**図表5-3-12**から，ムラタはTDKよりも常に高い水準で成長していること，および他の京都企業と比較しても2014年3月期には高い成長率を示したことがうかがえる。

### 図表5-3-12 売上高成長率（2010年を1とする）

| 売上高成長率 | 10年3月期 | 11年3月期 | 12年3月期 | 13年3月期 | 14年3月期 |
|---|---|---|---|---|---|
| ムラタ | 1.00 | 1.16 | 1.10 | 1.28 | 1.60 |
| TDK | 1.00 | 1.08 | 1.01 | 1.06 | 1.22 |
| 京セラ | 1.00 | 1.18 | 1.11 | 1.19 | 1.35 |
| オムロン | 1.00 | 1.18 | 1.18 | 1.24 | 1.47 |
| 日本電産 | 1.00 | 1.18 | 1.19 | 1.24 | 1.53 |

出所：有価証券報告書をもとに作成

⑤ キャッシュ・フロー（CF）分析

図表5-3-13は，ムラタの営業，投資，および財務CFの推移を示している。

### 図表5-3-13 キャッシュ・フローの推移（単位：百万円）

|  | 10年3月期 | 11年3月期 | 12年3月期 | 13年3月期 | 14年3月期 |
|---|---|---|---|---|---|
| 営業CF | 107,303 | 105,610 | 57,589 | 88,537 | 185,751 |
| 投資CF | −93,261 | −133,999 | −46,487 | −56,173 | −117,150 |
| 財務CF | −22,379 | −14,561 | −9,148 | −9,655 | −40,899 |

出所：有価証券報告書をもとに作成

　営業CFの変化から，収益性の分析と同様に，11年の震災の影響から回復すると同時に，2014年3月期には営業活動からここ5年で最高額のキャッシュを獲得したことがわかる。また，営業による儲けを，新たな投資や借入金の返済へと振り向けているタイプ③に分類される。

## （3）CSRへの取組み

　ムラタのCSRへの取組みについて，簡単に述べてみる。ムラタは，CSR経営の推進のために，経営理念を基軸とし，企業統治，人権と労働，安全衛生，環境保全，公正取引・倫理，および管理のしくみからなるCSR憲章を設けるとともに，CSR統括委員会を設置している。また，「環境報告書」「社会環境報告書」「CSRレポート」「Murata Report」と名称は変更されているが，2002年から継続してCSRに関する報告書を作成している。

　直近の「Murata Report 2014」では，2013年度の実績および2014年度の目標が提示され，具体的な行動とその成果が明示的に示されている。また，新興

市場における新しい価値の提供や環境・エネルギー，ヘルスケア市場への技術・商品の投入といった「社会課題の解決」を志向する姿勢がうかがわれる。

### (4) まとめ

本節での分析の結果，世界同時不況と東日本大震災という未曽有の逆境の中，ムラタが着実に回復していること，また，直近の2014年3月期にはムラタが従来と比較しても高水準の収益を上げたことがわかった。同時に，ムラタは安全性が非常に高い企業であるとともに，営業活動で得たCFをもとに，投資と調達資金の返済とを行っていることがわかった。

## 第4節　独自の分析：競争力の源泉—独自性と科学的管理

本節では第1節から第3節までで明らかになった点に関して，さらに独自の分析を行い，ムラタに関する理解を深めていきたい。

### (1) 戦略分析・財務分析から明らかになったこと

第2節および第3節での分析によって，ムラタは自社が勝てる分野を選択し，市場に求められているものを的確に提供することで無駄な投資を減らし，垂直一貫生産体制によって利益を最大化するという戦略を採用していること，その成果は，高い収益性として現れていること，他方で，効率性においては低い水準となっていること，ただし，ムラタは安全性が非常に高い企業であること，がわかった。

**図表5-4-1　自己資本当期純利益率（ROE）（単位：％）**

| 売上高当期純利益率 | 10年3月期 | 11年3月期 | 12年3月期 | 13年3月期 | 14年3月期 |
|---|---|---|---|---|---|
| 村田製作所 | 3.1 | 6.5 | 3.8 | 4.9 | 9.8 |
| TDK* | 2.5 | 8.4 | −0.5 | 0.2 | 2.7 |
| 京セラ | 3.0 | 8.6 | 5.4 | 4.0 | 4.6 |
| オムロン | 1.1 | 8.6 | 5.1 | 8.2 | 10.7 |
| 日本電産 | 15.3 | 14.7 | 11.0 | 1.9 | 10.9 |

（注）TDKのみ，株主資本利益率で計算している
出所：有価証券報告書をもとに作成

図表5-4-1は，第3節で比較対象企業とした5社のROEを比較したものである。他社と比較して，ムラタのROEは必ずしも低い水準にはないと指摘することができる。いわゆるデュポンチャートによって，ROEは，売上高利益率，総資産回転率，財務レバレッジに分解することができる。前述のように，ムラタの総資産回転率および財務レバレッジ（自己資本比率の逆数）は，他社と比較してみると必ずしも高いものではなかった。そのため，ムラタは，総資産回転率や財務レバレッジを補うだけの高い収益性（売上高利益率）を実現していることがわかる。

ムラタが採用する垂直統合戦略，すなわち，原料調達，製品やサービスの設計，開発，生産，販売，およびその他の活動を企業内に取り込むことによって付加価値を高めていこうとする戦略は，特にムラタの場合，「設備投資額が大きい資本集約型の業態であり，生産工程が長く，資金の回転は低い。…また，開発投資負担も大きい」（泉谷［2001］，14頁）というデメリットを持っている。それでは，ムラタは，どのようにして高付加価値製品の実現による収益性の向上と垂直統合戦略による効率性の低下や開発投資負担の大きさという矛盾を解決し，一定程度のROEを維持できているのだろうか？

## （2）特徴的な経営スタイル－マトリックス経営

ムラタの強み（グループ力）について，前述のように，「技術」「マーケティング」「経営」の側面から，それぞれ「垂直統合」「ロードマップ化」「三次元マトリックス組織」とその特徴を指摘することができる。また，特に経営面に着目して，「マトリックス経営」と総称されている。マトリックス経営とは，「マトリックス組織を運営するための責任体制を具体化した経営管理手法であり，マトリックス組織と経理制度によって運営する」（泉谷［2001］，27頁）と定義される。具体的には，製品を縦軸，工程を横軸にしたマトリックスによる経営管理単位の細分化と独立採算体制，ならびに，本社スタックによるグループ全体へのサポートを行うというものである[7]。

以下，管理手法としての経理制度の役割に着目して，議論を進めようと思うが，その前に，まず，三次元マトリックス組織の概要について述べてみたい。

ムラタは，三次元マトリックス組織の下で，「経営管理単位の細分化と経営管理単位別利益管理が徹底して行われている」（上總・浅田［2007］，151頁）。村

田製作所グループでは，全体の管理に加え，中核となる研究・開発・生産を親会社であるムラタが担っている。図表5-4-2では，本社機能スタッフ，R&D，各事業本部，生産本部，野洲事業所，および八日市事業所は親会社に帰属している。製品別の事業部は，担当製品の予算，開発，生産，販売の全体について，生産・販売子会社を含めて責任を負い，各事業部の事業部長は，職能横断的な「製品別縦割り組織」の管理を行う。他方，各事業所や生産子会社が，本社管理のもと，親会社の研究開発部門や事業本部の社員とともに生産を行い，生産子会社は現場での開発にも従事する。場所長とよばれる子会社の経営責任者は，「工程別横割り組織」の管理を行う。マトリクス組織では，管理者が複数になるため，一般的に，管理コストの増加，社員間のコミュニケーション不足といったデメリットが存在している。そのため，管理者同士での情報交換や権限の調整が必要となる。このような機能を本社スタッフが果たしており，「タテ（製品）とヨコ（工場）を組み合わせたマトリックス組織に加え，本社機能ス

図表5-4-2　ムラタの三次元マトリックス組織

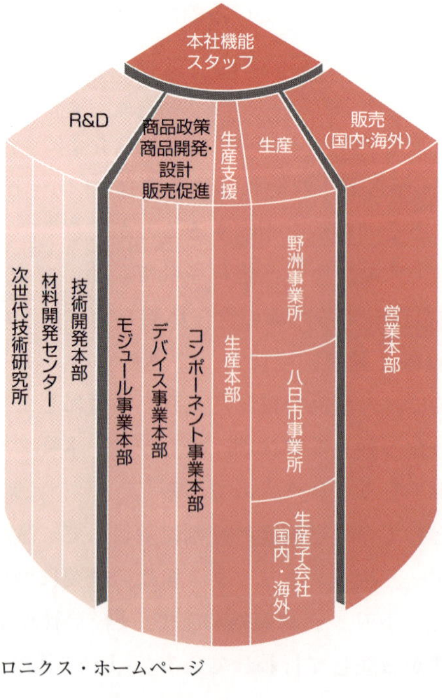

出所：㈱ムラタエレクトロニクス・ホームページ

タッフがこれらの製品と工場のライン業務を支える三次元マトリックス経営（組織）」（猪木・西島［2007］，38頁）の中で，親会社内の複数の人・組織が，各事業所および生産子会社での開発，生産，および販売に複合的にかかわっている。三次元マトリックス組織によって「あたかもグループ全体が一つの会社のように運営」（泉谷［2001］，52頁）されていくのである。

　マトリックス組織の最小管理単位は，原価部門とよばれる。原価部門とは，「原価の発生を機能別，責任区分別に管理するとともに，製品原価の計算や部門損益，品種別損益を計算する目的で，原価要素を分類集計するために設けられた組織」（泉谷［2001］，42頁）であり，機能別に，製造部門，販売部門と管理部門，研究開発部門に分けられている。この原価部門を基礎として，そのうえに，係や課，部などに当たる部門損益の管理単位が設置される。

## （3）独自の会計システム

　ムラタが採用している経理制度の特徴は，財務会計と管理会計を有機的に結合させていることである。すなわち，基幹系システムと個別業務システムをサブシステムとする「財務会計システム」と，販売計画システム，稟議システム，見積原価計算システム，投資経済計算システムに基づく「予算」によって支援される「マトリックス経営を支える管理会計システム」が各種の損益管理と指標管理を行っている。このようなシステムによって，管理コストの低減と数値上の差異も発生しないというメリットがある。以下では，4つの側面，すなわち，①損益計算，②経営効率の測定，③原価管理，および④投資意思決定，からムラタの会計システムについて明らかにしていく。

### ① 損益計算

　マトリックス経営における損益管理は，部門損益と連結品種別損益によって構成されている。部門損益とは，各原価部門の売上，費用を，係・課・部ごとに集計した工程別損益，場所別損益，法人別損益の総称である。そして，この部門損益がムラタにおける「損益管理の出発点」（泉谷［2001］，48頁）となっている。部門損益を集計して，さらに場所損益，法人損益が作成される。他方，連結品種別損益とは，ムラタが生産するさまざまな品種を「損益管理ならびに販売政策の決定に有効なレベルに細分し，この単位で原料部門・半製品部門・

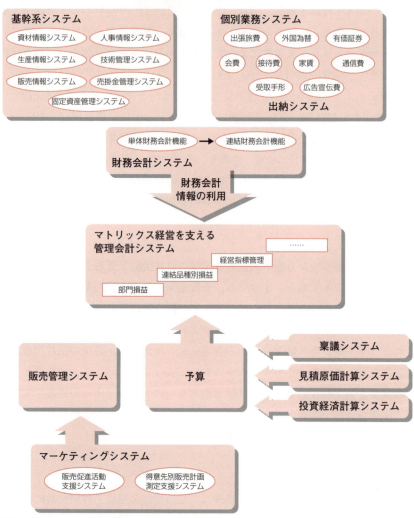

figure 5-4-3 会計システム

出所：泉谷［2001］，57頁，図表1-6

完成品部門の損益を合計し，これに販売部門・本社部門の損益を加えた製品の縦割り損益として月次で作成」（泉谷［2001］，64頁）されたものである。部門別の業績管理方法として，ムラタでは，後述の原価管理とともに，各部門を独立採算部門として位置づけ，各部門が加工・生産した半製品や製品の取引の際

**図表5-4-4 費用の三分割と利益の測定段階**

| 売上高 | |
|---|---|
| 棚卸増減 | |
| 修正製造高 | |
| 　　商品仕入高 | |
| 　　変動材料費 | |
| 　　直接労務費 | |
| 　　外注加工費 | |
| 変動費 | |
| 限界利益 | |
| 　　加工材料費 | →設備用消耗品等 |
| 　　　　減価償却費 | →生産設備の償却費 |
| 　　　　その他経費 | →エネルギー費，設備修繕費等 |
| 　　加工直接材料費 | |
| 　　設備金利 | →生産設備にかかる社内金利 |
| 　　棚卸金利 | →棚卸資産にかかる社内金利 |
| 加工費 | |
| 正味利益 | |
| 　　間接材料費 | →工場用消耗品 |
| 　　間接労務費 | |
| 　　　　減価償却費 | →建物および間接部門の設備等の償却費 |
| 　　　　その他経費 | |
| 　　間接経費 | |
| 　　間接社内金利 | →土地・建物および間接部門の設備等にかかる社内金利 |
| 間接費 | |
| 他勘定振替高 | |
| 売上総利益 | |
| 　　販売費 | |
| 　　一般管理費 | |
| 　　研究開発費 | |
| 　　その他社内金利 | →売上債権および販管部門の資産にかかる社内金利 |
| 一般管理販売費 | |
| 営業利益 | |
| 営業外損益 | →棚卸および固定資産の廃棄損等 |
| 経常利益 | |

出所：泉谷［2001］，119頁，図表2-3

に内部振替価格[8]を設定している。

ムラタ独自の損益計算方法として，費用の三分割が挙げられる。これは，直接原価計算の変形版・発展版であり，製造原価を変動費・加工費・間接費に分けている[9]。変動費とは，売上高（あるいは操業度）に比例して増減する費用であり，直接労務費，外注加工費などが含まれる。加工費は，生産高に準比例し，生産過程に付随して発生する費用であり，生産設備の減価償却費，エネルギー費用，生産に必要な治工具等の材料費などが含まれる。間接費とは，変動費・加工費以外の部分である。

売上高からそれぞれ変動費，加工費，間接費を控除することで，管理会計上の利益である限界利益や正味利益が算定される。

限界利益　＝売上高－変動費

正味利益　＝限界利益－加工費

　　　　　＝売上高－変動費－加工費

　　　　　＝売上高－正味原価

売上総利益＝正味利益－製造間接費

　　　　　＝売上高－製造原価

さらに，ムラタの損益計算の特徴の１つとして，社内金利制度が挙げられる。これは各部門が利用している「全資産額すなわち売上債権，棚卸資産，生産設備などに一定の金利率を掛けて計算した社内金利をコストとして認識し，収益を管理」（泉谷［2001］，151頁）するものである。これによって社内金利として設定された資本コストを，すべての場所別と製品別の損益管理単位が負担することになる[10]。社内金利率は，加重平均資本コスト（WACC）を税引前の値に置き換えたものを使用している。具体的に，加工費には「設備金利」と「棚卸金利」が，間接費には「間接社内金利」が，また，一般管理費には「その他社内金利」が含まれている。したがって，社内金利，すなわち部門ごとの資本コストが控除された後に，営業利益が計算されることになる。その意味で，ムラタにおける社内金利制度を用いた損益計算による資本コスト控除後営業利益とはある種の「残余利益」（上總・浅田［2007］，155頁）を意味することになる。

② 経営効率の測定

　ムラタは，収益性の指標としてROI（投下資本利益率）を重視している。ROE（株主資本利益率）は，株主資本に対してどれだけの利益を上げたのかを示す指標であり，おもに投資家向けの情報としての価値を有している。他方，ROI（投下資本利益率）は，企業が現在事業用に供しているすべての資産に対する利益率であり，ROA（総資産利益率）は，企業が保有している余剰資産も含むすべての資産に対する利益率である。一般的には，ROAやROIといった事業投資利益率は負債利子率を上回っているため，負債比率を上げることによってROEを引き上げることができる（財務レバレッジ）。しかしながら，現実的には，ROAが負債利子率を下回ることもあり得る。そのような場合，負債はROEを引き下げる要因となる。そのため，負債比率を適正水準に維持しておく必要がある。ただし，このような資本構成の問題は，企業全体の戦略の中では重要な課題であるが，社内の各部門や各製品の経営管理の問題ではないため，「社内管理の指標は，投下資本全体に対するリターンを測定するROIを重視する」（泉谷［2001］，162頁）のである。

　加えて，ムラタは，原価部門から全社レベルまでの各部門の収益性や生産性などをきめ細かく測定するためのさまざまな指標を使って経営管理に役立てている。これらの指標を活用して「業績の悪化の早期発見と予算や経営企画などの諸計画の達成状況の管理」（泉谷［2001］，166頁）を行っている。

③ 原価管理

　ムラタは原価管理の手法として標準原価計算を採用している。標準原価計算とは，「原価の流れのどこかの時点で標準原価を組み入れ，標準原価と実際原価を比較して原価差異を計算分析し，かつその結果を関係者に報告する会計システム」（櫻井［2012］，275頁）のことである。標準原価は，「現行の加工方法，生産ロットサイズ，生産スケジュール，使用する機械設備などの生産諸条件を所与のものとして，最も高い製造効率によって達成できる最も低い原価水準」（浅田他［2011］，301頁）と定義される。具体的には，5つのステップ：①原価標準の設定，②原価の発生額の記録，③実績値と標準値との差異分析，④経営管理者への報告，⑤標準達成のための措置，に基づいて原価管理が行われることになる（泉谷［2001］，229-230頁）。

標準原価の設定の際に必要となる材料消費量，材料単価，単位時間当たりの労務費を示す労務レート，加工時間，機械の作業時間当たりの費用を示すマシンレート，良品率などといった原価要素はその性質によって3つのグループ，すなわち，①原単位（標準材料消費量，標準作業時間，標準設備時間），②労務レート，マシンレート（設備レート），材料単価，③良品率と能率，に分けられる。具体的な計算方法は以下のようになる（泉谷［2001］，199-200頁）。

直接材料費＝標準材料消費量×材料単価／（工程逆累積良品率[11]×材料消費能率）／収率

直接労務費＝標準作業時間×労務レート／（工程逆累積良品率×労務能率）

加工費＝標準設備時間×マシンレート／（工程逆累積良品率×設備能率）

間接費（一般販売管理費，研究開発費を含む。一定の配賦基準によって算定）

### ④　投資意思決定

企業が成長していくためには，常に設備投資を行っていく必要がある。特に，ムラタのように研究部門や生産部門を含めた垂直一貫体制を敷いている企業にとって投資意思決定は重要な課題となる。ムラタでは，中長期計画でその事業領域を設定するとともに，前述のマーケットロードマップ（市場展開），プロダクトロードマップ（製品展開），テクノロジーロードマップ（技術展開）によって事業運営方針と計画が決定される。さらに，投資経済計算に基づいて，設備投資の是非が決定されることになる。

ムラタにおける投資経済計算では，「設備投資により生み出される増分利益を見積り，投資額に対して資本利益率や投資の回収期間を算定する」（泉谷［2001］，243頁）手法が採られている。具体的には，①投資利益率，②回収期間，③投資効率，および④増分資産利益率という4つの評価指標を使用される。

投資利益率（％）　＝（年間増分利益／設備投資額）×100

回収期間（月）　　＝設備投資額／（月間増分利益＋月間増分減価償却費）

投資効率（％）　　＝（年間増分利益×償却年数）／設備投資額

増分資産利益率　　＝（年間増分利益／（設備投資額＋増分流動資産））×100

回収期間法に着目してみると，一般的には，設備投資額を時間価値を無視し

た現金流入額（すなわち，キャッシュフロー）で除して計算されるが，ムラタでは，前述のように社内金利制度を導入し，いわば資本コストを控除するかたちで利益が計算されていた。そのため，回収期間の計算は以下のように展開することができる。

　　回収期間（月）　＝　設備投資額／（月間増分利益＋月間増分減価償却費）
　　　　　　　　　　＝　設備投資額／（月間営業利益－資本コスト＋月間増分減価償却費）
　　　　　　　　　　＝　設備投資額／（現金流入額－資本コスト）

このように，ムラタで実践されている回収期間法は，「資本コストを考慮した割引回収期間法の一種」（上總・淺田［2007］，157頁）となっている[12]。

## （4）まとめ

　ムラタは，1970年代から，マトリックス組織と独自の会計システムによるマトリックス経営を行って，急成長を遂げてきた。特に，会計システムにおいては，部門別・品種別に，資本コストを控除した損益計算，投下資本利益率による経営効率の測定やさまざまな指標を使った経営管理，標準原価計算による原価管理，および資本コストを考慮した割引回収期間法による投資意思決定，が行われていた。このようなシステムによって，高い付加価値率の実現と垂直一貫体制による効率性の低下の影響をできる限り低減することによって，高い収益性を実現することが可能となった。さらに，ムラタは2007年4月より全事業部門にバランス・スコアカード（BSC）を導入しており，この会計システム自体も不断に進化しているのである[13]。

　ムラタの「経営理念」（＝「社是」）は，「技術を練磨し，科学的管理を実践し，独自の製品を供給して，文化の発展に貢献し，信用の蓄積につとめ，会社の発展と協力者の共栄をはかり，これをよろこび感謝する人々とともに運営する」（同社ホームページより）というものだった。技術と科学的管理に基づいて顧客を含めた利害関係者との信用を構築するといった経営理念，さらに，「独自の製品」のみならず「独自のシステム」へのこだわりが徹底されている。それが競争力の源泉となっている。

## 第5節　企業価値推定

### (1) モデルの説明力の検証

本節では,まず,基本プラットフォームに従い,DCF法と残余利益法の両モデルを用いて,2009年3月期から2013年3月期の理論時価総額を算出する。**図表5-5-1**は,理論時価総額と実際の時価総額(各年度6月末時点)の数値,およびVPRの数値を示したものである。

図表が示しているように,09年3月期から13年3月期のいずれの年度においても,残余利益法で算出した理論時価総額のVPRの方がDCF法で算出した理論時価総額のVPRよりも,1に近い値を示していることがわかる。したがって,ここでは残余利益法が理論時価総額を算出するのに適切なモデルであると考え,残余利益法を用いて2014年3月期の理論時価総額を算出する。そのうえで,実際の時価総額(2014年6月末時点)と理論時価総額を比較する。

**図表5-5-1　実際時価総額と理論時価総額の比較**（単位：百万円）

|  | 09年3月期 | 10年3月期 | 11年3月期 | 12年3月期 | 13年3月期 |
|---|---|---|---|---|---|
| 時価総額 | 932,591 | 958,497 | 1,205,160 | 944,981 | 1,693,982 |
| DCF法 | 2,054,081 | 1,734,500 | 1,727,259 | 1,769,363 | 2,105,399 |
| 残余利益法 | 1,592,482 | 1,457,343 | 1,631,360 | 1,621,946 | 1,929,811 |
| VPR（DCF法） | 2.20 | 1.81 | 1.42 | 1.85 | 1.22 |
| VPR（残余利益法） | 1.70 | 1.53 | 1.33 | 1.68 | 1.10 |

### (2) 基本プラットフォームに基づく理論時価総額の測定

前述したように,ここでは残余利益法に基づく理論時価総額の算出を行うが,より精緻な推定のために,以下のシナリオを想定する。

**シナリオ①〔成長シナリオ〕**　ムラタは2014年3月期に過去最高の売上高(約8,500億円)を達成しており,さらに第1四半期決算短信において2015年3月期の通期の売上高予想を9,200億円としている。したがって,予測期間の最初

の 5 年間（2015年 3 月期から2019年 3 月期まで）について，2015年 3 月期に上記の売上高を達成したのち，残りの 4 年間は過去10年間の幾何平均売上高成長率である7.97％で成長するものと想定する。さらに予測期間 6 年目以降（2020年 3 月期から2024年 3 月期まで）は徐々に成長率が長期インフレ率0.5％に近づき，予測期間10年目以降（2025年 3 月期以降）は0.5％での成長を仮定する。

シナリオ②〔現状維持シナリオ〕　予測期間の最初の 5 年間（2015年 3 月期から2019年 3 月期まで）については，2015年 3 月期に上記の目標を達成するものの，その後の 4 年間は売上高がその水準を維持したまま推移すると想定する。予測期間の 6 年目以降（2020年 3 月期から2024年 3 月期まで）は，売上高成長率がシナリオ①と同様に長期インフレ率0.5％へと近づき，10年目以降（2025年 3 月期以降）は売上高が0.5％で成長すると仮定する。

　これらのシナリオに基づいて理論時価総額を算出した結果，①では約 2 兆6,841億円，②では約 1 兆6,983億円となった。2014年 6 月末時点の実際の時価総額は，約 2 兆1,357億円であり，シナリオ①に基づいて算出した理論時価総額とシナリオ②に基づいて算出したそれとのほぼ中間にあることがわかる。VPRの数値でみても，①では1.26，②では0.80である。この結果より，市場はムラタの将来性に関して，①ほどの成長シナリオではないものの，一定程度の成長を見込んでいるといえるのではないだろうか。

## 第 6 節　総　　括

　以上の分析から村田製作所という会社の特徴を提示してみると，独自性の追求，マトリックス経営・原材料から製品までの一貫生産体制・市場対応型マーケティングによるコストの削減など，その経営には徹底した無駄の排除が志向されていることが見てとれる。そのような中で，第 4 節の独自の分析では，高い付加価値率の実現と垂直一貫体制による効率性の低下の影響をできる限り低減することによって，高い収益性を実現するマトリックス経営，とくに管理会計手法について分析を行った。その結果，ムラタの活動には，技術と科学的管理に基づいて顧客を含めた利害関係者との信用を構築するといった経営理念，さらに，独自性へのこだわりが徹底されており，それが競争力の源泉となって

いることがわかった。

《補論》

　ここでは，垂直統合と関係特殊性について説明を行う[14]。部品の生産能力を有する垂直統合企業が存在し，一般的な部品を扱う場合と特殊なものを扱う場合とについて（つまり，関係特殊性に差がある場合について），その企業が部品を自製する費用と外部サプライヤーから購入する費用とを比較考量する。その際に，部品の製造・調達にかかる費用を，①自製－購買費用と②取引費用とに分けて考えることとする。ここで，自製－購買費用とは，垂直統合企業が部品を自製した場合にかかる製造費用から，部品を外部購入した場合にかかる購入費用を差し引いた概念をいう。他方，取引費用とは，取引相手の探索，交渉，契約の締結，製品・部品の設計上の擦り合わせ，機会主義的行動の監視，内部情報漏洩防止などにかかわる費用をいう。

　まず，自製－購買費用について述べる。この企業が求める部品が一般的なものであれば，自製するよりも外部購入したほうが安くつくので，自製－購買費用は高くなる（自製費用＞購買費用）。なぜならば，外部サプライヤーは複数の需要をまとめた生産を行うことで規模の経済を享受し，単価の安い部品を作ることができるからである。しかし，部品が特殊なものである場合には需要が限られ，規模の経済が効かず，外部サプライヤーは部品を安く作ることができない。その結果として，購買費用は高くなり，自製－購買費用は低くなる。つまり，関係特殊性が高い（低い）場合には，自製－購買費用は低く（高く）なり，自製することが有利（不利）となる。

　次に，取引費用について述べる。部品が一般的なものであれば，取引相手の探索や設計上の擦り合わせなどに費用がかからないため，外部購入する場合であっても，取引費用はそれほどかからない。しかし，部品が特殊なものである場合に外部購入を行うと，設計上の擦り合わせに費用がかかる。また，外部サプライヤーから契約を打ち切られると，企業が製品製造のために投資した設備等が無駄になってしまう。そのことを盾に，外部サプライヤーから再交渉を迫られ,追加的な費用がかかるおそれがある（ホールド・アップ問題）。特殊な部品を自製している場合には，垂直統合を行うことで，これらの費用を回避することが可能となる。つまり，関係特殊性が高い（低い）場合には，自製する場合

の取引費用が低く（高く），外部購入する場合の取引費用が高く（低く）なる。

　このような関係特殊性を考慮に入れると，その特殊性の程度により，垂直統合によって部品を内製化したほうが，外部から購入するよりも，費用を低く抑えることが可能となる。つまり，垂直統合によって原材料・部品を内部化することに経済的合理性が見出せるのである。

◆注─────────
1　セラミックコンデンサは，電子部品の電流量を調節する部品であり，テレビ，パソコン，携帯電話，ゲーム機などにとって必須のものである。
2　村田（2011）では，日本の電子部品業界の特徴として，①個性的な経営者が多い，②世界的に高い競争力を持っている，および③競争力の源泉の多様性，を挙げ，「経営」を学ぶためには最適な業界であると指摘している（村田［2011］，3頁）。
3　ある特定の取引を行うために投資した資産のこと。関係特殊資産を別の取引に用いる時には，一定の生産性の低下，あるいは新しい取引に適用させるためのコストが生じる（Besanko et al. ［2000］，奥村・大林訳，159頁）。
4　マトリックス経営の起源は，1960年代の米国航空宇宙産業とされているが，ムラタにおいては独自の進化を遂げている。第4節において詳細な分析を行っている。
5　加えて，村田［2011］は，「同社の競争力の源泉は，圧電セラミックス・誘電セラミックスという素材に関する深い知見にありますが，『自社が勝てる分野』を冷静に見極め事業領域を拡大してきたことも大きなポイントです」（村田［2011］，44頁）と指摘している。
6　「2013年度決算説明会」資料では，「スマートフォン，タブレット端末や自動車向けなどに，通信モジュール，コンデンサ，圧電製品など幅広い用途で需要が拡大」したと説明されている。
7　高付加価値と効率性・開発投資負担に関連して，製品別・工程別管理の必要性を泉谷［2001］は以下のように説明する。
　「生産工程が長いと，付加価値が大きくなり，通常なら売上高利益率が高くなる。しかし，使用資本利益率がこれに比例する保証はない。そこで，その生産工程のどこにどんな問題点があるのかを把握し，その責任の所在を明確にするために，長い生産工程を細かく分けて工程ごとに原価を明らかにして収益性を管理していく必要が生じる。」（泉谷［2001］，14頁）
8　内部振替価格とは，「事業部および部門などの分権化された組織間で行われる製品やサービスの取引価格」（浅田他［2011］，258頁）を意味している。内部振替価格を設定することによって，各部門間の独立採算意識がより高まり，業績評価もしやすくなるというメリットがある。
9　固定費から加工費を分離する理由は，以下のように説明されている。
　「固定費を性質に応じて区分することで，損益や原価の判断がより的確に行えるためである。…具体的には，製品の生産プロセスで発生する費用を通常の製造の間接費とは切り分けて加工費として独立把握すれば，まずは加工費そのものの発生状況を把握，分析できる。この加工費を変動費の水準と比較し，時に変動費と合算して評価することを通じて，より広い意味での直接的な生産関連費用の動向を把握する。」（泉谷［2001］，119頁）
10　このような社内金利制度を設定する理由は，「社内資本金や利益留保金を認めていると再投資はその部門に限定されてしまう。また，累積赤字があるとその事業を拡大すべきと

きに足かせになる」（泉谷［2001］，152頁）ため，投資意思決定の際，「過去に一切とらわれず，投資領域を自由に設定し，すべての資源を自由に配分するため」（同）と説明されている。
11　製品原価を算出する際，全工程の良品率を不良が発生する確率を逆累積するかたちで計算する。たとえば，A製品のX工程の良品率が100％で原価が10円としても，川下工程のY工程で10％，Z工程で20％の不良が発生すると，X工程の原価は，10円÷90％÷80％＝13.9円となる。この場合の逆累積良品率は，90％×80％＝72％となる（泉谷［2001］，201-202頁）
12　上總・浅田［2007］は，日本企業での割引回収期間法の実践がきわめて珍しいため，ムラタの事例が価値あることだと述べるとともに，「村田製作所で実践されている割引回収期間法は，割引率を使わずに，資本コスト（社内金利）を現金流入額から直接控除するところに最大の特徴がある」（上總・浅田［2007］，158頁）と指摘している。
13　バランス・スコアカードとは，「財務の視点」「顧客の視点」「業務プロセスの視点」「従業員の学習と成長の視点」という4つの視点から数値目標を設定し，管理を行う方法である。
14　本記述は，Besanko et al.［2000］，奥村・大林訳，183-189頁の説明によっている。

# オムロン株式会社

　オムロン株式会社（以下，「オムロン」と略す）と聞けば，血圧計や体温計などの健康器具を思い浮かべる方が多いかもしれない。しかし，実際には，オムロンは電子部品の製造販売など，B to Bつまり企業間取引を主力としている。さらに，オムロンは株主のみならず多様な利害関係者への企業の社会的責任（Corporate Social Responsibility: CSR）を果たす取組みに積極的な企業でもある。本章では，このようなオムロンの実態と今後の展望について分析を行う。

1967年世界初の無人駅システム（写真提供：オムロン）

## 第1節　企業概要

### (1) 沿革・経営理念

オムロンの沿革は、**図表6-1-1**のとおりである。創業者の立石一真氏は元々兵庫県庁に電気技師として就職したが、その後学友の紹介で配電盤などの下請けを行っていた京都の井上電機製作所へ転職した。ここで磨いた生産・技術開発の力を生かしてレントゲン写真撮影用タイマの開発に成功し、1933年大阪市に立石電機製作所を創業した。当時のレントゲン製造に関わっていた島津製作所や旧制第三高等学校が京都にあったことから、創業には京都の歴史的・空間的な影響があったと考えられる。その後、戦争による被災から免れるため、1945年に工場を京都に移転し、その活動を本格的に開始することになる。

**図表6-1-1　主たる沿革**

| | |
|---|---|
| 1933年 | 立石一真氏が大阪市都島区東野田に立石電機製作所を創業。レントゲン写真撮影用タイマの製造を開始 |
| 1945年 | 京都市右京区花園土堂町に工場を移転 |
| 1948年 | 商号を立石電機株式会社に変更 |
| 1959年 | 商標をOMRONと制定。 |
| 1964年 | 世界初の電子式自動感応式信号機[1]を開発 |
| 1988年 | オランダに欧州地域統轄会社を設立<br>シンガポールにアジア・パシフィック地域統轄会社を設立 |
| 1989年 | アメリカに北米地域統括会社を設立 |
| 1990年 | 社名をオムロン株式会社に変更 |
| 1991年 | 本社事務所を京都市下京区に移転 |
| 1994年 | 中国に地域統轄会社を設立 |
| 1999年 | 事業部制を廃止し、カンパニー制を導入 |
| 2000年 | 本社事務所を現在のオムロン京都センタービルに移転 |
| 2003年 | ヘルスケア事業を分社化し、オムロンヘルスケア株式会社を設立 |
| 2012年 | インド地域本社・ブラジル地域本社を設立 |

出所：オムロンのホームページをもとに作成

オムロンは、立石電機製作所の創業当時から、「SINIC理論（Seed-Innovation

to Need-Impetus Cyclic Evolution)[2]」とよばれるオムロン独自の未来予測理論に基づいて時代を先取りした経営を行っている。これは，社会に潜在しているニーズをいち早く感知して，そのニーズを満たす技術や商品を提供することで，隠れていたニーズを顕在化させるというものである。この経営姿勢は，経営の「羅針盤」としてオムロンの経営理念の一部となっている。具体的な説明は割愛するが，このような独自の理論を用いていることも，オムロンの特徴として挙げられる。

この経営姿勢に基づき，オムロンは，1933年にレントゲン写真撮影用のタイマを開発した。当時は，レントゲン写真撮影用の正確なタイマが存在せず，医師がその撮影に苦労していたことからニーズを見出し，製造を手がけたのである。さらに，オムロンは1964年に電子式自動感応式信号機を，1967年に無人駅システム（いわゆる自動改札機）を，1971年にオンライン現金自動支払機（いわゆるATM）を次々と開発していった。これらはいずれも世界初となるものである。1972年〜1979年にかけては日本における民間最古のベンチャーキャピタルといわれる「京都エンタープライズディベロップメント」を設立し，後進のベンチャー企業の育成を通じて技術や社会への貢献を行った。

また，オムロンは海外進出を積極的に行っており，1988年にはオランダとシンガポールに，1989年にはアメリカに，1994年には中国に，各地域の統轄会社を設立した。さらに，2012年にはインドとブラジルに地域本社を設立した。このような積極的な海外進出の結果，現在では海外での売上高が大きくなっており，2014年3月期における海外売上高比率は55.4%となっている。

## （2）事業内容

オムロンは，売上高約7,730億円，従業員数36,842人，時価総額9,375億円[3]の電子部品メーカーである（すべて2014年3月31日時点，連結ベース）。また，電気機器業界においてオムロンの売上高・時価総額はいずれも20位前後となっている[4]。オムロンは，主として2つのカンパニーと3つの子会社によって事業を行っている。各カンパニーおよび子会社の概要については**図表6-1-2**にまとめた。従来，オムロンは事業部制を採用していたが，1999年にカンパニー制[5]へと移行した。これは，それぞれの事業が自らの意思で動き，市場の変化に迅速に対応できるようにするためである。この当時，カンパニー制を採用してい

る企業は非常に少なく[6]，カンパニー制はオムロンの大きな特徴となっていた。その中でもヘルスケア事業は，資源を集中的に投下しさらなる自律的経営を可能にするため，2003年に分社化され，オムロンの完全子会社となってその事業を展開している。さらに2010年には，「オートモーティブエレクトロニックコンポーネンツカンパニー」を分社化し「オムロンオートモーティブエレクトロニクス株式会社」を，「ソーシアルシステムズ・ソリューション＆サービス・ビジネスカンパニー」を分社化し「オムロンソーシアルソリューションズ株式会社」を設立した。

図表6-1-2 カンパニー・子会社と事業内容

| カンパニー・子会社名 | 事業内容 |
| --- | --- |
| インダストリアルオートメーションビジネスカンパニー | 制御機器・FAシステム[7]事業。製造業者のものづくりを支援する部品などの製造を行う。 |
| エレクトロニック＆メカニカルコンポーネンツビジネスカンパニー | 電子部品事業。電子機器の一部となる部品などの製造を行う。 |
| オムロンオートモーティブエレクトロニクス株式会社 | 車載事業。車載電装部品に特化し，その製造を行う。 |
| オムロンソーシアルソリューションズ株式会社 | 社会システム事業。社会インフラを支えるさまざまなシステムを提供する。 |
| オムロンヘルスケア株式会社 | ヘルスケア事業。予防医療のための健康医療機器・サービスを提供する。 |

出所：オムロンのホームページをもとに作成

ここまで，オムロンの沿革・経営理念および事業内容について確認を行った。次節以降では，経営戦略分析，財務分析，企業価値評価に加えCSRマネジメント分析を行うことで，オムロンの実態や今後の展望について多面的な分析を行う。

## 第2節 経営戦略分析

### （1）業界全体と各事業の現状

オムロンは（広義の）電子部品業界に属する企業であり，従来から高い技術

力により大きな収益を上げていた。しかし，2009年3月期に始まった世界的な不況により，自動車・半導体業界をはじめとする製造業の生産調整・設備投資の抑制による大幅な減産を強いられ，業界各社の売上高は軒並み減少した。オムロンもその例外ではなかった。この不況の影響を受けて，オムロンは2009年から2011年にかけて「緊急対策・構造改革」とよばれる改革を考案・実施した。特に構造改革は中期的な収益基盤の強化を目的とし，事業ドメイン改革と運営構造改革の二本柱により推進された。事業ドメイン改革では，制御3事業（制御機器事業，電子部品事業，車載事業）の再構築が行われた。運営構造改革では，(1)生産拠点統廃合，(2)変動費構造改革，(3)IT構造改革，(4)本社機能改革が実施された。

**図表6-2-1**は，2010年3月期以降の各事業の売上高推移を示したものである。主力事業の制御機器事業が2011年3月期に大きく回復している。これは，「緊急対策・構造改革」の効果に加えて，国内製造業全般の設備投資回復や北米・アジア圏での旺盛な設備投資需要による。さらに，2012年3月期以降も売上高が堅調に推移していることから，2009年3月期に実施された構造改革の効果が持続していると考えられる。電子部品事業・車載事業についても，2010年以降の堅調な推移については同様のことがいえる。

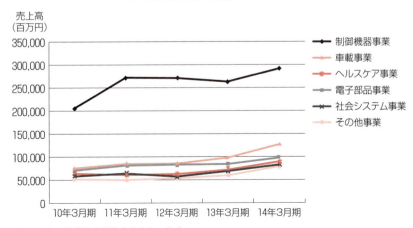

図表6-2-1 各事業の売上高推移

出所：2014年3月期統合報告書をもとに作成

社会システム事業はさらに細分化すると，駅務システム事業，安全・安心ソリューション事業，交通管理・道路管理システム事業，環境ソリューション事業等によって構成される。駅務システムや交通管理システム事業については，システムの更新や老朽化対策などの需要が売上高に影響を与える。そのため，売上高が鉄道企業各社の業績や消費税増税による運賃の値上げなど外的な要因に左右される。また，環境ソリューション事業では太陽光発電関連商品が近年売上高拡大に大きく貢献している。2014年3月期の売上高の伸びは，消費税増税前の駆け込み需要と，太陽光発電関連商品の売上高拡大が寄与していると考えられる。

　ヘルスケア事業も，主力製品である血圧計・体温計が国内外での健康志向の高まりを受けて堅調に推移している。特に海外では欧米・中国を中心として売上高を伸ばしてきた。2014年度以降は，特に東南アジア・中国・インド・ブラジルにおける商品取扱店舗をさらに拡大させていく方向性を打ち出している。

## (2) 経営戦略

　以上のような状況の下で，オムロンはどのような戦略を採っているのであろうか。前述の通り，オムロンは主として5つの事業を行っており，多角化戦略を採用している。また，多角化戦略は，各事業が関連する業界や事業相互間の関連性に基づいていくつかの形態に分類されており，その形態によって享受できるメリットが変わってくる。そこで，オムロンが行っている各事業の関連業界や各事業間の関連性について検討する。

　**図表6-2-2**は，各事業が関連する業界を表している。制御機器事業，電子部品事業，車載事業では，いずれもコントローラーやセンサー，スイッチといった制御装置を製造している。事実これら3事業は「制御3事業」と分類され，「緊急対策・構造改革」に際して相互に関連する部分に関して効率化が行われた。しかし，それらの用途は異なっており，ものづくり支援用，電子機器用，車両用となっている。また，社会システム事業については自動改札機など，社会インフラを支えるものを製造しており，社会インフラ業界と関連する。ヘルスケア事業では，健康医療機器の製造を行っており，医療業界と関連する。このように，オムロンは全社的に見れば電子部品業界の企業だといえるが，事業単位で見れば，それぞれ異なる業界と関連する。ただし，関連業界が異なる

**図表6-2-2　各事業の関連業界**

| 事　　業 | 関連業界 |
|---|---|
| 制御機器事業 | 制御機器業界 |
| 電子部品事業 | 電子部品業界 |
| 車載事業 | 自動車業界 |
| 社会システム事業 | 社会インフラ業界 |
| ヘルスケア事業 | 医療業界 |

出所：有価証券報告書から作成

といっても部品や製品の製造を行う点では共通している。また，これらを製造する際に用いる技術については，たとえばセンシング＆コントロール技術[8]のように共通のものが多い。そのため，オムロンでは多角化の中でも関連限定型の関連型多角化を行っているといえる。

多角化戦略のメリットとしては，範囲の経済[9]とリスク分散効果があるといわれており，関連型多角化に該当する場合には，これら２つのメリットをともに享受することが可能である。事業間の関連性が高ければ，ある事業で用いる技術を他の事業でも役立てることができるので，範囲の経済が生じる。また，各事業同士の関連性が高くても，全く同じ事業内容でない限り，ある程度のリスク分散が期待できる。ただし，関連した事業を行っている以上，外部で何らかの変化が生じた場合，それぞれの事業が同様の影響を受けるリスクがある。そのため，関連型多角化の場合は非関連型多角化に比べるとリスク分散効果は低くなってしまう。オムロンについても，関連型多角化によるリスク分散効果や範囲の経済を享受しているといえるが，その検証については第３節で説明を行うこととする。

## 第３節　財務分析

財務分析では，収益性，効率性，安全性，および成長性分析を行う。また，分析にあたっては時系列比較のみならず企業間比較も行っている。比較対象企業は，オムロンと同じく電子部品業界に属し，米国会計基準を採用している京セラ株式会社，TDK株式会社，日本電産株式会社，および株式会社村田製作

**図表6-3-1 分析対象企業・比較対象企業の要約貸借対照表図**

### オムロン（2014年3月期）

| 流動資産 | 60.6% | 流動負債 | 24.9% |
|---|---|---|---|
| 当座資産 | 40.4% | | |
| 棚卸資産 | 14.9% | | |
| その他 | 5.2% | 固定負債 | 9.0% |
| 固定資産 | 39.4% | 純資産 | 66.1% |
| 有形固定資産 | 20.7% | 株主資本 | 68.1% |
| 投資その他 | 18.7% | 評価換算差額 | −2.3% |
| | | 上記以外 | 0.3% |

### 京セラ（2014年3月期）

| 流動資産 | 51.9% | 流動負債 | 12.4% |
|---|---|---|---|
| 当座資産 | 29.5% | | |
| 棚卸資産 | 12.7% | | |
| その他 | 9.7% | 固定負債 | 12.2% |
| 固定資産 | 48.1% | 純資産 | 75.4% |
| 有形固定資産 | 10.3% | 株主資本 | 62.9% |
| 無形固定資産 | 6.7% | 評価換算差額 | 9.5% |
| 投資その他 | 31.1% | 上記以外 | 2.9% |

### TDK（2014年3月期）

| 流動資産 | 52.7% | 流動負債 | 30.2% |
|---|---|---|---|
| 当座資産 | 37.0% | | |
| 棚卸資産 | 11.0% | | |
| その他 | 4.7% | 固定負債 | 17.2% |
| 固定資産 | 47.3% | 純資産 | 52.6% |
| 有形固定資産 | 30.2% | 株主資本 | 58.3% |
| 無形固定資産 | 9.5% | 評価換算差額 | −7.0% |
| 投資その他 | 7.6% | 上記以外 | 1.3% |

### 日本電産（2014年3月期）

| 流動資産 | 52.8% | 流動負債 | 24.2% |
|---|---|---|---|
| 当座資産 | 38.1% | | |
| 棚卸資産 | 10.6% | | |
| その他 | 4.1% | 固定負債 | 29.4% |
| 固定資産 | 47.2% | 純資産 | 46.4% |
| 有形固定資産 | 25.6% | 株主資本 | 39.4% |
| 無形固定資産 | 13.3% | 評価換算差額 | 5.0% |
| 投資その他 | 8.3% | 上記以外 | 2.0% |

### 村田製作所（2014年3月期）

| 流動資産 | 54.1% | 流動負債 | 14.0% |
|---|---|---|---|
| 当座資産 | 31.7% | | |
| 棚卸資産 | 13.7% | 固定負債 | 7.9% |
| その他 | 8.7% | | |
| 固定資産 | 45.9% | 純資産 | 78.1% |
| 有形固定資産 | 27.9% | 株主資本 | 76.1% |
| 無形固定資産 | 6.0% | 評価換算差額 | 0.7% |
| 投資その他 | 12.0% | 上記以外 | 1.3% |

所の計4社[10]とした。参考として、**図表6-3-1**の要約貸借対照表を掲載している。

① **収益性分析**

はじめにROEに関する分析を行う。**図表6-3-2**からわかるように、2011年3月期にROEは大幅に回復した。2011年3月期以降も、他の比較対象企業と比べても堅調に推移している。これは、それぞれ前述の「緊急対策・構造改革」の効果および経営戦略分析の節で述べた範囲の経済を享受したことによると考えられる。各事業に対して共通の技術を用いることによって大幅なコストダウンを成し遂げ、さらに新興国での売上の増加も手伝い、その結果として、高い水準のROEを維持することができたのである。

図表6-3-2 ROE（単位：%）

| ROE | 10年3月期 | 11年3月期 | 12年3月期 | 13年3月期 | 14年3月期 |
|---|---|---|---|---|---|
| オムロン | 1.2 | 8.7 | 5.2 | 8.8 | 11.6 |
| 京セラ | 3.0 | 8.9 | 5.5 | 4.3 | 5.0 |
| TDK | 2.5 | 8.5 | −0.5 | 0.2 | 2.6 |
| 日本電産 | 16.3 | 15.0 | 11.2 | 2.0 | 12.1 |
| 村田製作所 | 3.1 | 6.6 | 3.8 | 5.1 | 10.3 |

出所：有価証券報告書をもとに作成

② **効率性分析**

オムロンの総資産回転率は直近の5年間において1.0〜1.3回となっており、安定して高い数値となっている。その要因を追究するため、売上債権回転率・有形固定資産回転率について分析する。

売上債権回転率について見てみると、2010年3月期以降オムロンの売上債権回転率は有形固定資産回転率に比して低い水準（4.3〜4.7）で推移している。そのため、売上債権回転率よりも有形固定資産回転率が高い効率性に貢献していると考えられる。

**図表6-3-3　オムロンの効率性指標**（単位：回）

|  | 10年3月期 | 11年3月期 | 12年3月期 | 13年3月期 | 14年3月期 |
|---|---|---|---|---|---|
| 総資産回転率 | 1.0 | 1.1 | 1.1 | 1.2 | 1.3 |
| 売上債権回転率 | 4.4 | 4.7 | 4.4 | 4.3 | 4.6 |
| 有形固定資産回転率 | 4.1 | 5.1 | 5.1 | 5.3 | 5.9 |

出所：有価証券報告書をもとに作成

**図表6-3-4　有形固定資産回転率**（単位：回）

| 有形固定資産回転率 | 10年3月期 | 11年3月期 | 12年3月期 | 13年3月期 | 14年3月期 |
|---|---|---|---|---|---|
| オムロン | 4.1 | 5.1 | 5.1 | 5.3 | 5.9 |
| 京セラ | 4.2 | 5.2 | 4.7 | 4.8 | 5.4 |
| TDK | 2.4 | 2.7 | 2.5 | 2.4 | 2.7 |
| 日本電産 | 3.0 | 3.2 | 2.9 | 2.8 | 3.0 |
| 村田製作所 | 1.7 | 2.2 | 2.0 | 2.2 | 2.5 |

出所：有価証券報告書をもとに作成

　**図表6-3-4**に示すように，比較対象企業と比較しても有形固定資産回転率については安定して高い数値を維持している。これは，関連型多角化を行っていることにより，固定資産の共有が行われ，その結果として，固定資産の効率的な活用が可能になっていることが理由として考えられる。

③　**安全性分析**

　収益性分析の結果，オムロンは不況から改革によって経営を立て直したことを確認した。また，それと同時に，オムロンの安全性も改善されていることが予想される。そこで支払能力に注目し，流動比率の分析を行う。

**図表6-3-5　流動比率**（単位：％）

| 流動比率 | 10年3月期 | 11年3月期 | 12年3月期 | 13年3月期 | 14年3月期 |
|---|---|---|---|---|---|
| オムロン | 183.7 | 180.7 | 201.5 | 229.0 | 243.7 |
| 京セラ | 357.6 | 375.7 | 380.2 | 388.3 | 417.6 |
| TDK | 213.9 | 160.8 | 167.5 | 161.6 | 174.8 |
| 日本電産 | 142.9 | 180.4 | 174.1 | 137.2 | 218.1 |
| 村田製作所 | 492.9 | 372.8 | 355.6 | 351.4 | 387.4 |

出所：有価証券報告書をもとに作成

オムロンの流動比率は，**図表6-3-5**に示したように，2011年3月期までは目安の200％を下回っている[11]。しかし，2012年3月期には約202％と少しばかりではあるが上回っており，短期の安全性に関して問題はない水準に高まっている。

調査期間を通じて京セラや村田製作所と比べると流動比率は低い水準であった。しかし，200％前後の水準に保たれていることは，余剰資金を積極的に投資活動，有利子負債の返済，株主への配当，その他社会活動等に充てているオムロンの経営方針を反映しているとも捉えられる。

④ **成長性分析**

成長性分析は2010年3月期の数値を1とした割合を用いて行っている。直近の5年間については各企業の売上高は同じような動きをしている。オムロンが成長している理由としては，国内外での旺盛な投資の増加，太陽光発電関連製品や新興国でのヘルスケア製品の売上高増などが挙げられる。今後の成長も，国内外製造業の動向，環境ソリューション事業，新興国での拡販等に影響されることが予想される。また，東日本大震災による影響を受けたと見られる2011年3月期，2012年3月期に成長率を維持していることは前節で述べたリスク分散効果によるものと考えられる。

図表6-3-6 売上高成長率

| 売上高成長率<br>(2010年3月期を1) | 10年3月期 | 11年3月期 | 12年3月期 | 13年3月期 | 14年3月期 |
| --- | --- | --- | --- | --- | --- |
| オムロン | 1.00 | 1.18 | 1.18 | 1.24 | 1.47 |
| 京セラ | 1.00 | 1.18 | 1.11 | 1.19 | 1.35 |
| TDK | 1.00 | 1.08 | 1.01 | 1.06 | 1.22 |
| 日本電産 | 1.00 | 1.18 | 1.19 | 1.24 | 1.53 |
| 村田製作所 | 1.00 | 1.16 | 1.10 | 1.28 | 1.60 |

出所：有価証券報告書をもとに作成

⑤ **キャッシュ・フロー（CF）分析**

**図表6-3-7**はオムロンのCFパターンを表している。2011年3月期を除いて，成熟のCFパターンが継続している。金額に着目すると，2013年3月期以降営業CFが年々増加していることから，近年は本業が順調であることが読み取れ

る。また，年々投資CFを増やしていることから，将来の成長への意欲も大きい。さらに，財務活動については有利子負債の返済や株主への配当も順調に行っており，概ね健全な経営を行っていることが読み取れる。ただし，2011年3月期は東日本大震災の影響もあり，一時的に短期負債による資金調達が行われ，財務CFがプラスになっている。

**図表6-3-7 CFパターン**（単位：百万円）

|  | 10年3月期 | 11年3月期 | 12年3月期 | 13年3月期 | 14年3月期 |
|---|---|---|---|---|---|
| 営業CF | 42,759 | 41,956 | 31,956 | 53,058 | 79,044 |
| 投資CF | −18,584 | −20,210 | −26,486 | −28,471 | −31,125 |
| 財務CF | −20,358 | 3,333 | −33,492 | −18,550 | −16,298 |
| CFパターン | 成熟 | 成長 | 成熟 | 成熟 | 成熟 |

出所：有価証券報告書をもとに作成

⑥ **まとめ**

　収益性，効率性，安全性，成長性，CFのすべての面で，2011年3月期以降堅調に推移していることが確認できた。2009年3月期の金融危機による業績の悪化から，効率的な資産の活用や成長分野への積極的な投資によって立ち直ったことが財務分析によって裏づけられたのではないだろうか。しかし，長期経営ビジョンのValue Generation 2020（VG2020）において掲げられたグローバルでの収益・成長構造づくりという2012年3月期から2014年3月期の目標については，特に収益性の面では目標値（ROE15％以上）の達成は道半ばであるといえる。

　さらにオムロンは2015年3月期から2021年3月期までの7年間をEarth Stageと位置づけている。Earth Stageでは，地球規模で持続可能性に関するソーシャルニーズをとらえて成長を目指すとしている。こういった長期経営ビジョンにも反映されているように，オムロンはCSRについての意識が高い企業であるといえる。また，オムロンは，統合報告書等において社会・環境・ガバナンスについての情報開示も積極的に行っている。次節では，オムロンのこうしたさまざまな利害関係者に対する取組みについての分析を試みる。

## 第4節　独自の分析：CSRマネジメント分析

「われわれの働きで　われわれの生活を向上しよりよい社会をつくりましょう」という社憲に表現されるように，オムロンの企業理念の基本理念には「企業は社会の公器である」ことが掲げられている。企業が社会の公器であるとする理念は，現在のCSRを重視する姿勢と結びついていると考えられる。よって，経営戦略分析，財務分析に加えてCSRへの取組みを分析することは，オムロンを分析する上で重要な意味を持つ。

オムロンは，CSRへの取組みをESG，すなわち環境（Environment），社会（Social），ガバナンス（Governance）に分類してホームページ上や統合報告書[12]（アニュアルレポート）上で自発的に開示を行っている。ここでは，オムロンの各分野に対する取組みの現状を評価し，将来どのように長期的な価値創造につなげていくのかを考察する。

### ① 環境への取組み

オムロンは事業活動での環境負荷の軽減，商品・サービスによる環境貢献の拡大の2つのアプローチにより，持続可能な循環型社会に貢献するとしている。環境への取組みの評価指標として，売上高$CO_2$生産性という指標が開示されている。これは以下の式により算出される。

$$売上高CO_2生産性 = \frac{売上高}{CO_2排出量(t)}$$

また，$CO_2$排出量と環境貢献量（省エネルギー，省エネ商品・サービスを利用することにより削減できる$CO_2$排出量）が開示されており，これを評価するために以下の低炭素社会貢献ファクター[13]という指標を用いる。これは以下の式により算出される。

$$低炭素社会貢献ファクター = \frac{環境貢献量(t)}{CO_2排出量(t)}$$

### 図表6-4-1 売上高$CO_2$生産性 （単位：百万円/t）

|  | 10年3月期 | 11年3月期 | 12年3月期 | 13年3月期 | 14年3月期 |
|---|---|---|---|---|---|
| オムロン | ー | 3.23 | 3.37 | 3.69 | 3.73 |
| 京セラ | 1.38 | 1.51 | 1.45 | 1.22 | 1.26 |
| TDK | ー | ー | ー | 0.82 | 0.93 |
| 日本電産 | 1.98 | 2.13 | 1.69 | 1.20 | 1.42 |
| 村田製作所 | ー | ー | ー | ー | ー |

(注) ーは非開示
出所：アニュアルレポートをもとに作成

### 図表6-4-2 低炭素社会貢献ファクター

|  | 10年3月期 | 11年3月期 | 12年3月期 | 13年3月期 | 14年3月期 |
|---|---|---|---|---|---|
| オムロン | ー | 1.13 | 1.15 | 1.88 | 3.24 |
| 京セラ | 0.6 | 0.73 | 1.04 | 1.05 | 1.21 |
| TDK | ー | ー | ー | 0.48 | 0.83 |
| 日本電産 | ー | ー | ー | ー | ー |
| 村田製作所 | ー | ー | ー | ー | ー |

(注) ーは非開示
出所：アニュアルレポートをもとに作成

　図表6-4-1をみると，オムロンは開示を開始した2011年3月期以降，売上高$CO_2$生産性を高めていることがわかる。同業他社（非開示企業を除く）と比較しても，高い水準にあることがわかる。これは，2014年3月期の統合報告書上でも開示されているように，生産性・品質の維持向上と電力消費削減を両立させる「ECOものづくり」の推進による結果だといえる。

　図表6-4-2を見ても，オムロンは近年著しく低炭素社会貢献ファクターの値を向上させている。この指標についても，同業他社（非開示の企業は除く）と比較しても高い水準になっている。この傾向は，太陽光発電に使用するパワーコンディショナの事業拡大が大きく貢献したと，2014年3月期の統合報告書では説明されている。

② 社会への取組み

　社会という概念は，投資家・債権者のみならず従業員・顧客・取引先・提携機関・政府・地域社会等の利害関係者を含んだ非常に広範な概念である。オム

ロンの2014年3月期の統合報告書では,ダイバーシティ[14]が重要課題とされており,「人財[15]戦略」への取組みを重視していると考えられる。ここでは特に従業員に対する取組みに焦点を当てて分析を行う。

まず,現状を定量的に把握するために,付加価値計算をベースとした生産性分析を行う。付加価値計算とはマクロ経済学における国民総生産(GDP)の計算の考え方を援用し,各企業が仕入原材料に加えてどれだけの追加的な価値を生み出したのかを測定する方法である。ここでは桜井[2003]の計算方法を参考にして,次のように付加価値を計算する[16]。

**図表6-4-3 付加価値の計算方法**

| 大項目 | 小項目 | 数値の取得方法 |
|---|---|---|
| 人件費 | 給与・賃金 | 有価証券報告書「従業員の状況」からの情報を用いて単体ベースで計算し,連単倍率[17]を用いて推定 |
|  | 退職給付費用 | 連結財務諸表の注記から取得 |
| 金融費用 | 支払利息 | 連結財務諸表上から取得 |
|  | 社債利息 | 単体の財務諸表から連単倍率を用いて推定 |
| 租税公課 | 法人税等 | 連結財務諸表上から取得 |
| 賃貸料 | 家賃 | 単体の財務諸表から連単倍率を用いて推定 |
| 利益 | 当期純利益 | 連結財務諸表上から取得 |
| 付加価値 | 小項目合算値 | 上記の財務項目数値をすべて合算 |

次に生産性分析を行う。具体的には,以下のそれぞれの指標について過去5年の推移を考察し,同業他社と比較する。

$$\frac{人件費}{従業員数} = \frac{人件費}{付加価値} \times \frac{付加価値}{従業員数} = 労働分配率 \times 労働生産性$$

**図表6-4-4**はオムロンの各指標の過去5年間の推移を示している。2012年3月期以降人件費はほぼ横ばいである。内訳を見てみると,労働生産性は上昇している一方で,労働分配率は低下している。労働生産性の上昇は,従業員へのさまざまな取組み[18]が,優秀な人材の確保や効率的な人材の活用につながった結果ではないかと推察される。しかし,一方で労働分配率は近年低下しており,従業員への金銭的な分配を抑制している傾向がうかがえる。

### 図表6-4-4 付加価値分析

|  | 10年3月期 | 11年3月期 | 12年3月期 | 13年3月期 | 14年3月期 |
| --- | --- | --- | --- | --- | --- |
| 1人当たり人件費 | 2.42 | 2.69 | 3.06 | 3.03 | 3.02 |
| 労働分配率 | 0.91 | 0.70 | 0.76 | 0.71 | 0.62 |
| 労働生産性 | 2.52 | 3.88 | 4.00 | 4.31 | 4.75 |

出所：有価証券報告書をもとに作成

**図表6-4-5**は，小川［1981］を参照し，縦軸に労働分配率，横軸に労働生産性をとり，各社の過去5年年間の平均値をプロットしたものである。曲線は1人当たり人件費の水準を百万円/人ごとに表している。オムロンは同業他社に比べ，労働分配率についても労働生産性についても相対的に高い位置にあることがわかる。このことから，オムロンは従業員への分配責任を果たすことと長期的な価値創造のための基盤づくりをうまく両立させているといえる。

これまでの分析では，定量的な情報を用いて従業員への取組みの現状を分析してきた。さらに今後の重要課題として挙げられているのが，女性管理職比率やコアポジション現地化比率の向上によってダイバーシティを高めるという課題である。これらの指標は，高い志を持つ社員が結婚や出産などのライフイベント後も当たり前に活躍できる企業であるかと，将来のオムロンの経営を担っていくそれぞれの国・地域の「人財」を育成できているかを評価する上で重要

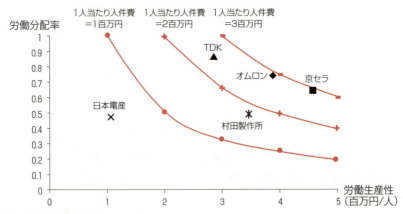

図表6-4-5 労働生産性と労働分配率のプロット

出所：有価証券報告書をもとに作成

な情報を提供することが期待される。ダイバーシティを高める取組みの成果が観察されるのは将来のことになるかもしれないが、オムロンや社会全体の持続可能性を評価する上でも今後注視が必要である。

### ③ ガバナンスへの取組み

2014年3月期の統合報告書上で2つの重要課題を挙げている。取締役会のダイバーシティ・報酬制度の透明性を高めることと、法令遵守などのリスクマネジメントに取組むことである。

図表6-4-6はオムロンと同業各社の役員の構成を比較したものである。オムロンの役員のダイバーシティを高める取組みは、これらの指標からは特に特徴的であるとはいえない。

リスクマネジメントに関しては、取組みを評価することが非常に難しい。なぜならリスクマネジメントは、現時点では不確実なイベントの損害額を減少させる意図で行われることが多いからである。こういった場合、現時点での効果を測定することは非常に困難である。ここでは東洋経済新報社『CSR企業総覧2015』を参照して、どういった取組みを行っているかについてのみ調査した。

オムロンでは会社の代表者に準ずる取締役が、リスクマネジメントを行う体制構築や基本方針・対策マニュアルの策定にあたっている。さらに、年次でリスクアセスメントを実施し事業継続計画を策定するチェック体制も整えられている。同業各社も同様の取組みを行っているが、取組みの効果が観察できるのはリスクに該当するイベントが起こった後になるであろう。

**図表6-4-6 役員のダイバーシティ**（2014年12月末現在）

|  | 役員総数 | 独立役員比率 | 外部役員比率 | 女性役員数 |
|---|---|---|---|---|
| オムロン | 15 | 0.27 | 0.4 | 0 |
| 京セラ | 19 | 0.16 | 0.21 | 0 |
| TDK | 12 | 0.50 | 0.50 | 0 |
| 日本電産 | 17 | 0.29 | 0.29 | 1 |
| 村田製作所 | 12 | 0.42 | 0.42 | 0 |

出所：コーポレート・ガバナンス報告書をもとに作成

### ④ まとめ

本節ではオムロンのCSRへの取組みについて、主に環境・社会・ガバナンス

の3つに分けて分析を行った。オムロンのCSRへの取組みは，社会的責任を果たすことのみならず，中・長期的には収益への貢献が期待できる。たとえば，近年売上高を伸ばしている環境ソリューション事業の製品や，多様な従業員に対する取組みによる労働生産性の向上は代表例であろう。

またCSRへの取組みは，取引先・消費者や従業員からのイメージアップだけでなく，近年投資家からも積極的に評価する動きが見られる。社会責任投資（SRI：Socially responsible investment）は，その代表例であり，実際にオムロンも2013年9月に4年連続でSRI指標である「Dow Jones Sustainability Indices Asia Pacific」の構成銘柄に選定されている。

しかし，CSRへの取組みから享受できるベネフィットと，かかるコストの経済的な効果の比較は非常に難しい。特にベネフィットは前述の分析を通じても明確に経済的効果が測定できているとは言い難い。よって，本分析だけからCSRマネジメントが企業価値にどのような影響があるかは，一概にはいえないということに注意が必要である。次節の企業価値推定では，CSRマネジメントの分析内容をあえて考慮に入れず，将来業績を過去のデータに基づいて予測している。

## 第5節　企業価値推定

### （1）モデルの説明力の検証

本節では，まず，基本プラットフォームに従い，DCF法と残余利益法の両モデルを用いて，2009年3月期から2013年3月期の理論時価総額を算出した。**図表6-5-1**は，理論時価総額と実際の時価総額（各年6月末時点）の数値，およびVPRの数値を示したものである。

同図表は，直近5年間では残余利益法で算出した理論時価総額のVPRのほうが，DCF法で算出した理論時価総額のVPRよりも1に近い値を示す年度が多い（09年，10年，12年）ことを示しているが，その一方で，直近3年間に着目するとDCF法による理論時価総額のほうが残余利益法による理論時価総額よりも当てはまりが良い（11年，13年）こともわかる。従って，ここではDCF

法および残余利益法の2つの手法を用いて2014年3月期の理論時価総額を算出する。その上で，実際の時価総額（2014年6月末時点）と理論時価総額とを比較する。

図表6-5-1　実際時価総額と理論時価総額の比較　（単位：百万円）

|  | 09年3月期 | 10年3月期 | 11年3月期 | 12年3月期 | 13年3月期 |
|---|---|---|---|---|---|
| 時価総額 | 334,770 | 464,135 | 533,002 | 404,832 | 676,595 |
| DCF法 | 728,252 | 769,175 | 660,847 | 742,400 | 839,295 |
| 残余利益法 | 407,538 | 348,295 | 352,540 | 406,581 | 528,199 |
| VPR（DCF法） | 2.18 | 1.66 | 1.24 | 1.83 | 1.24 |
| VPR（残余利益法） | 1.22 | 0.75 | 0.66 | 1.00 | 0.78 |

## （2）基本プラットフォームに基づく理論時価総額の測定

前述したように，ここではDCF法および残余利益法に基づく理論時価総額の算出を行うこととするが，より精緻な理論時価総額を算出するために，以下のシナリオを想定する。

> **シナリオ①〔成長シナリオ〕**　オムロンは中期経営計画で，2017年3月期に売上高9,000億円の達成を目標に掲げている。オムロンは2014年3月期に過去最高業績（売上高7,730億円）を達成していることから，中期経営計画の目標も達成しうると考えられる。従って，予測期間の最初の5年間（2015年3月期から2019年3月期まで）について，2017年3月期にこの目標が達成されるような売上高成長率（5.20％）で2017年3月期まで売上高が成長していき，2018年3月期および2019年3月期の売上高は2017年3月期の売上高と同じ（9,000億円）とする。さらに，予測期間の6年目以降（2020年3月期から2024年3月期まで）は成長率が徐々に長期インフレ率0.5％に近づき，予測期間の10年目以降（2025年3月期以降）は0.5％で成長すると仮定する。
>
> **シナリオ②〔現状維持シナリオ〕**　予測期間の最初の5年間（2015年3月期から2019年3月期まで）について，2017年3月期に上記の目標を達成することができず，売上高が現状の水準（約7,730億円）を維持したまま推移すると想定する。予測期間の6年目以降（2020年3月期から2024年3月期まで）は，売上高成長率がシナリオ①と同様に長期インフレ率0.5％へと近づき，10年目以降（2025年3月期以降）は売上高が0.5％で成長すると想定する。

図表6-5-2は，これらのシナリオに基づいて理論時価総額を算出した結果を示している。この図表より，実際の時価総額はシナリオ①に基づいて算出されたDCF法および残余利益法のどちらの理論時価総額よりも大きいことがわかる。適用するモデルによって算出される理論時価総額が異なるため注意が必要であるものの，いずれにしても市場はオムロンによる中期経営計画の目標達成の可能性を高く見積もっており，今後のさらなる業績向上を期待しているといえるのではないだろうか。

図表6-5-2　2014年6月期の実際時価総額と理論時価総額との対比（単位：百万円）

|  | シナリオ①〔楽観的〕 | シナリオ②〔現状維持〕 |
| --- | --- | --- |
| 時価総額 | 969,808 | |
| DCF法 | 936,412 | 813,137 |
| 残余利益法 | 668,955 | 517,550 |
| VPR（DCF法） | 0.97 | 0.84 |
| VPR（残余利益法） | 0.69 | 0.53 |

## 第6節　総　括

　本章では，オムロンについて経営戦略分析・財務分析・CSRマネジメント分析・企業価値推定を行うことで，オムロンの現状や今後の展望を評価することを試みた。経営戦略分析では，関連多角化を推進していることに触れ，範囲の経済のメリットと，各事業間のリスク分散効果の両方を享受している現状を示した。財務分析からは，2009年3月期の金融危機による業績不振から回復し，経営の効率化や新たな市場の開拓により堅調に業績を伸ばしているということがわかった。これは，経営戦略の効果を部分的に数字で裏づけたといえる。

　独自分析では，オムロンの先進的な試みである統合報告書の内容にもとづき，CSRマネジメントの分析を行った。環境や社会に対する取組みに関しては，オムロンは同業他社と比べて，比較的高いパフォーマンスを実現していることが確認できた。この分析結果は，将来の長期的な企業の持続可能性の向上や，短期・中期的にも投資家や取引先・消費者からのイメージアップによって収益向

上が見込めるものではあるが，近年の業績向上や株価上昇にどのような影響を与えているかについてまでは明らかにできていない。しかし，オムロンの先進的な取組みを分析することで，CSRマネジメントを評価する一方法を例示できたのでないかと考える。

　企業価値評価の結果，時価総額がDCF法や残余利益法で見積った企業価値を上回っていることがわかった。この結果は楽観的シナリオを用いた場合でさえ成り立っている。株価に投資家の期待が反映させているとするなら，投資家はオムロンの今後のさらなる業績向上を期待していると考えられる。この投資家の期待が，近年の電子部品業界の全体的な業績改善によるものなのか，オムロン独自のCSRマネジメントと関連するものなのか，それらがミックスされたものなのかはオムロン1社の分析からは明らかにできない。しかし，仮に企業価値には反映されていないとしても，環境や社会に対する取組みが多くの利害関係者にベネフィットを与え，オムロンが「企業は社会の公器である」という経営理念を体現する姿勢は明らかにできたのではないだろうか。

◆注
1　自動車の交通量を感知し，通行量に応じて信号を変える信号機のこと。無接点近接スイッチとよばれる接点のないスイッチを利用して作られる。
2　SINIC理論は，科学と技術と社会の間には相互に影響を与えあう円環論的な関係があり，それらの相互関係によって社会が発展していくという理論である。
3　オムロン「Fact book 2014」をもとに算出した。
4　「NIKKEI NET」株式会社日本経済新聞社による。
5　事業部制に市場原理を導入し，独立会社により近づけた組織形態のこと。事業部制と比べると独立性が高く，事業ごとの成果や責任範囲もより明確化される。各カンパニーには疑似資本金が配布され，一定の基準で損益計算書や貸借対照表を作り，会計上完全に独立した事業体として管理される。
6　上野［2004］によると，2000年に東京，大阪，名古屋の各証券取引所に上場している鉱業および製造業企業に対して行ったアンケートで，約95%が職能別組織や事業部制組織，またはその応用形態や両者の混合形態を採用していることが明らかとなっている。
7　工場における生産工程の自動化を図るシステムのこと。制御機器FAシステム事業ではこれを可能にする製品の製造を行っている。
8　「人間が五感（視覚・聴覚・嗅覚・味覚・触覚）で感じとるような情報を機械がセンシングし，その情報をあたかも人間の知恵で処理するように扱い，使い勝手の良い形でアウトプットし，コントロールすること」。たとえば，人間はその触覚により微妙な肌触りの違いを認識することができるが，これを機械によって自動的に行うことを可能にすることを図る（オムロンホームページ「オムロンの強み」より引用）。
9　1つの企業が複数の製品を生産するほうが，異なる企業がそれぞれの製品を生産するよりも総費用が減少すること。

10　比較対象企業として同様の商品を扱うキーエンスも考えられるが，日本の会計基準を採用しているため比較対象に含めていない。
11　流動比率は，200%を超えるか否かが1つの目安とされている。しかしながら，実際に200%の水準を超える企業はそれほど多くない。たとえば，2005年3月期の流動比率の全産業平均は124.9%（製造業平均は，136.5%）であることを指摘する文献がある（伊藤［2007］，132頁）。比較対象として取り上げた京都企業は，流動性が極めて高く，サンプル・バイアスが存在するおそれがある。そのため，比較時の解釈には注意が必要である。全国の製造業平均の値と比較する限り，オムロンは安全な企業であることがわかる。
12　国際統合報告評議会が2013年に公表した『国際統合報告フレームワーク』によると，「統合報告書は，組織の外部環境を背景として，組織の戦略，ガバナンス，実績，及び見通しが，どのように短，中，長期の価値創造に導くかについての簡潔なコミュニケーションである」と定義されている。
13　この指標は，比較対象企業である京セラの2014年度3月期CSR報告書に開示されていたものである。
14　統合報告書では，女性管理職比率やグローバルコアポジションに占める外国人比率が開示されており，ジェンダーや国籍等の面でのダイバーシティと考えられる。
15　2014年3月期統合報告書p.58ではオムロンで働く人々をさして「人財」とよんでいる。本章では「人財」という言葉に込められた意味を変えないために，原文の用語をそのまま使用している。
16　計算方法には控除法と加算法があるが，ここでは加算法を採用している。
17　連単倍率は，連結売上高と単体売上高の比率を用いている。
18　2014年3月期統合報告書pp.60-63ではオムロンの従業員に対するさまざまな取組みが列挙されている。もちろん，生産性を上げる要因として技術習熟度等も考えられるが，現在の公表情報だけからは労働生産性の向上に何が影響を与えているかの特定は難しい。

# 第7章

# 任天堂株式会社

　任天堂株式会社（以下,「任天堂」と略す）は,「ファミコン」に代表されるゲーム機,および「マリオ」や「ポケモン」が登場するゲームソフトといった家庭用電子ゲーム商品の製造・販売を主に手がけている。ファミコンの発売以来,国内外のゲーム業界において確たる地位を占めてきた。そして近年は「年齢・性別・ゲーム経験を問わず,誰もが楽しめる商品を提案しゲーム人口を拡大する」という基本戦略を掲げ,2004年に「ニンテンドーDS」を発売し,さらなる成長を遂げた。ただし,ここ数年の業績は芳しいとはいえない。

　本章では,まず「ブルー・オーシャン戦略」に照らして,経営戦略を分析す

本社ビル（写真提供：任天堂）

る。次に主たる対象期間を2005年3月期からの10年間として財務分析を行う。さらに統計的手法を用いた業績の予想とその検証を行う。そして最後に企業価値を評価する。これらにより、任天堂の10年間の変化とその実態を明らかにしたい。

## 第1節　企業概要

　任天堂の創業は、1889年にまでさかのぼる。山内房治郎氏が花札の製造・販売を目的として設立した。花札はポルトガル語に由来するかるたの一種である。カードには日本の四季にそった花鳥風月が描かれているが、当時は職人が染筆していた。その後もトランプ・かるたが主な事業であったが、1960年代から家庭用ボードゲームや玩具などを製造し、1970年代後半から電子ゲーム事業に本格的に参入することになる。なお、はるかに大規模になった現在でも、創業時から引き継ぐ花札などの商品を製造・販売し続けている。

　1977年に任天堂初となる据置き型の家庭用ゲーム機「テレビゲーム15」を発売したのを嚆矢として、任天堂は電子ゲーム企業としての色彩を濃くしていく。それを決定的としたのが、1983年の「ファミリーコンピュータ」（以下、「ファミコン」と略す）の発売であった。

　ファミコンは最終的に国内で1,935万台[1]、全世界で6,191万台を売り上げるという大ヒットを記録し、任天堂は家庭用ゲーム機業界をリードすることとなった。任天堂は後継機種として「スーパーファミコン」、「NINTENDO64」、「ニンテンドーゲームキューブ」を発売した。これらも一定の支持を受けたものの、株式会社ソニー・コンピュータエンタテインメント（以下、「SCE社」と略す）の発売する「プレイステーション」、「プレイステーション2」などとの激しい競争を繰り広げることとなり、ファミコンほどの累計販売台数には至っていない[2]。

　また、任天堂は携帯ゲーム機事業をもう一本の柱としている。1989年に発売された「ゲームボーイ」とその後継機種「ゲームボーイカラー」、「ゲームボーイアドバンス」は他に有力なライバル企業が存在しなかったこともあり、順調に売上を伸ばした。しかし、SCE社が2004年に携帯ゲーム機「プレイステー

#### 図表7-1-1 主たる沿革

| 年 | 内容 |
|---|---|
| 1889年 | 山内房治郎氏が京都市下京区にて花札の製造を開始 |
| 1947年 | 「株式会社丸福」を設立 |
| 1951年 | 「任天堂骨牌株式会社」に社名変更 |
| 1962年 | 大阪証券取引所第2部に上場 |
| 1963年 | 現在の「任天堂株式会社」に社名変更 |
| 1970年 | 大阪証券取引所第1部に指定 |
| 1977年 | 任天堂初の家庭用ゲーム機「テレビゲーム15」を発売 |
| 1980年 | 初の携帯ゲーム機「ゲーム&ウオッチ」を発売 |
| | 初の海外拠点となるアメリカ現地法人を設立 |
| 1983年 | 家庭用ゲーム機「ファミリーコンピュータ」を発売 |
| | 東京証券取引所第1部に上場 |
| 1989年 | 携帯ゲーム機「ゲームボーイ」を発売 |
| 1990年 | 家庭用ゲーム機「スーパーファミコン」を発売 |
| 1996年 | 家庭用ゲーム機「NINTENDO64」を発売 |
| 2001年 | 家庭用ゲーム機「ニンテンドー ゲームキューブ」を発売 |
| 2004年 | 携帯ゲーム機「ニンテンドーDS」を発売 |
| 2006年 | 家庭用ゲーム機「Wii」を発売 |
| 2011年 | 携帯ゲーム機「ニンテンドー3DS」を発売 |
| 2012年 | 家庭用ゲーム機「Wii U」を発売 |

出所：任天堂ホームページおよび有価証券報告書などをもとに作成

ション・ポータブル」を発売したことで，任天堂はこの領域においても新たに競争を強いられることとなった。

このような市場競争の激化に対して，任天堂は2004年に携帯ゲーム機「ニンテンドーDS」（以下，「DS」と略す），2006年に家庭用ゲーム機「Wii」を発売した。詳しくは第2節で述べるが，これらの機種は消費者の多くに新鮮な驚きをもって受け止められた。2014年3月末までの累計販売台数は，DSが全世界で1億5,401万台，Wiiが1億123万台となっている。さらに，それぞれの後継機として，2011年に「ニンテンドー3DS」（以下，「3DS」と略す）を，2012年に「Wii U」を発売している[3]。

注目すべきは，販売台数の大部分を海外が占めていることである。DSは販売台数の約8割，Wiiについては9割近くとなっている[4]。また，3DSが6割超，Wii Uが7割超である[5]。任天堂が世界の「NINTENDO」となって久しい

ことの何よりの証左であろう。

　また，任天堂はハードウェアメーカーであると同時にソフトウェアメーカーでもある。「マリオ」や「ポケモン[6]」といった，ファミコンやゲームボーイという初期のハードにおいて人気を博したソフトが一種のブランドを形成し，今なお任天堂のソフト売上の主力となっている。他方で，いわゆる「脳トレ」に代表される今までのゲームとは一風異なるソフトを発売することで，新たな顧客にもその存在感を示している。

　ハード・ソフト双方の貢献により任天堂の業績は急伸し，2006年3月期までの売上高5,000億円前後から2009年3月期の1兆8,386億円へと飛躍的な成長を遂げた。株式時価総額は3兆円を超え，日本企業の上位10社に入るまでになった[7]。しかし，その後業績は低迷し，2014年3月期には売上高5,717億円とピーク時の3割ほどにまで減少し，株式時価総額も1兆7,369億円となっている[8]。

　以下では，京都の遊具店から日本を代表する企業に成長した任天堂の実態に迫っていく。

## 第2節　経営戦略分析

### （1）ファミコンの戦略

　1983年に発売されたファミコンは，ゲーム専用機としての性格を強調すべく，機能をゲーム用途のみに絞り込んだ。このことで顧客にある程度の専門知識を要求するコンピュータゲームとの差別化に成功し，「ファミコン＝ゲーム機」というわかりやすいイメージを与えた。また，説明書を読まなくてもすぐにゲームができるという使いやすさを重視し，ターゲットを低年齢層に絞った。その背景には，ハード自体の性能よりもソフトの充実を重視する任天堂の意思があった。「ユーザーは高性能ハードを手に入れることが楽しいのではなく，単純であっても面白いソフトで遊ぶのが楽しい」という考えであった。この戦略が功を奏し，ファミコンは全世界販売台数6,191万台の大ヒットを記録した。

　しかし，直接の後継機であるスーパーファミコンこそ全世界販売台数4,910万台のヒットを記録したものの，NINTENDO64はSCE社のプレイステーショ

ンに押され，好調な売り上げにはつながらなかった[9]。続くニンテンドーゲームキューブもSCE社のプレイステーション2に覇権を奪われてしまった[10]。高性能・高画質という領域における競争に強いSCE社のハードに対し，有効な対抗軸を見つけることが出来なかったための苦戦であった。

## （2）任天堂のブルー・オーシャン戦略

　1990年代半ばから2000年代前半にかけては低空飛行が続いた任天堂であったが，近年の再躍進をもたらしたのが2004年12月発売のDS，2006年12月発売のWiiのヒットである。これら2つの機種とそのゲームソフトは，以前からゲームに馴染んでいた「コア・ユーザー」層から，これまでゲームをしてこなかった中高年や女性といった「ライト・ユーザー」層にまでターゲットを広げてゲーム人口を創出する，という戦略にもとづくものであった。つまり競争の激しい既存の市場から抜け出して，まったく新しい市場での需要の創出を図ったのである。この戦略は「ブルー・オーシャン戦略」と名づけられている。ブルー・オーシャン戦略の概要は第1章で述べたが，この戦略が成功すれば，既存市場であるレッド・オーシャンに留まる他社と比較して高い収益性を確保できると期待される。

**図表7-2-1　ブルー・オーシャン戦略の4つのアクションと開発戦略**

| アクション | 問題提起 | 任天堂における具体的な開発戦略 |
|---|---|---|
| 取り除く | 業界常識として製品やサービスに備わっている要素のうち，取り除くべきものは何か | 面倒な操作，大規模開発 |
| 減らす | 業界標準と比べて思いきり減らすべき要素は何か | グラフィック機能，大容量，高性能，長時間のプレイ |
| 増やす | 業界標準と比べて大胆に増やすべき要素は何か | 簡単な操作，手軽さ，親近感 |
| 付け加える | 業界でこれまで提供されていない，今後付け加えるべき要素は何か | 家族とのコミュニケーション，タッチペン，リモコン，ボード |

出所：Kim and Mauborgne［2005］，有賀訳をもとに作成

　ブルー・オーシャンの多くはレッド・オーシャンの延長として，つまり既存の産業を拡張することによって生み出される。このようにレッド・オーシャンからブルー・オーシャンに抜け出すには，**図表7-2-1**に示した4つのアク

ションが必要であるとされている。

　これら4つのアクションを用いることで，買い手に提供する価値の内容を改め，これまでにない経験をもたらすと同時にコストを押し下げることができる。常識的な「増やす」「付け加える」というアクションに留まらず，「取り除く」「減らす」というアクションが求められるところにブルー・オーシャン戦略にもとづく商品開発の特色がある。新たな市場を開拓するためには，そこで必要とされない要素，嫌われる要素は徹底的に削る必要が生じてくるからである。

**図表7-2-2　ソフト累積売上本数ランキング（国内）**

| | ニンテンドーDS（2004〜） | Wii（2006〜） |
|---|---|---|
| 1 | Nintendogs | Wii Sports |
| 2 | Newスーパーマリオブラザーズ | はじめてのWii |
| 3 | 脳を鍛える大人のDSトレーニング[11] | Wii Fit |
| 4 | ポケットモンスターダイヤモンドパール | マリオカートWii |
| 5 | マリオカートDS | 大乱闘スマッシュブラザーズX |
| 6 | もっと脳を鍛える大人のDSトレーニング[12] | スーパーマリオギャラクシー |
| 7 | おいでよどうぶつの森[13] | マリオ＆ソニック　AT北京オリンピック |
| 8 | スーパーマリオ64DS | マリオパーティ8 |
| 9 | やわらかあたま塾 | ゼルダの伝説 |
| 10 | マリオパーティDS | Wii Sports Resort |
| | ニンテンドー3DS（2011〜） | Wii U（2012〜） |
| 1 | ポケモンX/Y | ニュースーパーマリオブラザーズU |
| 2 | とびだせどうぶつの森 | Wii party U |
| 3 | マリオカート7 | マリオカート8 |
| 4 | ニュースーパーマリオブラザーズ2 | スーパーマリオ3Dワールド |
| 5 | ポケモン オメガ/サファイア | ニンテンドーランド |
| 6 | スーパーマリオ3Dランド | スーパースマッシュブラザーズforWii U/3DS |
| 7 | モンスターハンター3 | ピクミン3 |
| 8 | スーパースマッシュブラザーズforWii U/3DS | モンスターハンター3 |
| 9 | トモダチコレクション新生活 | Wii Fit U |
| 10 | ルイージマンション | ニュースーパールイージU |

（注）DS・Wiiは2009年9月，3DS・Wii Uは2014年12月のデータ
出所：VG Chartz.comのソフト売上推計

第7章　任天堂株式会社

実はこの戦略は（1）で掲げたファミコンの戦略と多くの共通点があるのが興味深い。電子ゲーム企業としての任天堂の「原点」に回帰する事で成功したのが両ハードだというのは少々言いすぎかもしれないが，少なくとも任天堂がファミコン以来積み上げてきた経験が生かされたのは間違いないだろう。

ここで，DSおよびWii，さらにその後続機である3DSおよびWii Uのハード別に，任天堂が製作したソフトの国内累積販売数ランキングトップ10をみてみよう。

いずれのハードにおいても，「マリオ」などの既存ブランドを用いていないソフトがランキングに入っている（図表7-2-2において斜体字で表した）。そのなかには，「脳トレ」や「Wii Sports」など，ブルー・オーシャン市場向けとなったソフトがある。とくに，先代機であるDSおよびWiiの場合はそれらが半数ほどになる。任天堂は市場創造＝ブルー・オーシャン戦略をとり，DSやWiiが最新機種であった当時においては，その戦略が奏功していたとも考えられる。

ただし，その当時においても既存ブランドのソフトが多く名を連ねている。さらに，近年発売された3DSおよびWii Uでは，それらがランキングのほとんどを占めている。ブルー・オーシャン市場向けのソフトの多くがハード発売初期に販売されていることに象徴されるように，ブルー・オーシャン市場において獲得した顧客は，ブームが一巡するとゲームに飽きて離れてしまう可能性がある。また，そもそも新規顧客が市場に定着すれば，そこは既存市場，すなわちレッド・オーシャンになってしまう。したがって，同一の市場において同一のアイデアの製品によりブルー・オーシャン戦略をとり続けることは，論理的に不可能であるともいえる。ブルー・オーシャン戦略の成果を継続して享受できるかは，常に新たなブルー・オーシャンを見出すことができるかどうかにかかっているといえよう。

## 第3節 財務分析

### (1) 財務諸表の構成

　財務分析においては，類似企業との比較という手法が多用される。2003年に大手2社の経営統合によって生まれた株式会社スクウェア・エニックス・ホールディングス（以下，「SE社」と略す）は，全売上高に占めるゲーム関連事業の割合が高い。また，財務構造についても，総資産（＝総資本）に対する借方側の流動資産および貸方側の純資産の比率が相対的に高い。これらは任天堂と共通の特徴である。他方で，企業戦略としては，ソフトの製造・販売を中心とした既存市場「レッド・オーシャン」における強者といえる企業である[14]。ソフトの既存市場での有力な競合他社であり，かつ新規市場「ブルー・オーシャン」

**図表7-3-1　任天堂とSE社の要約貸借対照表**

任天堂（2009年3月期）

| 流動資産 | 91.1% | 流動負債 | 29.9% |
|---|---|---|---|
| 　当座資産 | 74.8% | | |
| 　棚卸資産 | 8.0% | | |
| 　その他 | 8.2% | 固定負債 | 0.9% |
| | | 純資産 | 69.2% |
| | | 　株主資本 | 71.7% |
| | | 　評価差額等 | −2.4% |
| | | 　上記以外 | 0.0% |
| 固定資産 | 8.9% | | |
| 　有形固定資産 | 3.9% | | |
| 　無形固定資産 | 0.1% | | |
| 　投資その他 | 4.9% | | |

総資産＝総資本　1,810,767（百万円）

任天堂（2014年3月期）

| 流動資産 | 78.4% | 流動負債 | 11.9% |
|---|---|---|---|
| 　当座資産 | 63.1% | 固定負債 | 2.5% |
| 　棚卸資産 | 12.3% | | |
| 　その他 | 3.0% | 純資産 | 85.6% |
| | | 　株主資本 | 86.4% |
| | | 　累積OCI | −0.8% |
| | | 　上記以外 | 0.0% |
| 固定資産 | 21.6% | | |
| 　有形固定資産 | 7.2% | | |
| 　無形固定資産 | 1.0% | | |
| 　投資その他 | 13.4% | | |

1,306,410（百万円）

SE社（2009年3月期）

| 流動資産 | 74.3% | 流動負債 | 11.0% |
|---|---|---|---|
| 　当座資産 | 59.6% | | |
| 　棚卸資産 | 11.3% | 固定負債 | 19.2% |
| 　その他 | 3.3% | | |
| | | 純資産 | 69.8% |
| | | 　株主資本 | 71.2% |
| | | 　評価差額等 | −2.1% |
| | | 　上記以外 | 0.7% |
| 固定資産 | 25.7% | | |
| 　有形固定資産 | 9.0% | | |
| 　無形固定資産 | 8.8% | | |
| 　投資その他 | 8.0% | | |

総資産＝総資本　213,194（百万円）

SE社（2014年3月期）

| 流動資産 | 80.1% | 流動負債 | 37.2% |
|---|---|---|---|
| 　当座資産 | 63.4% | | |
| 　棚卸資産 | 10.9% | | |
| 　その他 | 5.8% | 固定負債 | 3.9% |
| | | 純資産 | 58.9% |
| | | 　株主資本 | 60.2% |
| | | 　累積OCI | −1.9% |
| | | 　上記以外 | 0.6% |
| 固定資産 | 19.9% | | |
| 　有形固定資産 | 9.2% | | |
| 　無形固定資産 | 5.0% | | |
| 　投資その他 | 5.7% | | |

216,617（百万円）

の開拓を目指す任天堂と部分的に対照的な戦略を採っているともいえるため，いくつかの項目においてSE社との比較分析を行う。なお，分析対象とする期間は，2005年3月期から2014年3月期の10年間である。

はじめに，財務諸表の構成をみてみよう。まずは貸借対照表である。2009年3月期および2014年3月期における，任天堂とSE社の要約貸借対照表図を**図表7-3-1**に示した。任天堂は，2009年3月期において，流動資産とりわけ現金預金と有価証券を多く保有している。2014年3月期には現金預金が減少する一方で，固定資産の投資有価証券が増加している。また，株主資本の1つであり，内部留保を意味する利益剰余金は2008年3月期から1兆3,000億円超を維持しており，2014年3月期では総資産額を超過するほどに積み上がっている。

他方SE社は，一貫して現金預金比率が高い（総資産の5割ほど）。任天堂に比べて負債への依存度は高いが，それでも総資本の6割を超える株主資本を維持している。なお，2010年3月期以降，両社ともに利益剰余金は減少し続けている。

次に損益計算書である。任天堂はハードとソフトの両方に軸を置いているため，売上高をハード・ソフトごとに分け，さらに携帯型・据置き型別に構成を示したのが**図表7-3-2**である。当該期間では，概して収益の6割前後をハー

**図表7-3-2　任天堂のハード・ソフト別売上構成**

|  | 09年3月期 | | 14年3月期 | | 10年平均 |
|---|---|---|---|---|---|
|  | 金額 | 構成比 | 金額 | 構成比 | 構成比 |
| ハードウェア | 1,159,747 | 63.1% | 316,024 | 55.3% | 59.8% |
| 　据置きゲーム機 | 617,326 | 33.6% | 89,569 | 15.7% | 19.9% |
| 　携帯ゲーム機 | 426,151 | 23.2% | 201,767 | 35.3% | 33.7% |
| 　その他 | 116,270 | 6.3% | 24,688 | 4.3% | 6.1% |
| ソフトウェア | 675,593 | 36.7% | 253,824 | 44.4% | 40.0% |
| 　据置きソフト | 400,396 | 21.8% | 64,788 | 11.3% | 15.7% |
| 　携帯ソフト | 260,288 | 14.2% | 167,268 | 29.3% | 23.0% |
| 　その他 | 14,909 | 0.8% | 21,768 | 3.8% | 1.3% |
| トランプ・カルタ等 | 3,277 | 0.2% | 1,874 | 0.3% | 0.3% |
| 連結売上高 | 1,838,622 |  | 571,726 |  |  |

（注）単位：百万円，10年平均は05年3月期から14年3月期までの10期間の平均値
出所：有価証券報告書をもとに作成

ド，4割前後をソフトで稼得している。また，携帯型のほうが据置き型よりも売上への貢献度が平均的に高いが，ハードやソフトの発売タイミングによって変動がある。

## （2）収益性・効率性分析

企業の収益性を評価するには，使用した資本に対する利益の割合（資本利益率，リターン）を求めるのが一般的である。そこでまずROAをみてみよう。**図表7-3-3**に示したように，任天堂は2009年3月期に向けて上昇し続けている。しかし，2011年3月期に著しく低下し，2012年3月期にはマイナスとなっている。他方，SE社は2005年3月期から低下し続けて，2011年3月期にマイナスとなっている。

**図表7-3-3　任天堂とSE社のROAの推移**

|  | 05年3月期 | 06年3月期 | 07年3月期 | 08年3月期 | 09年3月期 |
|---|---|---|---|---|---|
| 任天堂 | 8.2% | 8.6% | 12.7% | 15.2% | 15.4% |
| SE社 | 12.3% | 9.9% | 5.4% | 4.3% | 3.0% |
|  | 10年3月期 | 11年3月期 | 12年3月期 | 13年3月期 | 14年3月期 |
| 任天堂 | 12.8% | 4.6% | −2.9% | 0.5% | −1.7% |
| SE社 | 3.9% | −5.1% | 2.9% | −6.6% | 3.1% |

出所：有価証券報告書をもとに作成

収益性の変動要因をより詳細に分析するため，ROAの分解を行う[15]。まず，総資本回転率をみる。任天堂は2006年3月期以前はほぼ0.4から0.5回で一定であったが，2008・2009年3月期に約1.0回と劇的に向上している。SE社の0.6から0.8回と比較しても高い水準である。その理由は，総資本があまり変化せず売上が急増していることで説明できる。任天堂は，総資本に占める有形固定資産の割合が低いファブレス企業であるため，設備投資等を増やさずとも製造ないし売上を増やすことができる[16]。他方，2010年以降は大きく低下し，2014年3月期には0.4と以前の水準に戻っている。

次に，売上高純利益率である。**図表7-3-4**に示したように，2005年3月期からの3期間が高水準であったが，その後低下し続け，2012年3月期には純利益のみならず営業利益ベースでもマイナスとなっている。なお，2006・2009・2013年3月期など，売上高営業利益率と売上高経常利益率および売上高純利益

第7章　任天堂株式会社

### 図表7-3-4　任天堂の売上高に対する利益率

|  | 05年3月期 | 06年3月期 | 07年3月期 | 08年3月期 | 09年3月期 |
|---|---|---|---|---|---|
| 売上高営業利益率 | 21.6% | 17.7% | 23.4% | 29.1% | 30.2% |
| 売上高経常利益率 | 28.2% | 31.6% | 29.9% | 26.4% | 24.4% |
| 売上高純利益率 | 17.0% | 19.3% | 18.0% | 15.4% | 15.2% |
|  | 10年3月期 | 11年3月期 | 12年3月期 | 13年3月期 | 14年3月期 |
| 売上高営業利益率 | 24.9% | 16.9% | −5.8% | −5.7% | −8.1% |
| 売上高経常利益率 | 25.4% | 12.6% | −9.4% | 1.6% | 1.1% |
| 売上高純利益率 | 15.9% | 7.7% | −6.7% | 1.1% | −4.1% |

出所：有価証券報告書をもとに作成

### 図表7-3-5　任天堂の売上高に対する修正後利益率

|  | 05年3月期 | 06年3月期 | 07年3月期 | 08年3月期 | 09年3月期 |
|---|---|---|---|---|---|
| 売上高修正経常利益率 | 24.0% | 22.6% | 27.2% | 31.9% | 31.7% |
| 売上高修正純利益率 | 14.5% | 14.0% | 16.5% | 18.6% | 19.5% |
| 為替差損益（百万円） | 21,848 | 45,515 | 25,741 | −92,346 | −133,908 |
|  | 10年3月期 | 11年3月期 | 12年3月期 | 13年3月期 | 14年3月期 |
| 売上高修正経常利益率 | 25.4% | 17.5% | −5.1% | −4.6% | −5.8% |
| 売上高修正純利益率 | 15.9% | 10.5% | −4.1% | −2.6% | −8.1% |
| 為替差損益（百万円） | −204 | −49,429 | −27,768 | 39,506 | 39,287 |

出所：有価証券報告書をもとに作成

率が異なって推移することがある。これは，経営に影響を及ぼす要因が，営業利益と経常利益の間，すなわち営業外損益の部にあることを示唆している。

　営業外損益において，年度による変動性が高く，かつ与える影響が大きい項目は為替差損益である。為替差損益は予測困難な為替レートの変動によって生じるので，企業本来の収益性を抽出するために，経常利益および純利益から当該損益額を控除した[17]。

　**図表7-3-5**は，修正後の売上高経常利益率と売上高純利益率，そして為替差損益の金額である。修正後の営業利益と修正後の経常利益・純利益ベースの利益率は，売上高営業利益率と比例的に推移している。海外売上高比率が一貫して7から8割ほどと高い任天堂にとって，為替変動が及ぼす利益への影響は大きい。なお，ROAでみる収益性がもっとも高かった2008・2009年3月期は円高の時期であり，多額の為替差損が生じている。逆に，低迷している2013・

2014年3月期は円安の時期で，本業の不振が為替差益によって下支えされているような状況となっている。

## （3）安全性分析

企業の安全性を分析する代表的な指標は，流動比率と自己資本比率である。流動比率は短期的な返済能力を評価するのに用いられるが，流動資産のなかでもさらに換金性の高い当座資産（現金預金，売上債権，および有価証券）に絞り流動負債との割合を示すのが当座比率である。また，資金調達にかかわる貸方側に着目し，中長期的な安全性を評価するのが自己資本比率である。

**図表7-3-6**のように，任天堂の当座比率および自己資本比率は，すべての期において安全とされる水準を大きく上回っている。まず当座比率は，2007年3月期からの数年間が相対的に低くなっている。これには，仕入債務の増加が影響を及ぼしている。その後は現金預金が減少する一方で仕入債務も減っているため当座比率が高まっている。

次に自己資本比率である。任天堂は，短期・長期ともほとんど借入金のない無借金経営の企業である。2010年3月期までに，利益剰余金が2005年3月期の1.5倍ほどにまで累積した。その後は逓減しているが，総資本も減少しているため，かえって自己資本比率は上昇している。

なお，SE社の各安全性指標も高い水準にある。両社ともに資産の多くを当

**図表7-3-6 任天堂とSE社の当座比率と自己資本比率の推移**

|  |  | 05年3月期 | 06年3月期 | 07年3月期 | 08年3月期 | 09年3月期 |
|---|---|---|---|---|---|---|
| 当座比率 | 任天堂 | 436% | 504% | 249% | 246% | 251% |
|  | SE社 | 428% | 287% | 374% | 560% | 543% |
| 自己資本比率 | 任天堂 | 81.4% | 83.9% | 69.9% | 68.2% | 69.2% |
|  | SE社 | 82.7% | 56.7% | 60.0% | 69.3% | 69.1% |
|  |  | 10年3月期 | 11年3月期 | 12年3月期 | 13年3月期 | 14年3月期 |
| 当座比率 | 任天堂 | 339% | 392% | 643% | 488% | 529% |
|  | SE社 | 235% | 444% | 385% | 349% | 171% |
| 自己資本比率 | 任天堂 | 75.9% | 78.4% | 87.0% | 84.8% | 85.6% |
|  | SE社 | 56.4% | 64.7% | 63.3% | 59.3% | 58.3% |

出所：有価証券報告書をもとに作成

座資産，とりわけ現金預金の形で保持しており，また自己資本が多く有利子負債が少ないため，財務的健全性の高い経営を行っているといえる。2社の立場は異なるものの，ゲーム業界は相対的に事業リスクが高い，との認識が暗黙のうちに共有されているとも思われる。

## （4）成長性分析

　成長性分析では，ある年度を1とし，他の年度の対当該年度比率を並べる趨勢表を用いて，各項目がどの程度成長しているのかを分析して，将来の見通しを立てる。売上高による結果は**図表7-3-7**に示されている。任天堂の場合，1年で売上高が2倍近くになった年があることを確認できる。また2010年3月期以降減少し続け，2014年3月期には2006年より前の水準に至っている。ここでは，趨勢表によると任天堂の2009年3月期を頂点とする数年の成長が明らかに異質であったことを再確認するにとどめておこう。

**図表7-3-7　任天堂の主な成長性指標**

|  | 05年3月期 | 06年3月期 | 07年3月期 | 08年3月期 | 09年3月期 |
|---|---|---|---|---|---|
| 売上高成長率 | 1.00 | 0.99 | 1.88 | 3.25 | 3.57 |
| 修正純利益成長率 | 1.00 | 0.96 | 2.13 | 4.18 | 4.80 |

|  | 10年3月期 | 11年3月期 | 12年3月期 | 13年3月期 | 14年3月期 |
|---|---|---|---|---|---|
| 売上高成長率 | 2.78 | 1.97 | 1.26 | 1.23 | 1.11 |
| 修正純利益成長率 | 3.07 | 1.43 | −0.36 | −0.22 | −0.62 |

（注）2005年3月期を1とする
出所：有価証券報告書をもとに作成

## （5）キャッシュ・フロー分析

　これまで利益情報を中心に分析してきたが，キャッシュ・フロー（CF）にも注目する。任天堂は間接法により連結キャッシュ・フロー計算書を作成している。また，利息・配当金の受取りや利息の支払いといった金融収支を営業活動によるキャッシュ・フロー（営業CF）に区分している。第1章のプラットフォームに沿って符号および金額を示したのが**図表7-3-8**である。
　第1に，営業CFは，2005年から2011年3月期までプラスであったが，2012年3月期以降はマイナスが続いている。当期純利益が著しく減少していること

**図表7-3-8　任天堂のキャッシュ・フローの推移**

|      | 05年3月期 | 06年3月期 | 07年3月期 | 08年3月期 | 09年3月期 |
|------|---------:|---------:|---------:|---------:|---------:|
| 営業CF | 116,571 | 46,382 | 274,634 | 332,378 | 287,800 |
| 投資CF | −11,716 | −208,807 | −174,603 | 233,206 | −174,363 |
| 財務CF | −61,447 | −60,166 | −50,137 | −97,844 | −227,654 |

|      | 10年3月期 | 11年3月期 | 12年3月期 | 13年3月期 | 14年3月期 |
|------|---------:|---------:|---------:|---------:|---------:|
| 営業CF | 160,337 | 78,103 | −94,955 | −40,390 | −23,114 |
| 投資CF | −12,728 | −154,038 | −164,392 | 89,104 | −20,084 |
| 財務CF | −133,847 | −102,456 | −39,823 | −12,873 | −127,163 |

出所：有価証券報告書をもとに作成

が最大の要因であるが，2012年3月期は当期純損失および仕入債務の減少，2013年3月期は棚卸資産の増加，そして2014年3月期は仕入債務の減少の影響がみられる。

　第2に，投資活動によるキャッシュ・フロー（投資CF）は，2008年3月期は有価証券の売却など，また2013年3月期は有形固定資産取得の減少や投資有価証券の売却などによりプラスとなっているが，それ以外の期間はマイナスである。なお，2012年3月期以降，有価証券の取得および売却の金額が大きく増加している。

　第3に，財務活動によるキャッシュ・フロー（財務CF）は一貫してマイナスである。これはほぼ配当金の支払いによるものであるが，2014年3月期には1,143億円もの自己株式を取得している。

　2011年3月期までは概ね健全であったが，2012年3月期以降は当期純利益がわずかまたは純損失に陥っており，営業ベースでのCFがマイナスとなっている。本業でのキャッシュ獲得力が低下している一方で，現金預金は，2007年3月期のピーク（9,622億円）からほぼ半減しているとはいえ，2014年3月末で4,743億円もの残高がある。

## （6）まとめ

　任天堂は，各種の業績指標から，分析期間の前半，とりわけ2007年から2009年3月期までの3期間に急速に収益性が高まる一方，その後低下し2012年3月期以降は著しく低水準になっている。成長性指標でも，2007年から2011年3月

期が他の期間にくらべて非常に高いことがわかる。さらにキャッシュ・フロー分析では，2012年3月期以降は営業CFがマイナスになっており，近年の業績の悪化を裏づけている。

他方，安全性に目を向けると，当座比率および自己資本比率は業績が悪化した時期にかえって上昇している。当座資産の（負の）変化率以上に流動負債が減少しており，また厚い利益剰余金を維持していることの結果である。2014年3月期でも，現金預金および有価証券だけで総資産の6割超を有し，また利益剰余金の額は総資本を超えている。

本業の収益力が弱まりながらも，好業績時に蓄積したストックが財務上の健全性を支えている。財務分析からは，体力を少しずつ減らしながら，次の投資・成長機会を得ようと格闘する姿がうかがえる。

## 第4節　独自の分析：統計的手法による予測（2009年3月期まで）

### （1）分析手法

前節までで明らかになったように，任天堂の業績は2009年3月期を境に下降に転じることとなった。本節では，「好業績は継続するのか，するとしたらどの程度か」という問題意識のもとに，業績が伸びていった2009年3月期までのデータを基に推定を行う。そして，実績値と比較することで，この分析手法の確かさを確認する。

まずは，ハードとソフトの販売数量を，回帰分析によってシナリオ別に推定する[18]。次に，そこから売上高を推定する。なお，ゲーム業界は変化が激しいため，予測可能期間は限られているであろう。そこで，予測するのは2期間（2010年・2011年3月期）のみとした。

この節において利用したデータは，原則として2001年3月期以降のものである。販売台数の分析に際しより多くのデータ数を確保するため，年度ごとでなく四半期ごとの販売データを利用した[19]。据置きゲーム機および携帯ゲーム機ともに，この期間において2つの機種が発売されている。以下において主に分析の対象とするのはWiiおよびDSであるが，回帰モデルの妥当性検証のために

過去のハードについても分析を行っている。**図表7-4-1**に分析期間中に発売されたハードと発売四半期を示している。

**図表7-4-1　分析対象のハード**

|  | 据置きゲーム機 | 携帯ゲーム機 |
|---|---|---|
| 前世代ハード | ニンテンドーゲームキューブ（GC） | ゲームボーイアドバンス（GBA） |
| （発売四半期） | 2001年9月期（第2四半期） | 2001年3月期（第4四半期） |
| 次世代ハード | Wii | DS |
| （発売四半期） | 2006年12月期（第3四半期） | 2004年12月期（第3四半期） |

出所：決算短信，中間決算短信，四半期決算短信をもとに作成

## （2）据置きゲーム機の分析

### ① モデルの構築・検証

　据置きゲーム機の売上は，通常，発売直後に大きな記録を残した後，時間の経過とともに減少していく。しかし，売上に影響を及ぼす要素はそれだけではない。たとえば毎年度の第3四半期には，年末商戦により他の時期に比べて大きな売上を記録している。これらの要素を回帰式の中に組み込むことによって，より精度の高い販売予測が可能になると考えた。今回基礎とした回帰式モデルは以下のものである[20]。なお，これ以降に示す回帰式モデルにおいてBからFはそれぞれ独立変数の回帰係数を示す。

　Y（四半期販売台数，単位：万台）＝A（定数項）
　　＋B×X1〔1÷T（発売からの経過四半期数，発売四半期が1）〕
　　＋C×X2（第3四半期ダミー：各年度の第3四半期のみ1，それ以外は0）
　　＋D×X3（発売期ダミー：発売四半期のみ1，他の四半期は0）

　まず，このモデルが据置きゲーム機の販売予測に妥当であるかを検証するために，Wiiの前世代機であるGCの販売台数についてこのモデルを試行した。データ範囲は発売された2001年度第2四半期からWii発売直前の2006年度第2四半期までである。その結果ある程度高い説明力を得たため，Wiiの売上分析にもこのモデルを適用することとした[21]。

　しかし，このモデルをそのままWiiにあてはめるとX1の係数が負となり，時間の経過とともに販売台数が増加し続けるということになってしまう。これ

は，Wiiの売上が当該期間において増加傾向であったことによる。この問題を解消するために，タイムラグの概念を導入した。その意味は，販売のピークが発売直後ではなくやや遅れて到来するということである。したがって，X1を次のように修正する。

X1 = 1 ÷ (|T－L| + 1) （L = 設定したタイムラグ四半期数 + 1）

このタイムラグの考え方が利用できることを検証するために，GCの海外売上についてラグのない場合とラグを設定した場合とでそれぞれ回帰を行った。その結果，ラグの導入によってモデル全体の説明力は改善され，ラグを1年と設定した場合に，回帰式の説明力が最も大きくなった[22]。以上より，海外の売上においては，販売ラグを認識することができると考えられる。なお，ラグの理論的解釈は独自の分析のまとめで述べる。

### ② Wiiの販売予測

はじめに，日本・北南米・その他海外の地域別売上ごとにラグを設定したうえで，販売台数の回帰分析を行う。次に，その式をもとに，将来の販売台数を推定する。シナリオを変化させる方法としては，ラグを調整する手法をとる。悲観的予測と楽観的予測で異なるラグを設定することで，複数のシナリオのもとでの予測販売台数を算出する。また，回帰式において発売期ダミーを設ける意味が乏しい場合は，適宜この項を除いた[23]。

まず悲観的シナリオとして，各地域別の販売回帰式の説明力が最も高くなるようにラグを設定し，次に楽観的シナリオとして，それよりラグが1四半期，すなわち0.25年短い場合を想定した。それぞれのシナリオにおける設定ラグは以下の通りである。

悲観的シナリオ　日本 = 0.5年　北南米 = 2年　その他海外 = 2年
楽観的シナリオ　日本 = 0.25年　北南米 = 1.75年　その他海外 = 1.75年

その結果，モデルの説明力は十分な水準を維持することがわかった[24]。これらの回帰式を合計することで，将来の販売台数予測が可能になる。

## （3）携帯ゲーム機の分析

### ① モデルの構築・検証

　使用するモデルは据置きゲーム機の場合と基本的に同じである。変更点は2つある。①GBA分析において，第2四半期ダミーを導入した[25]。②DS分析において，脳トレブームダミーを導入した[26]。以上の調整を行った回帰式モデルは以下のものである。

　Y（四半期販売台数，単位：万台）＝A（定数項）
　　＋B×X1〔1÷（|T－L|＋1）〕
　　＋C×X2（第3四半期ダミー，各年度の第3四半期のみ1）
　　＋D×X3（発売期ダミー，発売四半期のみ1）
　　＋E×X4（第2四半期ダミー，GBAのみ，各年度の第2四半期のみ1）
　　＋F×X5（脳トレブームダミー，日本の06年度第1・第2四半期のみ1）

　このモデルの妥当性を検証するため，据置きゲーム機の場合と同様に前世代機であるGBAの販売数を回帰した[27]。データ範囲は発売された2001年3月期の第4四半期から，DS発売より1年あまり経過してほぼ世代交代が終わったと考えられる2005年3月期までである。携帯ゲーム機の分析においても据置きゲーム機以上の高い説明力を得たため，このモデルによりDSの販売台数を推定することとする。

### ② DSの販売予測

　Wiiの販売回帰式において各地域の日本に対する相対的ラグは，北南米・その他海外で1.5年であった。この関係を維持したうえで，最も補正$R^2$が高くなるようなラグの設定を楽観的シナリオとし，楽観的シナリオに対し0.5年ラグを短くしたものを悲観的シナリオとした。それぞれのシナリオにおけるラグの設定は以下の通りである。

　悲観的シナリオ　日本＝2年　　北南米＝3.5年　その他海外＝3.5年
　楽観的シナリオ　日本＝2.5年　北南米＝4年　　その他海外＝4年

　なお，発売期ダミーは必要性に応じて適宜回帰式から除いている。据置き

ゲーム機に比べ，発売からの期間数が十分に多いためラグの変更に対する回帰式説明力の感応度が低く，ラグを変更してもモデル自体に問題は起こっていない[28]。これはモデルの妥当性を補強する傍証であるともいえる。これらの回帰式を合計することで，将来の予測販売台数を算出できる。

WiiおよびDSの販売台数の予測値について，悲観的・楽観的別にまとめたのが**図表7-4-2**である。

**図表7-4-2 ハード販売台数予測**

|  | 09年3月期（実績） | 10年3月期（予測） | 11年3月期（予測） |
|---|---|---|---|
| Wii悲観的予測 | 2,595万台 | 1,789万台 | 1,519万台 |
| Wii楽観的予測 | 2,595万台 | 1,855万台 | 1,744万台 |
| DS悲観的予測 | 3,119万台 | 1,884万台 | 1,698万台 |
| DS楽観的予測 | 3,119万台 | 2,154万台 | 1,818万台 |

(注) 単位：百万円
出所：有価証券報告書と売上予測結果をもとに作成

## （4）ソフト販売予測

ソフトの販売は一般的に，すでに市場に普及しているハードの累計販売台数の影響を大きく受けることが考えられる。また，そのハードが隆盛期にあるかどうか，すなわちその期におけるハードの販売台数にも影響を受けることが考えられる。今回使用した回帰式モデルは以下のものである。

Y（販売本数，単位：万本）＝A（定数項）
　　＋B×X1（期末におけるハード累計販売台数，単位：万台）
　　＋C×X2（その期におけるハード販売台数，単位：万台）

**図表7-4-3 ソフト販売本数予測**

|  | 09年3月期（実績） | 10年3月期（予測） | 11年3月期（予測） |
|---|---|---|---|
| Wii悲観的予測 | 2億458万本 | 2億958万本 | 2億2,460万本 |
| Wii楽観的予測 | 2億458万本 | 2億1,380万本 | 2億4,306万本 |
| DS悲観的予測 | 1億9,731万本 | 1億6,030万本 | 1億6,353万本 |
| DS楽観的予測 | 1億9,731万本 | 1億7,671万本 | 1億7,287万本 |

出所：有価証券報告書と売上予測結果をもとに作成

このモデルによって，2001年3月期以降に発売された4つのハード別に回帰分析を行った[29]。いずれのハードに対応するソフト販売についても高い説明力を得たため，この回帰式とこれまでに求めたハード販売台数予測を用いることで，将来のソフトの販売本数を推定することができる。2011年3月期までのソフト販売本数予測は**図表7-4-3**の通りである。

## （5）売上高予測

任天堂が小売業者に卸す価格は店頭での小売価格とは異なるため，定価を予測売上数量に乗じて予測売上高とするのは適当でない。平均卸売価格を近似的に算出するためには，売上高をハード・ソフト別，据置き・携帯別に分けたものを機種別の売上数量で回帰し[30]，機種別のハード1台，ソフト1本当たりの平均売上高を算出する[31]。これらの平均売上高にこれまでに予測した予測売上数量を乗じて予測売上高を算出した[32]。それぞれのシナリオにおける各年度予測売上高は**図表7-4-4**の通りである。

**図表7-4-4　売上高予測**

|  | 09年3月期（実績） | 10年3月期（予測） | 11年3月期（予測） |
|---|---|---|---|
| 悲観的予測 | 1,838,622 | 1,458,986 | 1,386,791 |
| 楽観的予測 | 1,838,622 | 1,550,262 | 1,521,603 |

（注）単位：百万円
出所：有価証券報告書と売上予測結果をもとに作成

なお，2010年3月期における，任天堂の売上高経営者予想値は1兆5,000億円であり，2つのシナリオの中間である。2つの予測数値の間に任天堂の予想値が入ったことから，このモデルがさほど的外れではないと解釈できる。任天堂自ら前期を下回る売上高を予測していることからしても，2010年3月期には売上高が減少する可能性が高いと推定された。

## （6）事後的な確認

すでに過去情報となっている予測期間において，販売数および売上高の推定値と実績値とを期間別に比較してみよう。まず，2010年3月期である。ハードの販売数は，WiiおよびDSともに楽観的予測をも超えている。他方，ソフトはいずれも悲観的予測を下回っている。そして，実際の売上高は悲観的予測値に

も満たない結果になった。次に，2011年3月期である。DSのハード販売台数のみ悲観的予測を超えたが，とりわけソフトと売上高の実績値は予測値を大きく下回っている。

　この推定をさしあたり所与とすると，ハードよりもソフトの販売のほうが期待より大きく下方に乖離し，収益低下の要因となったといえる。

**図表7-4-5　販売・売上高の実績値**

|  | 10年3月期 | 11年3月期 |
|---|---|---|
| Wii販売台数 | 2,053万台 | 1,508万台 |
| DS販売台数 | 2,711万台 | 1,752万台 |
| Wiiソフト販売本数 | 1億9,181万本 | 1億7,126万本 |
| DSソフト販売本数 | 1億5,159万本 | 1億2,098万本 |
| 売上高（百万円） | 1,434,365 | 1,014,345 |

## （7）まとめ

　独自分析によって得られた情報は大きく分けて2つある。1つは，ラグの推定から示唆される顧客層の変化である。回帰式においてタイムラグを設定したが，このラグが示唆するのはいかなる事実であろうか。ラグの存在理由をマーケティング論の側面から考察する。

　第2節で見たように，WiiおよびDSはブルー・オーシャン戦略に基づき顧客ターゲット層をライト・ユーザーへと変化させている。ライト・ユーザー層は新商品に対する反応が一般にコア・ユーザー層よりも遅く，マーケティング論におけるイノベーターや初期採用者の割合は小さい。したがって，従来型の販売パターンよりもピークが後ろにずれることが想定されうる。すなわち，回帰分析において推定されるラグが長くなっているという事実からは，WiiおよびDSの顧客層においてライト・ユーザーの割合が増えているという示唆を得ることができる。これは経営戦略分析と整合する解釈である。任天堂のブルー・オーシャン向けと考えられるソフトには，発売直後に爆発的に売れる作品よりも「脳トレ」をはじめとするロングヒットの作品が多いという事実も，この顧客層の特性によって説明されうる。この解釈を数値で裏付けることができたのは1つの成果である。

もう1つの情報は、任天堂の業績予測に関するものである。予測は多くの仮定に基づいており、推定値がそのまま実現するわけではない。ただし、シナリオをさまざまに変更しても回帰式の説明力が一定の水準を保っていたことからも、売上がある程度の期間の後にピークを迎えて、その後逓減するというモデルの方向性自体が大きく間違っているとは考えにくい。

　本節の分析によって、2009年3月期までの好調がその後も長く持続するとはいえない、という結果が導かれた。単純な財務分析からはこの示唆を得ることは困難であり、ここにも独自分析の意義を見出すことができる。また、この予測結果は任天堂の「ゲーム人口拡大」戦略に対し、その継続力に疑問を呈した経営戦略分析とも合致するものである。

　予測のさらなる意義は、事前の予測と事後の結果を照らし合わせることでフィードバックが得られることである。両者に乖離があれば、その要因を確かめることでさらなる情報を得られ、また分析手法を修正できる。第5節では、ゲーム機やソフトはなぜ期待したほど売れなかったのかについて、簡単な検討を加える。

## 第5節　企業価値推定

### （1）モデルの説明力の検証

　本節では、まず、基本プラットフォームに従い、DCF法と残余利益法の両モデルを用いて、2009年3月期から2013年3月期までの理論時価総額を算出した。**図表7-5-1**は、実際の時価総額（各年6月末時点）と理論時価総額の数値、

**図表7-5-1　実際時価総額と理論時価総額の比較**（単位：百万円）

|  | 09年3月期 | 10年3月期 | 11年3月期 | 12年3月期 | 13年3月期 |
|---|---|---|---|---|---|
| 時価総額 | 3,783,979 | 3,698,978 | 2,126,452 | 1,317,522 | 1,651,861 |
| DCF法 | 3,670,854 | 3,951,846 | 3,423,333 | 3,026,083 | 3,236,242 |
| 残余利益法 | 2,402,366 | 2,665,934 | 2,072,912 | 1,710,607 | 1,932,052 |
| VPR（DCF法） | 0.97 | 1.07 | 1.61 | 2.30 | 1.96 |
| VPR（残余利益法） | 0.63 | 0.72 | 0.97 | 1.30 | 1.17 |

およびVPRの推移を示したものである。

　同図表より，3つの年度（11年3月期，12年3月期，13年3月期）において，理論時価総額のVPRについて，残余利益法のほうがDCF法よりも1に近いことがわかる。したがって，ここでは残余利益法が理論時価総額を算出するのにより適切なモデルであると判断する。まずは残余利益法を用いて2014年3月期の理論時価総額を求める。次に，実際の時価総額（2014年6月末時点）と理論時価総額とを比較する。

## （2）基本プラットフォームに基づく理論時価総額の測定

　前述したようにここでは残余利益法を前提として，以下のシナリオを想定する。

> **シナリオ①〔成長シナリオ〕** 予測期間の最初の5年間（2015年3月期から2019年3月期まで）について，2015年3月期の予測売上高を決算短信の予想額5,900億円とする。その後4年間については，過去10年間（2005年3月期から2014年3月期）の財務データから算出した売上高成長率約1％と同率で成長し続けると仮定する。予測期間の6年目以降（2020年3月期から2024年3月期まで）は，売上高成長率を長期インフレ率0.5％へと近づけていき，10年目以降（2025年3月期以降）は0.5％が継続すると想定する。
>
> **シナリオ②〔現状維持シナリオ〕** 予測期間の最初の5年間（2015年3月期から2019年3月期まで）について，2015年3月期の売上高予測値を達成することができず，売上高が現状の水準（約5,700億円）を維持したまま推移すると想定する。予測期間の6年目以降（2020年3月期から2024年3月期まで）は，売上高成長率をシナリオ①と同様に長期インフレ率0.5％へと近づけていき，10年目以降（2025年3月期以降）は0.5％が継続すると想定する。
>
> **シナリオ③〔悲観シナリオ〕** 予測期間の最初の5年間（2015年3月期から2019年3月期まで）について，2015年3月期の売上高予測値を達成することができないばかりか，売上高が毎年約6％ずつ減少していくと想定する[33]。予測期間の6年目以降（2020年3月期から2024年3月期まで）は，売上高成長率をシナリオ①ならびに②と同様に長期インフレ率0.5％へと近づけ，さらに10年目以降（2025年3月期以降）は0.5％が継続すると想定する。

　これらのシナリオに基づいて理論時価総額を算出した結果，①では約2兆1,472億円，②では1兆9,393億円，③では1兆2,517億円となった。2014年6月末時点の株式時価総額は，約1兆7,177億円であり，シナリオ②に基づく理論

時価総額をやや下回っていることがわかる。このことから，市場は任天堂の今後の成長性に関してやや厳しく評価しているといえよう。すなわち，売上高が現状よりさらに落ち込むものの，その減少幅はわれわれのシナリオ③よりは小さいと評価されている可能性がある。

## 第6節　総　　括

### （1）その後の展開：2010年3月期以降

　任天堂は，2006年3月期以前は安定して成長していたが，2007年3月期から2009年3月期にかけて急激な成長を遂げた。「ゲーム人口の拡大」を掲げる独自の経営戦略が成功を収めたかたちである。ライバルのSCE社が同時期に営業損失を計上していることは言うに及ばず[34]，レッド・オーシャン市場の雄ともいえるSE社を収益性で逆転した事実などは，成功の要因がブルー・オーシャン戦略にあった可能性を示唆している。ただし，この急成長期を対象とした独自分析では，成長の持続性に翳りがあるという結果となった。また，実績値は予測値よりも下方に乖離していた。まずは分析方法の問題があげられるが，そのほかに当時は予測しえなかった市場環境の変化という要因があるとも考えられる。

　その後，2010年3月期から2014年3月期には，一転して収益性・成長性が著しく低下した。新しく拓かれたブルー・オーシャンが，ライバル企業による競合製品の開発・販売によってレッド・オーシャン化するのは必然の展開であったといえる。さらに，市場環境の変化として，この時期に，スマートフォンやタブレット端末を中心としたあらたなデジタル・デバイスが世界的な規模で急速に普及したことがあげられる。これらゲーム専用機以外の「ハード」およびそれに対応する「ソフト」であるアプリケーション（アプリ）がゲームをめぐる環境そのものを変化させ，あらたな「ゲーム人口の拡大」をもたらしたとも考えられる。そこで，任天堂の最新機種である3DSおよびWii Uの販売状況を確認したうえで，ゲームをめぐる今日の動向を観察する。

① 3DS・Wii Uの販売状況

　3DSは2011年2月に発売されたので，2011年3月期から4期間の販売状況がわかる。DSは年末商戦前の2004年12月に発売されているので，年度集計値を単純には比較できないが，4期間の累積販売台数をみるとDSのゲーム機が7,060万台，ソフトが3億6,961万本に対して，3DSはゲーム機が4,333万台，ソフトが1億6,293万本である。またDSはハード・ソフトともに発売から5期間後に販売数のピークを迎えているが，3DSはハードで3期間後，ソフトで4期間後とより早く，ピーク時の数量も少ない[35]。

　他方，Wii Uは2012年11月に発売されたため，2013年・2014年3月期のみとなる。2期間の累積販売台数は，Wiiのゲーム機が2,445万台，ソフトが1億4,844万本に対して，Wii Uのゲーム機が617万台，ソフトが3,228万本である。

　また，2013年（1～12月）における，任天堂とSCE社の国内・海外の総出荷額を示したのが**図表7-6-2**である。SCE社は，とりわけ据置き型のPS3・PS4の海外での販売が好調であるため，合計ではSCE社のほうが任天堂よりも売上が大きい[36]。

　このように，任天堂の主力商品である3DSおよびWii Uは，ともに先代機のほうが圧倒的に売れている。それぞれさまざまな技術的な改良や通信機能の強

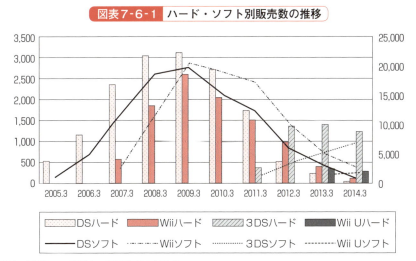

**図表7-6-1　ハード・ソフト別販売数の推移**

（注）左縦軸ハード万台，右縦軸ソフト万本
出所：任天堂の公表資料をもとに作成

化などが図られているが,「ゲーム人口の拡大」につながるような要素が盛り込まれているとはかならずしもいえない。コア・ユーザーを主な対象とするレッド・オーシャン市場での競争が中心となっているといえよう。

**図表7-6-2 任天堂・SCE社のハード・ソフト合計出荷額**(単位:百万円)

|  | 任天堂 | | | SCE社 | | |
| --- | --- | --- | --- | --- | --- | --- |
|  | 据置き型 | 携帯型 | 合計 | 据置き型 | 携帯型 | 合計 |
| 国内 | 43,736 | 165,691 | 209,427 | 76,041 | 58,643 | 134,684 |
| 海外 | 203,920 | 292,832 | 496,752 | 956,700 | 72,916 | 1,029,616 |
| 合計 | 247,656 | 458,523 | 706,179 | 1,032,741 | 131,559 | 1,164,300 |

(注)2013年1〜12月の集計値,据置き型:任天堂Wii, Wii U/SCE社PS(1-4),携帯型:任天堂DS, 3DS, SCE社PSVITA, PSP
出所:『CESAゲーム白書』をもとに作成

② **スマート・デバイス**

アップル社から初代のiPhoneが米国で発売されたが2007年6月である。その後,スマートフォンやタブレット端末などが急速に普及した。**図表7-6-3**は,2009年4月から5期間にわたる,国内における携帯電話の出荷台数の推移である。2012年3月期にはスマートフォンがフィーチャーフォン(いわゆるガ

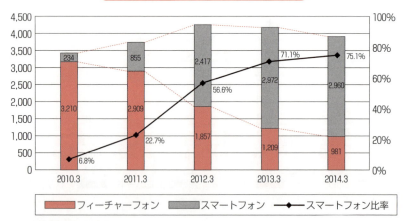

図表7-6-3 携帯電話出荷台数の推移

(注)左縦軸出荷台数・万台
出所:MM総研「国内携帯電話端末出荷概況」をもとに作成

ラケー）を超え，その後も比率を高めている。また，**図表7-6-4**は，国内におけるデバイス別のオンラインゲームの市場規模である[37]。2013年において，スマートフォンおよびタブレットを利用したゲームの市場規模がフィーチャーフォンやPC等を超えている[38]。このように，携帯電話，とりわけスマートフォン，さらに同様に利用できるタブレットの普及は，潜在的な「ゲーム機」の拡散を意味している[39]。

**図表7-6-4** オンラインゲーム国内市場規模のデバイス別シェア（2013年）

| デバイス | 市場規模（百万円） | シェア |
| --- | --- | --- |
| フィーチャーフォン | 161,261 | 19.1% |
| スマートフォン・タブレット | 550,107 | 65.3% |
| PC・コンソール | 130,952 | 15.5% |
| 合計 | 842,320 | 100% |

出所：『JOGAオンラインゲーム市場調査レポート2014』をもとに作成

　スマートフォンなどを利用したオンラインゲームのビジネス・モデルは，任天堂やSCE社が提供するゲームと異なっている。ゲーム専用機ではなく，アップルのiOSやグーグルのAndroidなどの汎用性の高いオペレーティング・システム（OS）を搭載したデバイスを利用する。有料版では売り切り型のほか，プラットフォームを利用して使用料を継続的に受け取るものもある。さらに無料版では，他社からの広告や利用者からのアイテム入手時の課金などが主な収益源となる。現在のアプリ市場は，潜在成長性の高さや参入障壁の低さなどによって厳しい競争下にあるが，スマート・デバイスの普及にともない市場は拡大している。

## （2）総　　括

　任天堂は，世界的に知名度の高い，日本を代表する企業である。財務分析で詳細に検討したように，2009年3月期に向けて急成長したが，2012年3月期以降は業績が低迷している。企業価値の推定を試みた結果，任天堂の将来性について，株式市場は2014年6月時点で楽観的ではないシナリオを予想していることも明らかとなった。
　近年のゲーム業界を俯瞰すると，「ブルー・オーシャンの創造＝ゲーム人口

の拡大」は，かつては任天堂などの電子ゲーム企業が生み出した「画期的なゲーム機＋専用ソフト」により，そして現在は「スマート・デバイス＋アプリ」により達成されている。つまり，新しいブルー・オーシャンが古いブルー・オーシャンを飲み込んでしまっている，といえるかもしれない。

ただし，近年の業績の悪化が，前者から後者へと産業の中心がシフトしたことに起因する，と簡単に結論づけることはできない。そもそも一方から他方へと移っているかわからないうえ，これらの因果性を検証することは大変困難である。

従来，任天堂を支えてきた競争優位性の源泉は，一過性の市場創造力というよりも，独自のインプット・デバイスであるハードと長年培ってきたソフトとの有機的なつながりにあると考えられる。コア・ユーザーを対象とした既存市場において強固なブランドを構築しており，それが現在の業績を支えている。2015年3月，ディー・エヌ・エーとの業務・資本提携に合意した。また，次世代ゲーム専用機の開発，テーマパークとの提携なども公表している。ネットワークとの融合を中心としてゲームを取り巻く環境がめまぐるしく変化するなかで，ハードとソフトのバランスが問われている。

任天堂は，これまでさまざまな局面を乗り越え，時代に合わせた，また時代を先取りした商品・サービスを創造してきた歴史のある，一貫したエンターテイメント企業である。現在は厳しい状況にあるといえるが，確固たるブランド力と，好業績時にさらに積み増した厚い資本ストックをどのように活用するのか，次の一手が注目されている。

◆注
1　以下，本章の任天堂製品の販売台数データは，すべて任天堂のホームページや公表情報による。
2　累計販売台数は，スーパーファミコンが4,910万台，NINTENDO64が3,293万台，ニンテンドーゲームキューブが2,174万台（いずれも全世界計）と減少傾向にあった。
3　2014年3月までの販売台数は，3DSが4,542万台，Wii Uが729万台である。
4　DSが国内3,299万台・海外1億2,102万台，Wiiが国内1,275万台・海外8,848万台である。
5　3DSが国内1,661万台・海外2,881万台，Wii Uが国内197万台・海外531万台である。
6　開発元は任天堂ではないが，任天堂が出資する株式会社クリーチャーズが開発に関与している。また，現在は任天堂が設立にあたり出資・関与した株式会社ポケモンが発売元となっている。
7　2009年9月末の終値にもとづく。
8　2014年3月末の終値にもとづく。

9 プレイステーションの累計販売台数は1億249万台（SCE社ホームページ）であるのに対し、「NINTENDO64」の累計販売台数は3,293万台である。
10 プレイステーション2の累計販売台数は全世界で約1億3,000万台と推計される（SCE社データ不備のため第三者推計による）。他方、「ニンテンドーゲームキューブ」の累計販売台数は2,174万台である。
11 正式タイトルは「東北大学未来科学技術共同研究センター川島隆太教授監修 脳を鍛える大人のDSトレーニング」である。
12 正式タイトルは「東北大学未来科学技術共同研究センター川島隆太教授監修 もっと脳を鍛える大人のDSトレーニング」である。
13 正確にはニンテンドーゲームキューブのゲームソフト『どうぶつの森』の続編であるから既存ブランドであるが、ゲームの性質に鑑みてここではブルー・オーシャン市場向けソフトとした。
14 「ドラゴンクエスト」「ファイナルファンタジー」などの有力なブランドを有している。
15 ROAの式を変形することで次の式をえる。ROA＝総資本回転率×売上高純利益率
16 ファブレス企業とは、大規模な生産設備を保有せずに外部に委託する企業のこと。
17 「修正純利益＝純利益－為替差損益×（1－41％）」「修正経常利益＝経常利益－為替差損益」。為替差損益のうち実効税率分を除いた部分を調整することに留意する。
18 この節におけるすべての回帰分析はマイクロソフト社の「Excel」の分析ツールを利用して行った。なお、回帰式における有効数字表記は3桁とした。
19 四半期決算短信の「連続販売実績数量およびタイトル数」による。ただし、GC・GBAの発売された2001年3月期〜2003年3月期については半期の情報しか開示されていないため第三者機関による売上台数推計データを利用して適当な調整を行った。
20 第2項で変数に発売からの経過半期数ではなくその逆数を取ったのは、発売からある程度経過した後は売上が一定数へ逓減する傾向が見られるためである。発売期ダミーは、発売日から多くの場合の四半期の半ばであり、発売期の売上データを他の四半期のデータと同列に扱うことは望ましくないため導入した。
21 GC売上（$N$=21、補正$R^2$=0.679）
 Y=36.7（1.90*)+182（1.61）X1+171（5.89***）X2-167（1.46）X3
 $N$はデータ数、補正$R^2$はモデル全体の説明力の大きさを示す回帰の自由度調整済み決定係数、係数後のカッコ内は各係数の符号の信頼性を示す$t$値の絶対値であり、***、**、*は、それぞれ1％、5％、10％の有意水準を示している（以下、同様である）。
22 ◆ラグなし（$N$=20、補正$R^2$=0.617）
 Y=34.9（1.85*)+108（1.09）X1+147（5.37***）X2-104（1.01）X3
 ◆ラグ1年（$N$=20、補正$R^2$=0.649）
 Y=37.2（2.39**)+64.6（1.33）X1+135（%.50***）X2
 補正$R^2$、各回帰係数の$t$値ともに上昇している。なお、ラグ導入後の回帰式において、X3の項が消滅しているが、これは発売期ダミーの項であり、売上の想定ピークがラグの導入によって発売期からずれたことにより$t$値が小さくなったために、これを除いたものである。
23 係数の符号が5％水準で有意でない場合にこれを除いた。携帯ゲーム機の分析でも同様である。
24 ≪悲観的シナリオ≫
 ◆日本（$N$=10、補正$R^2$=0.623）Y=39.1（3.01**)+68.7（2.58**）X1+53.7（3.69***）X2
 ◆北南米（$N$=10、補正$R^2$=0.899）Y=117（5.18***)+271（4.65***）X1+150（4.05***）X2-172（3.03**）X3 ◆その他海外（$N$=10、補正$R^2$=0.917）Y=82.0（4.80***)+286（6.51***）X1+75.2（2.69**）X2-109（2.54**）X3

≪楽観的シナリオ≫
◆日本（$N=10$，補正$R^2=0.494$）$Y=47.9$（3.52***）+51.8（1.79）X1+48.4（2.93**）X2
◆北南米（$N=10$，補正$R^2=0.620$）$Y=149$（3.03**）+121（1.17）X1+235（3.77**）X2−275（2.78**）X3 ◆その他海外（$N=10$，補正$R^2=0.662$）$Y=89.3$（2.31*）+197（2.43*）X1+166（3.38**）X2−200（2.57**）X3

なお，楽観的シナリオの日本，北南米において，X1係数の$t$値が低くやや問題があるが，データ数が少ないためラグを変化させると影響が大きく出てしまうこともあり，悲観的シナリオの結果と対比するうえでこれを採用した。

25　GBAの売上においては，第2四半期の売上の特異性が第3四半期には及ばないが大きく出ている。これは，GBAの顧客層が主として小中学生の低年齢層であるため，年末商戦に加えて夏休み商戦と名づけるべきものが存在しているからであると考えられる。このため，各年度の第2四半期で1，それ以外で0とする第2四半期ダミーを導入した。第2四半期ダミーはDSの売上においては有意な値を示していない。DSの顧客層がGBAよりも広い範囲の年齢層に広がったためと考えられる。

26　DSの売上分析においては日本で起こった脳トレブームの影響を売上の長期トレンドから除外するため，06年度第1第2四半期のみを1，他四半期を0とするダミーを導入した。

27　GBA売上（$N=21$，補正$R^2=0.841$）
$Y=131$（3.25***）+443（2.31**）X1+553（9.96***）X2−447（2.41**）X3+215（4.12***）X4

28　≪悲観的シナリオ≫
◆日本（$N=18$，補正$R^2=0.773$）$Y=68.7$（5.10***）+167（4.11***）X1+84.8（4.39***）X2+92.3（3.30***）X5 ◆北南米（$N=18$，補正$R^2=0.565$）$Y=76.8$（2.57**）+299（3.74***）X1+149（3.67***）X2 ◆その他海外（$N=18$,補正$R^2=0.708$）$Y=90.6$（2.75**）+392（4.42***）X1+212（4.43***）X2−326（3.45**）X3

≪楽観的シナリオ≫
◆日本（$N=18$，補正$R^2=0.842$）$Y=51.2$（3.97***）+177（5.51***）X1+119（7.51***）X2+139（6.22***）X5 ◆北南米（$N=18$，補正$R^2=0.591$）$Y=97.7$（3.87***）+304（3.98***）X1+98.2（2.48**）X2 ◆その他海外（$N=18$，補正$R^2=0.656$）$Y=123$（3.94***）+370（3.81***）X1+140（2.59**）X2−282（2.68**）X3

29　◆GCソフト売上（$N=7$，補正$R^2=0.961$）$Y=−4,020$（5.51***）+2.10（7.02***）X1+11.8（12.1***）X2 ◆Wiiソフト売上（$N=10$，補正$R^2=0.969$）$Y=−948$（3.22**）+0.269（2.57**）X1+7.63（10.2***）X2 ◆GBAソフト売上（$N=7$，補正$R^2=0.892$）$Y=−7,510$（3.34**）+1.05（4.50**）X1+5.84（6.91***）X2 ◆DSソフト売上（$N=18$，補正$R^2=0.952$）$Y=−845$（3.42***）+0.133（2.71**）X1+6.05（11.0***）X2

なお，旧世代ハードについては08年3月までのデータを用い，四半期によらず年度ごとの集計を行った。GBAについては01年3月期発売であるが，発売日が3月14日と期末日直前であることから01年3月期分を02年3月期と合計して集計している。

30　決算短信の「連結販売実績」による。
31　据置きゲーム機　NINTENDO64…195百円　GC…243百円　Wii…298百円
　　据置きソフト　NINTENDO64…36.6百円　GC…18.0百円　Wii…19.7百円
　　携帯ゲーム機　ゲームボーイ…60.6百円　GBA…92.6百円　DS…141百円
　　携帯ソフト　ゲームボーイ…18.5百円　GBA…18.3百円　DS…15.3百円
　　なお，売上区分のうちハードウェア売上の「その他」区分の大きな割合は据置きゲーム機の周辺機器（コントローラーなど）と思われるので，「据置きゲーム機本体」の売上高に加算して計算した。
32　「ロイヤリティ収入・コンテンツ収入他」「トランプ・かるた他」区分の売上は金額的に重要性が乏しいため考慮していない。

33 2012年3月期から2014年3月期の期間での売上高成長率である。任天堂の売上高は2009年3月期をピークとして，その後減少の一途をたどっているが，特に2009年3月期から2012年3月期にかけて著しく落ち込んだ。従ってここでは短中期的な予測期間の売上高成長率を設定するにあたり，この期間を除いて算出した。
34 ソニーの2009年3月期の有価証券報告書におけるセグメント別情報を参照。
35 DSに対する3DSのピーク時の販売数は，ハードで44.7%，ソフトで34.4%ほどである。
36 コンピュータエンターテインメント協会（CESA）による調査結果。国内でも，PS3はWii Uの倍以上の出荷額である。なお，円換算額での集計なので，海外出荷額には為替差損益の影響が含まれる。
37 オンラインゲームとは，インターネットを経由するゲーム全般を指す。
38 スマートフォンやタブレットの場合，SNSプラットフォーム上で提供されるソーシャルゲームや，アップルのApp Storeやグーグルの Google Playなどのアプリ市場で提供されるネイティブアプリゲームが含まれる。なお，2013年において前者が359,114百万円，後者が190,993百万円である。
39 「ゲーム機」という概念そのものが変化しているといえるかもしれない。なお，スマート・デバイス向けのゲーム用アプリやプラットフォームを手がける上位企業で，2009年度以降5年間の財務データが入手可能なサイバーエージェント，ディー・エヌ・エー，ガンホー・オンライン・エンターテイメント，グリー，およびミクシィの2013年度売上高合計（6,819億円）は，2009年度の約3.3倍である。なお，営業利益率平均は3割前後で推移している。

# 宝ホールディングス株式会社

　宝ホールディングス株式会社（以下，本章において「宝HD」と略す）の前身である宝酒造株式会社（以下，「宝酒造」と略す）は，老舗酒造メーカーであり，一般消費者には，缶チューハイや松竹梅等のお酒の会社として認知されている。しかし，京都に本社があることはあまり知られていないかもしれない。同社は，京セラや任天堂のような京都企業の代表的存在ではないかもしれないが，キリンやアサヒ等の巨人がひしめくアルコール飲料業界[1]で堅実に利益を出し続けている企業である。また，宝HDは，非酒造部門にも力を入れており，バイオ

タカラバイオ㈱：（左）新研究棟，（右）遺伝子・細胞プロセッシングセンター
（写真提供：宝酒造）

事業を担うタカラバイオ株式会社（以下，「タカラバイオ」と略す）はその代表例である。本章第4節の「独自の分析」では特にタカラバイオに着目し，同社ならびに宝HD全体の成長性に関して分析を行っている。

## 第1節　企業概要

### (1) 沿　革

　宝HDの前身にあたる宝酒造の歴史をさかのぼると江戸時代までたどり着く。1842年に四方家が始めた個人商店がその原点である。その商店は，後に合名会社になり，1925年に寶（たから）酒造株式会社へと改組した。同社は，1926年に帝国酒造との合併，1929年には大正製酒と鞆保命酒屋との合併，1933年には松竹梅酒造会社の設立，翌年には大黒葡萄酒や日本酒造との合併等により急速にその事業を拡大させていった。1949年には株式上場を果たしている。宝酒造は1957年にビール事業に参入したが，販売ルートを確保できずに1967年にあえなく撤退した。その後，1977年に大ヒット商品となる焼酎「純」を発売した。1984年には日本で初めての缶チューハイである「タカラcanチューハイ」を発売し成長してきた。

　他方，同社は，ビール事業からの撤退を契機に，酒類の発酵技術を応用する事業の展開に取り組んできた。キノコの人工栽培から始まり，早い段階からバイオ事業に進出し，1979年には遺伝子工学研究用試薬を発売している。そして2002年にグループ経営の観点から，持株会社形式に移行し宝酒造とタカラバイオに分社化した。2006年にも事業再編を行い，宝ヘルスケア株式会社を設立している。

　このように宝HDは，合併や買収を積極的に行ったり，他社に先駆けてさまざまな事業に参入したり，分社化を含む組織再編を大胆に行うなど，積極的に行動を起こしてきた。そのことが現在に至るまで成長し続けてきた理由の1つである。

第8章 宝ホールディングス株式会社　*177*

図表8-1-1　主たる沿革

| 1842年 | 京都伏見で創業 |
|---|---|
| 1925年 | 寶酒造株式会社設立 |
| 1933年 | 松竹梅酒造会社設立 |
| 1949年 | 株式上場 |
| 1977年 | 焼酎事業へ本格参入 |
| 1984年 | 缶チューハイ事業へ参入 |
| 2002年 | 持株会社制へ移行　宝ホールディングス株式会社設立 |
| 2004年 | タカラバイオ株式会社　東証マザーズ上場 |
| 2006年 | 宝ヘルスケア株式会社設立 |
| 2010年 | フランスのフーデック社の経営権を取得 |
| 2013年 | タカラバイオが公募増資 |
| 2014年 | スペインの日本食材卸会社コンポート・ディストリビューションの買収を発表 |

出所：宝HDのホームページをもとに作成

## （2）現在の状況

　宝HDは，酒類・調味料事業を展開する①宝酒造グループ，バイオ事業を展開する②タカラバイオグループ，健康食品事業の成長を加速させる役割を担っている③宝ヘルスケア，および④その他の企業グループを傘下に置く純粋持株会社として，グループ全体の経営を調整・統括するとともに，最大限の事業成果を追求している[2]。これらの売上高構成比率は図表8-1-2に示されるが，酒造・調味料事業が74%を占めており中核事業となっている。現在，焼酎では国内トップシェア，缶チューハイでも一定のシェアを占めるようになっている[3]。バイオ事業は売上構成比ではまだまだ小さいが，成長事業であり今後の成長が期待される。

　宝HDの総資産額は約2,386億円，グループ全体の従業員数は3,631人である（すべて2014年3月期末の数値）。また，時価総額は約1,930億円である（2014年6月30日現在）。時価総額に関しては，アルコール飲料業界1位のアサヒホールディングス（以下，アサヒ）は約1兆5,400億円，2位のキリンホールディングス（以下，キリン）は約1兆4,000億円，宝HDはそれに次ぐ業界第3位の規模であり，4位のサッポロホールディングス（以下，サッポロ）（約1,580億円）と続いている。従業員数に関しては，キリンの10分の1以下，アサヒの約6分の

1[4]に相当する。このように現在の宝HDは，組織規模ではキリンやアサヒには大きく及ばないことがわかる。次節以降では，事業の状況や財務の状況等さまざまな側面から，その姿を捉えていきたい。

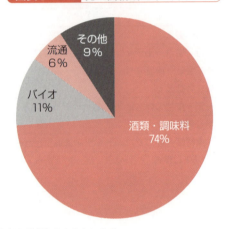

図表8-1-2 売上高構成比率（単位：％）

出所：2014年3月期の有価証券報告書をもとに作成

## 第2節　経営戦略分析

### （1）業界状況

　まず，業界状況について分析する。この分析を行うにあたり，宝HDの競合他社として，キリン，アサヒ，サッポロの3社を選んだ。宝HDはすでにビール事業からは撤退しているものの，先ほど述べたように事業セグメント別売上高の約8割を酒類・調味料事業が占め，アルコール飲料市場の大手企業と競合している。そこで，上記の3社が適切な比較対象企業だと判断した[5]。なお，サントリーについては，非上場の同族経営企業という特徴を持っており[6]，経営姿勢が異なるため[7]，比較対象として適当ではないと判断した。

## ① 市場および業界全体の動向

アルコール飲料の国内出荷量は2000年以降を減少傾向にあり，市場規模全体は縮小している[8]。

図表8-2-1 酒類市場規模推移（単位：億円）

（注）ただし，2012年度は見込み額である
出所：「酒類市場に関する調査結果〈2008および2013〉」をもとに作成

他方で，低アルコール飲料市場は好調である。同時に，2011年3月期以降，長らくトップのシェアを誇っていたキリンをサントリーが奪い取るとともに，宝HDが2012年3月期には一時的に3位となるなど，シェア争いは苛烈を極めている。

図表8-2-2 低アルコール飲料の出荷高（単位：万ケース）

出所：『日経市場占有率』および『日経シェア調査』をもとに作成

図表8-2-3 低アルコール飲料・市場シェアの推移

出所：『日経市場占有率』および『日経シェア調査』をもとに作成

　消費者の嗜好の多様化によって低アルコール飲料や値ごろ感のある飲料等の需要拡大が見込めるものの，酒類の中心を占めるビール系飲料の減少傾向が続いているため，全体的には市場の縮小する可能性が高い。そのため各社とも収益基盤の多様化が急務となっている。また，キリンもアサヒも海外市場に活路を見出しており，近年，宝HDも欧州へ進出している。このように，各社ともに海外での酒類事業を強化している。他にも清涼飲料水等を含めた多角化を進め，どれだけの相乗効果を出せるのかが，競争の鍵となってくるだろう。

② 業界内での分析対象企業の位置づけ

　このように，酒類事業の市場成長が頭打ちであり，海外市場開拓や非酒類事業への多角化が急務であるアルコール飲料市場の中で，宝HDはどのような位置にいるのだろうか。

　宝HDの強みはビール以外の酒類にある。宝HDは大正時代に，当時日本ではまだ珍しかった甲類焼酎[9]の製造・販売を手がけた。そして1977年に発売された「純」を主力商品としている。このような甲類焼酎だけでなく，芋焼酎や麦焼酎等の乙類焼酎も幅広く手がけており，細分化された顧客集団に対し集中的にアプローチを行う市場細分化政策をとり，焼酎市場で確固たる地位を築い

ている。清酒においても「松竹梅」を主力商品としながら，高品質酒から晩酌需要に応える清酒まで，需要開拓に力を注いでいる。また，われわれにもっとも身近な宝HDの製品である「タカラcanチューハイ」が発売されたのは1984年のことである。その大ヒットにより宝HDは，ソフトアルコール飲料という新市場の創造に成功しその後もスウィート系チューハイや糖質80％オフのチューハイ，ジュレのお酒「果莉那－Carina（カリナ）－」など，消費トレンドを創造するチューハイを多く生み出している。

　飲料の他にも，大正時代から製造し，高品質，高付加価値を追求し続けるみりん等の加工調味料市場を確立している。さらに，宝HDは，これらの酒類・調味料事業とバイオ事業とを組み合わせた健康志向食品事業の開発にも乗り出している。

## （2）経営戦略

　次に，宝HDの経営戦略について検証を行う。宝HDは，長期経営計画として「TaKaRaグループ・ビジョン2020」を設定し，2011年度から2020年度までの同社の経営目標として「国内外の強みを活かせる市場で事業を伸ばし，環境変化に強いバランスのとれた事業構造を確立する」ことを掲げている。具体的には，国内市場における収益力の向上と海外事業の拡大・伸長を同時に達成することを目的としている。ここでは，長期計画の第1ステップとされている「中期経営計画2013」の達成度と「中期経営計画2016」での具体的な内容をみることによって宝HDの経営戦略を探ることとする。

### ① 「中期経営計画2013」（2011年4月から2014年3月）の達成度

　宝HDは，3年単位の中期経営計画を策定することによって，各事業の目標，および方向性を具体化させている。2011年4月に発表した3ヵ年経営計画（2014年3月まで）である「TaKaRaグループ中期経営計画2013」では，同時に公表されている長期経営ビジョン「TaKaRaグループ・ビジョン2020」実現に向けた第1ステップと位置づけられており，「国内における安定成長の実現と，海外で大きく成長するための事業基盤の拡大」を基本方針に掲げている。具体的には，基盤事業（国内酒類事業），成長事業（海外酒類事業，日本食材卸事業，調味料・酒精事業，遺伝子工学研究事業），および育成事業（健康食品事業，およ

び遺伝子医療事業）という事業の位置づけを行い，それぞれ基盤事業では収益力の強化，成長事業では積極的な事業拡大，および育成事業では事業基盤の確立といった事業方針が策定されている。また，連結売上高2,000億円以上，連結営業利益100億円以上，および海外売上高比率10％以上という目標数値を設定し，特に，海外売上高比率の目標値を設定したのは，宝HDとしてはじめての試みだった。

同計画の達成度に関しては，連結売上高と海外売上高比率に関しては，それぞれ，2,095億円と13％を計上し，目標を達成している。しかしながら，営業利益に関しては，94億円と未達成の状況である。このような結果をうけて，2014年4月には長期ビジョン実現のための第2ステップとして，「TaKaRaグループ中期経営計画2016」が発表された。

② 「中期経営計画2016」（2014年4月～2017年3月）の概要

「中期経営計画2016」では，宝HDを取り巻く環境に関して，少子化・高齢化による国内市場の縮小，円安による輸入燃料や原材料価格の高騰といったマイナス要因を指摘する一方で，国内景気の回復の兆し，再生・細胞医療分野への政府による開発支援，海外での日本食市場のさらなる拡大といったプラス要因も指摘している。特に，「和食」のユネスコ無形文化遺産への登録や2020年オリンピックの東京開催等により，「日本」や「和」といったものがより多く注目されるようになる傾向を指摘し，宝HDのさらなる成長機会は数多く存在するとしている。同計画は，基本方針として「国内酒類事業の収益力を向上させるとともに，成長が期待される海外日本食材卸事業やバイオ医薬品の開発支援サービス（CDMO事業）[10]の伸長を加速させること」を掲げるとともに，連結売上高2,300億円以上，営業利益120億円以上，および海外売上高比率16％以上を2016年度の定量目標として提示している。

重点戦略として，①「澪（みお）」を中心とした清酒売上高の拡大，②欧米をはじめとする世界での日本食材卸網構築，③バイオ医薬品の開発支援サービス（CDMO事業）拡大，および④遺伝子治療・細胞医療における臨床開発の推進，を挙げている。①では，スパークリング清酒という新たなジャンルを1つの市場として確立することで，清酒市場全体の活性化と同時に宝酒造グループの売上高の拡大を目指している。②では，欧州，北米，およびアジア・オセア

ニアといった各地域の日本食材卸事業の成長とともにエリアを超えた調達網の構築を目指している。③では、政府支援によるバイオ産業支援事業の拡大と2014年10月より本格稼働した遺伝子・細胞プロセッシングセンター（滋賀県草津市）を中核施設として、さらなる事業の成長を目指している。最後に、④では、がん医療の分野での新薬の2018年度での商業化に取り組んでいる。

### ③　多角化戦略について

前述の通り、宝酒造は、1967年にビール事業から撤退した後、バイオ事業に進出し、多角化戦略を推し進めている。酒造・調味料事業とバイオ事業の技術は関連しているが、お互いの市場と顧客に関連性がないことから、Ansoffの多角化戦略の分類では、宝HDの戦略は集中型多角化に、また、Rumeltの分類では限定型多角化（主要事業型）に該当する[11]。同時に、中期経営計画でも今後の成長のための重点課題とされていたバイオ事業においても異なった3分野の事業へ投資を行っているが、その多角化戦略に関しては、第4節で詳細に確認していくこととする。

## 第3節　財務分析

本節では、大きな会計的バイアスを修正した上で、①収益性、②効率性、③安全性、および④成長性という4つの観点から宝HDの財務諸表を分析していく。同時に、同業他社の財務指標との比較検討も行う。比較対象企業は、アルコール飲料業界の上位3社であるキリン、アサヒ、サッポロである。これら4社の要約貸借対照表（連結）を示したものが**図表8-3-1**である。

### （1）バイアスの修正

宝HDの各事業年度の財務諸表を検討した結果、修正すべき会計処理は特に見当たらなかった。そのため、ここでは特にバイアスの修正は行っていない。

**図表8-3-1 分析対象企業・比較対象企業の要約貸借対照表図**

宝HD（2014年3月期）

| 流動資産 | 63.1% | 流動負債 | 20.4% |
|---|---|---|---|
| 当座資産 | 48.0% | | |
| 棚卸資産 | 13.0% | 固定負債 | 18.2% |
| その他 | 2.1% | | |
| | | 純資産 | 61.4% |
| | | 株主資本 | 46.6% |
| | | 評価換算差額 | 4.3% |
| 固定資産 | 36.9% | 上記以外 | 10.5% |
| 有形固定資産 | 20.1% | | |
| 無形固定資産 | 4.9% | | |
| 投資その他 | 11.9% | | |

キリン（2013年12月期）

| 流動資産 | 28.1% | 流動負債 | 22.8% |
|---|---|---|---|
| 当座資産 | 17.6% | | |
| 棚卸資産 | 7.8% | | |
| その他 | 2.7% | 固定負債 | 32.3% |
| 固定資産 | 71.9% | | |
| 有形固定資産 | 26.4% | 純資産 | 44.9% |
| 無形固定資産 | 29.0% | 株主資本 | 33.8% |
| 投資その他 | 16.5% | 評価換算差額 | 3.3% |
| | | 上記以外 | 7.8% |

アサヒ（2014年3月期）

| 流動資産 | 56.8% | 流動負債 | 18.5% |
|---|---|---|---|
| 当座資産 | 31.7% | | |
| 棚卸資産 | 20.9% | 固定負債 | 11.0% |
| その他 | 4.2% | | |
| | | 純資産 | 70.5% |
| | | 株主資本 | 69.4% |
| 固定資産 | 43.2% | 評価換算差額 | 0.8% |
| 有形固定資産 | 36.9% | 上記以外 | 0.3% |
| 無形固定資産 | 4.3% | | |
| 投資その他 | 2.0% | | |

サッポロ（2013年12月期）

| 流動資産 | 23.9% | 流動負債 | 36.8% |
|---|---|---|---|
| 当座資産 | 16.0% | | |
| 棚卸資産 | 5.6% | | |
| その他 | 2.3% | 固定負債 | 38.0% |
| 固定資産 | 76.1% | | |
| 有形固定資産 | 57.2% | | |
| 無形固定資産 | 6.8% | 純資産 | 25.2% |
| 投資その他 | 12.1% | 株主資本 | 22.0% |
| | | 評価換算差額 | 2.6% |
| | | 上記以外 | 0.6% |

## （2）財務比率分析

### ① 収益性分析

　**図表8-3-2**は宝HDの売上高営業利益率，売上高当期純利益率，総資産当期純利益率（ROA），自己資本当期純利益率（ROE）の時系列の推移をグラフ化したものである。ここから，宝HDの収益性は，ここ5年間横ばい状態ないしは微増であったことがわかる。2014年3月期に売上高当期純利益率とそれを分子とするROA，ROEの数値が上昇したのは，タカラバイオ株式の一部売却による特別利益が大幅に増加したためである。

　次に，**図表8-3-3**（186頁）では，売上高営業利益率，売上高当期純利益率，総資産当期純利益率（ROA），自己資本当期純利益率（ROE）の4項目に関する他企業との比較を行っている。4項目のいずれについても，宝HDは，毎期，

一定の数値を安定的に計上していることがわかる。特に，業界最大手のキリンの数値と比較してみると，この特徴は顕著であろう。ただし，別の見方をすれば，一定の顧客のみを対象としているとの指摘も可能であるため，さらなる数値の改善を目指すためには，継続的に新たな商品を開発し，市場を拡大させていくことが求められている。

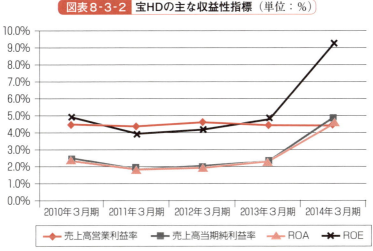

図表8-3-2 宝HDの主な収益性指標（単位：％）

出所：有価証券報告書をもとに作成

② 効率性分析

図表8-3-4は，効率性の分析を行うために4社の総資本回転率，有形固定資産回転率，棚卸資産回転率，売上債権回転率を比較したものである。4つの指標のいずれにおいても，宝HDの値は横ばいとなっている。各社とも,4指標のすべてにおいて基本的に横ばいであるため，業界の特徴の1つとして指摘することが可能であろう。他社と比較して，宝HDの総資本回転率は平均並みであるが，有形固定資産回転率はかなり高めであり，有形固定資産を効率的に活用していることがわかる。他方，棚卸資産回転率，売上債権回転率ともに低めであることがわかる。特に，棚卸資産回転率が他社と比較して低い理由は，宝HD（より具体的には宝酒造）の主力商品である焼酎・ウイスキーなどが，長期の貯蔵が必要であり，製造から出荷までに時間を要するためである[12]。

**図表 8-3-3　主な収益性指標の比較（単位：％）**

| 売上高営業利益率 | 10年3月期 | 11年3月期 | 12年3月期 | 13年3月期 | 14年3月期 |
|---|---|---|---|---|---|
| 宝HD | 4.5 | 4.4 | 4.7 | 4.5 | 4.5 |
| キリン | 5.6 | 7.0 | 6.9 | 7.0 | 6.3 |
| アサヒ | 5.6 | 6.4 | 7.3 | 6.9 | 6.9 |
| サッポロ | 3.3 | 4.0 | 4.2 | 2.9 | 3.0 |
| 売上高当期純利益率 | 10年3月期 | 11年3月期 | 12年3月期 | 13年3月期 | 14年3月期 |
| 宝HD | 2.5 | 2.0 | 2.0 | 2.3 | 4.9 |
| キリン | 2.2 | 0.5 | 0.4 | 2.6 | 3.8 |
| アサヒ | 3.2 | 3.6 | 3.8 | 3.6 | 3.6 |
| サッポロ | 1.2 | 2.8 | 0.7 | 1.1 | 1.9 |
| 純資産純利益率（ROA） | 10年3月期 | 11年3月期 | 12年3月期 | 13年3月期 | 14年3月期 |
| 宝HD | 2.4 | 2.0 | 2.0 | 2.3 | 4.6 |
| キリン | 1.8 | 0.4 | 0.3 | 1.9 | 2.9 |
| アサヒ | 3.5 | 3.7 | 3.8 | 3.5 | 3.5 |
| サッポロ | 0.9 | 2.2 | 0.6 | 0.9 | 1.6 |
| 自己資本利益率（ROE） | 10年3月期 | 11年3月期 | 12年3月期 | 13年3月期 | 14年3月期 |
| 宝HD | 4.9 | 4.0 | 4.2 | 4.8 | 9.3 |
| キリン | 5.2 | 1.2 | 0.8 | 6.2 | 8.5 |
| アサヒ | 8.7 | 9.0 | 8.8 | 8.4 | 8.0 |
| サッポロ | 3.9 | 8.9 | 2.5 | 4.2 | 6.7 |

（注）キリン，サッポロは12月決算のまま，直近の財務諸表を使用
出所：各社の有価証券報告書をもとに作成

### ③　安全性分析

　図表8-3-5は，宝HDの安全性を分析するために，短期，長期の支払能力を示す流動比率・当座比率・自己資本比率・負債比率・有利子負債比率・固定比率を示している。宝HDは，200％以上が望ましいとされる流動比率で200％以上の値を，100％以下が望ましいとされる固定比率で70％代の値を，それぞれ達成している。また，負債比率に関しても目安である100％以下の水準をクリアしている。これらの指標から，宝HDは安全性の点において全く問題のない企業であることがわかる。

図表8-3-4 主な効率性指標の比較（単位：回）

| 総資本回転率 | 10年3月期 | 11年3月期 | 12年3月期 | 13年3月期 | 14年3月期 |
| --- | --- | --- | --- | --- | --- |
| 宝HD | 1.0 | 1.0 | 1.0 | 1.0 | 0.9 |
| キリン | 0.8 | 0.8 | 0.8 | 0.8 | 0.8 |
| アサヒ | 1.1 | 1.1 | 1.0 | 1.0 | 1.0 |
| サッポロ | 0.7 | 0.8 | 0.9 | 0.9 | 0.8 |
| 有形固定資産回転率 | 10年3月期 | 11年3月期 | 12年3月期 | 13年3月期 | 14年3月期 |
| 宝HD | 4.4 | 4.5 | 4.8 | 4.7 | 4.6 |
| キリン | 2.9 | 2.9 | 2.8 | 2.9 | 3.0 |
| アサヒ | 2.4 | 2.6 | 2.7 | 2.8 | 2.9 |
| サッポロ | 1.2 | 1.3 | 1.5 | 1.5 | 1.4 |
| 棚卸資産回転率 | 10年3月期 | 11年3月期 | 12年3月期 | 13年3月期 | 14年3月期 |
| 宝HD | 7.9 | 7.8 | 8.1 | 8.0 | 7.4 |
| キリン | 10.9 | 11.3 | 10.9 | 10.9 | 10.4 |
| アサヒ | 15.1 | 15.5 | 14.8 | 14.6 | 14.8 |
| サッポロ | 17.4 | 17.3 | 18.1 | 16.3 | 15.3 |
| 売上債権回転率 | 10年3月期 | 11年3月期 | 12年3月期 | 13年3月期 | 14年3月期 |
| 宝HD | 4.1 | 4.2 | 4.1 | 4.0 | 4.0 |
| キリン | 5.2 | 5.2 | 5.0 | 5.3 | 5.6 |
| アサヒ | 5.5 | 5.4 | 5.3 | 5.3 | 5.4 |
| サッポロ | 6.3 | 6.4 | 6.5 | 6.0 | 6.0 |

（注）キリン，サッポロは12月決算のまま，直近の財務諸表を使用
出所：各社の有価証券報告書をもとに作成

図表8-3-5 宝HDの主たる安全性指標（単位：％）

| 安全性 | 10年3月期 | 11年3月期 | 12年3月期 | 13年3月期 | 14年3月期 |
| --- | --- | --- | --- | --- | --- |
| 流動比率 | 233.7 | 288.8 | 246.0 | 269.8 | 309.4 |
| 当座比率 | 177.1 | 218.2 | 189.6 | 207.7 | 234.9 |
| 自己資本比率 | 49.4 | 49.0 | 48.0 | 48.2 | 50.9 |
| 負債比率 | 89.3 | 90.7 | 94.7 | 93.2 | 75.9 |
| 有利子負債比率 | 31.8 | 32.6 | 32.2 | 35.4 | 25.7 |
| 固定比率 | 77.3 | 77.1 | 75.2 | 74.3 | 72.5 |

出所：有価証券報告書をもとに作成

④ 成長性分析

図表8-3-6は成長性分析の一環として，2010年3月期の各項目の数値を基

準(1.0)とし,以降の各年度のそれを表したものである。この図表が示すように,売上高,総資産ともに横ばいである。これは宝HDに限らずアルコール飲料業界全体として頭打ち傾向にあることが影響している。ただし,世界同時不況や震災の影響を勘案した場合,むしろ,横ばい状態というのは積極的に評価できるのかもしれない。また,2013年から2014年にかけて,微増ではあるが,さらなる成長の可能性が見えてきたと指摘することもできる。

**図表8-3-6 宝HDの成長性指標**(2014年3月期の各項目の値を1とする)

| 成長性 | 10年3月期 | 11年3月期 | 12年3月期 | 13年3月期 | 14年3月期 |
|---|---|---|---|---|---|
| 売上高成長率 | 1.00 | 1.00 | 1.04 | 1.05 | 1.10 |
| 当期純利益成長率 | 1.00 | 0.81 | 0.85 | 1.07 | 2.20 |
| 総資産成長率 | 1.00 | 0.98 | 1.01 | 1.06 | 1.22 |

出所:有価証券報告書をもとに作成

⑤ キャッシュ・フロー(CF)分析

**図表8-3-7**は,タカラの営業,投資,および財務CFの推移を示している。営業CFに関しては,2010年3月期から減少しており,懸念材料ではあるが,少なくともマイナスにはなっていない。また,2013年3月期・2014年3月期ともに財務CFがプラスとなっているが,これは新たな借入金によるものではなく,「少数株主からの払込みによる収入」であるため,実質的にはマイナスと考えていいのかもしれない。

**図表8-3-7 キャッシュ・フローの推移**(単位:百万円)

|  | 10年3月期 | 11年3月期 | 12年3月期 | 13年3月期 | 14年3月期 |
|---|---|---|---|---|---|
| 営業CF | 10,452 | 9,462 | 9,013 | 7,967 | 7,233 |
| 投資CF | −7,350 | −11,323 | −4,779 | −3,672 | −12,254 |
| 財務CF | −3,219 | −3,199 | −3,265 | 1,229 | 2,562 |

出所:有価証券報告書をもとに作成

(3) CSRへの取組み

タカラのCSRへの取組みについて簡単にふれてみたい。宝HDは,1985年の創立60周年を機に公益信託「タカラ・ハーモニストファンド」を設立し,以来毎年,日本の森林や水辺の自然環境を守る活動や,そこに生息する生物を保護

するための研究などに対する助成を行っている。また,「宝酒造 田んぼの学校」「宝酒造 エコの学校」といった活動を通じて,子供たちの自然体験や環境に関する啓発活動を行っている。

宝HDは,1998年から独自の「ECO(エコ)」という指標を使った「緑字(りょくじ)決算」を開始し,「緑字決算報告書」(環境報告書)の中で公表するとともに,当時,"環境にやさしい企業=「緑字企業」を目指します。"と宣言する新聞広告を出していた。2005年からは,「緑字企業」を「環境だけでなく,お客様,お取引先様など,すべての関係者にとってやさしい企業」と定義し直し,環境以外の社会的な活動も網羅した「緑字企業報告書」という名称のCSRレポートを毎年,公開している。

## (4) まとめ

最後に6つの観点からの分析結果を総括したい。宝HDは安全性の面では極めて優良であり,収益性の面でも安定的に推移している。他方,効率性に関して,棚卸資産回転率が悪く在庫が多すぎるのではないかということが懸念されるが,扱っている商品の特徴から必ずしもマイナス要因といえないことが明らかになった。また,営業活動によって獲得したキャッシュを少なくとも投資活動へと効率よく回している。厳しさを増す市場環境の中で,宝HDとして今後どのような成長戦略をとっていくのかが課題である。

## 第4節　独自の分析:タカラバイオの戦略分析

本節では第1節から第3節までで明らかになった点に関して,さらに独自の分析を行い,宝HDに関する理解を深めていきたい。前述のように,宝HDグループ全体の基本方針として,国内酒類事業の収益力の向上とともに,「成長が期待される海外日本食材卸事業やバイオ医薬品の開発支援サービス(CDMO事業)の伸長を加速させること」が挙げられていた。すなわち,宝HDの成長戦略にとって,バイオ事業がその中心的な課題となっている。本節では,将来的な成長が期待されるタカラバイオ(グループ)に着目し,再びプラットフォームに基づいて,その多角化戦略および将来性について分析を行っていく。

## (1) タカラバイオの企業概要

　宝HDの前身である宝酒造は，自らの持つ発酵技術の将来性に着目し，1970年に1億円の資金を投入して，滋賀県大津市に中央研究所を設立した。同研究所は，発酵技術による医薬品開発を行ってきたが，京都大学の研究者から，偶然，制限酵素の商品化の依頼を受けることとなった。この制限酵素とは，ゲノムを構成するDNAを特定の場所で切断する酵素[13]のことである。この新たなバイオ技術に着目することによって，1979年に国内で初めて制限酵素を発売し遺伝子工学研究分野に進出した。その後，日本のバイオ業界で宝HDが注目されるようになったのは，アメリカが開発したPCR法[14]による遺伝子増幅システムの国内独占販売権を，1988年に獲得したことによる。さらに，1993年にPCR法に関するライセンスを受け，宝HDでPCR関連製品の製造・販売を始めた。将来の有望事業として多くの企業がバイオ分野に参入しているが，ほとんどの場合それほど成果をあげられずに撤退等を繰り返している。それに対し宝HDは，新たな技術を導入し，その技術を基に作った試薬や装置を商品化していくというスタンスを確立した。これは，バイオ事業が持つハイリスクを考慮に入れた，着実な戦略といえるだろう。

　宝HDは，1995年に，遺伝子治療を目的としたレトロネクチン法[15]を米国インディアナ大学と共同開発する。1997年に，このレトロネクチン法を用いた遺伝子治療の臨床研究が米国でスタートし，宝HDは遺伝子医療分野への進出を果たした。この方法は，公的医療機関での遺伝子治療臨床研究や，民間企業が行っている臨床試験に利用されている。宝HDは海外を含めて積極的にライセンスアウトを行っている。また単なるライセンスアウトにとどまらず，レトロネクチン法を応用した遺伝子治療の商業化を目指し臨床開発を推進している。

　その後2002年に，分社化によりタカラバイオが誕生した。タカラバイオは，宝酒造のバイオ事業を引き継ぎ，事業の基本戦略を「DNA産業の創出」と規定し，「遺伝子治療等の革新的なバイオ技術の開発を通じて，人々の健康に貢献する」という企業理念を持つ。PCR法に始まり長年の実績があるバイオテクノロジーを活用した「遺伝子工学研究事業[16]」，レトロネクチン法を使ってがんやエイズに対する体外遺伝子治療の商業化をめざす「遺伝子医療事業」，科学的根拠を明確にしたコンブ・キノコ等に由来する医食品素材を活用した「医

食品バイオ事業」の3分野で事業を推進している。

タカラバイオの2014年度3月期の売上高は，**図表8-4-1**のような構成になっている。遺伝子工学分野の売上高が84％を占めており，医食品バイオ分野が約10％を，遺伝子医療分野が6％を占めている。

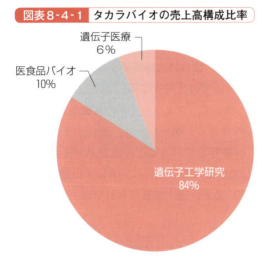

**図表8-4-1　タカラバイオの売上高構成比率**

出所：2014年3月期の有価証券報告書をもとに作成

## （2）タカラバイオの経営戦略—「中期経営計画」の分析

タカラバイオは，「遺伝子工学研究」「遺伝子医療」「医食品バイオ」の3つのセグメントのうち，コアビジネスである遺伝子工学研究事業を収益基盤ならびに技術基盤として位置づけ，安定的な成長を図りながら，新たに医食品バイオ事業の収益基盤とすべく育成に努めている。さらに，今後，遺伝子医療事業に他の事業から生まれたキャッシュ・フローを優先的に投資することによって，研究支援産業から食品分野，さらに医療分野へ進出することにより事業拡大を図るという戦略をとっている[17]。**図表8-4-2**は，タカラバイオのセグメント別の業績を示したものである。このような戦略は，財務数値によってもうかがい知ることができる。

図表8-4-2 2014年3月期セグメント別業績（単位：百万円）

|  | 遺伝子工学研究 | 遺伝子医療 | 医食品バイオ | 計 | 調整額 | 連結財務諸表計上額 |
|---|---|---|---|---|---|---|
| 売上高 | 20,140 | 1,529 | 2,249 | 23,919 | △13 | 23,905 |
| セグメント利益 | 5,121 | △1,250 | △285 | 3,585 | △1,630 | 1,954 |

（注）セグメント利益の調整額△1,630百万円には，各報告セグメントに配分していない全社費用（一般管理費および研究開発費）が含まれている
出所：2014年3月期有価証券報告書より，一部修正の上作成

　また，**図表8-4-3**は，縦軸に市場成長率の代理指標として売上高成長率を，横軸に市場におけるシェアの代理指標として売上高営業利益率をとり，2010年から2014年の期間について，タカラバイオの各事業の指標をプロットし期間的な推移を示したものである。図表からは，遺伝子工学研究分野が「金のなる木」から「花形」へ移行していること，医食品バイオ分野が「問題児」から「負け犬」へ移行していること，さらに，遺伝子医療分野は依然として「問題児」として推移しているが，売上高営業利益率は上昇傾向にあることがうかがえる。

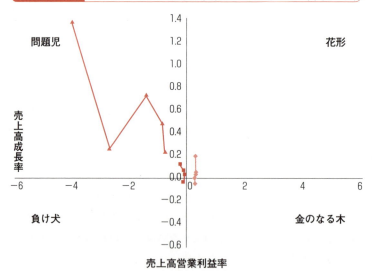

図表8-4-3 タカラバイオ3分野の事業ポートフォリオ（単位：%）

出所：有価証券報告書より作成

タカラバイオは，2014年5月に新たな「中期経営計画」（期間は2014年4月から2017年3月末まで，以下「中期経営計画2014」とする）を策定している。以下では，上記のような戦略を中期計画としてどのように展開していくのか，また，その実現可能性について検討を行う。

① **業績目標**

　「中期経営計画2014」では，最終年度である平成28年度（2017年3月期）のタカラバイオの連結売上高280億円，営業利益22.5億円を業績目標としている。**図表8-4-4**は，タカラバイオの過去および「中期経営計画2014」で目標としている将来の連結業績を示したものである。過去5年間，2011年3月期を除いて，順調に回復してきたことがわかる。また，**図表8-4-5**は，過去5年間のセグメントごとの売上高の推移を示している。各セグメントがそれぞれ売上を伸ばしている。**図表8-4-6**は，過去5年間ならびに将来のセグメント別の研究開発費の配分を示したものである。これによると，従来，遺伝子医療事業に重点的に配分されていた研究開発費を，いったん，2015年3月期には遺伝子工学研究事業（バイオ産業支援事業）に重点的に配分し，2016年以降は，再度，

**図表8-4-4　タカラバイオ連結業績**（単位：百万円）

（注）2015年3月期以降の数値は目標である
出所：有価証券報告書および「中期経営計画2014」より作成

図表8-4-5 タカラバイオのセグメント別売上高の推移（単位：百万円）

出所：有価証券報告書より作成

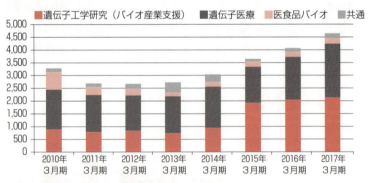

図表8-4-6 タカラバイオのセグメント別研究開発費（単位：百万円）

（注）2015年3月期以降の数値は目標である
出所：有価証券報告書および「中期経営計画2014」より作成

遺伝子医療事業への配分を増やしていくという計画が見て取れる。

　2015年3月期以降の数値は，あくまで目標値であるが，過去5年間と同じペースで推移したならば，上記の目標金額も消して不可能な数値ではないことがわかる。次に，このような目標値をどのように実現しようとしているのか，具体的な施策について見てみる。

## ② セグメント別の施策

### (i) 遺伝子工学研究事業（バイオ産業支援事業）

　従来の遺伝子工学研究事業は，2014年4月1日付で「バイオ産業支援事業」へと改称されている。これは，再生医療等安全性確保法[18]の施行により細胞加工の外部委託が可能となることを受け，細胞加工業を含むバイオ医薬品の開発支援サービスを展開するCDMO事業を，遺伝子工学研究事業と統合したものである。中期経営計画2014の中で，当該事業では，世界のバイオ研究者向け研究用試薬・理化学機器販売や研究受託サービスをコアビジネスと位置づけるとともに，iPS細胞[19]等の幹細胞を用いた基礎研究や再生・細胞医療等の研究分野に向けた新製品開発を加速していくとしている。バイオ医薬品のGMP[20]製造受託や，研究開発のパートナーとして受託業務を行うCDMO事業[21]の拡大を目指すとしている。また，新たに，GMP基準に準拠した製造施設である「遺伝子・細胞プロセッシングセンター」（滋賀県草津市）を2014年10月に開設している。

〔具体的な事業展開〕
・CDMO事業の拡大
・iPS細胞等を利用した再生・細胞医療[22]支援分野における新製品・売上拡大
・受託サービスの拡大
・製品開発力の強化

### (ii) 遺伝子医療事業

　遺伝子医療事業では，現在，臨床試験（治験）を実施中のさまざまな薬品の早期商業化を目指すとともに，薬事法の改正[23]により新たに導入される再生医療等製品への早期承認制度の利用検討を進めつつ，臨床開発を積極的に推進するとしている。

〔遺伝子治療の各プロジェクトの臨床開発計画〕
・固形がんを対象とした腫瘍溶解性ウイルスHF10[24]の臨床開発の推進
・食道がんを対象としたMAGE-A4抗原[25]特異的TCR遺伝子治療[26]の臨床開発の推進
・HIV感染症を対象としたMazF遺伝子治療法[27]の米国での臨床開発の推進
・固形がんを対象としたNY-ESO-1抗原[28]特異的TCR遺伝子治療の臨床開発の推進

(iii) 医食品バイオ事業

　医食品バイオ事業では，機能性食品素材の開発を中心とした健康食品事業やキノコに関する事業を展開している。具体的に，健康食品事業では，宝HDグループの宝ヘルスケア株式会社との連携による健康食品の売上拡大を目指しており，医食品バイオ事業全体として2016年3月期の営業黒字化を目指している。キノコ事業に関しては，実質的な子会社である瑞穂農林株式会社におけるハタケシメジの生産をより高付加価値なホンシメジにシフトしており，安定した増産体制の構築と販売ルートの拡充を進めるとしている。

〔具体的な事業展開〕
・機能性食品素材のエビデンスデータ取得蓄積を目指した自社研究開発と医学系研究機関との共同研究の推進
・エビデンスデータのインターネットでの公開や情報冊子配布による啓発活動
・品質管理・品質保証体制の強化
・製造方法や原材料調達方法などの見直しによる製造コスト削減
・瑞穂農林株式会社でのホンシメジ増産による売上拡大
・ホンシメジ増産に対応する販売ルートの拡充
・キノコ栽培技術・ノウハウのライセンス事業の拡大

③ 小　　括

　収益基盤・技術基盤としての遺伝子工学研究事業（バイオ産業支援事業）の安定的な成長，医食品バイオ事業の収益事業化，さらに，成長基盤として遺伝子医療事業といった位置づけの下，さらなる成長を目指すというタカラバイオの戦略，過去5年間の業績の推移，再生医療や健康食品への関心の高まりや法制上の整備といった環境要因から，「中期経営計画2014」における平成28年度（2017年3月期）の連結売上高280億円，営業利益22.5億円という業績目標の達成は高い可能性を持っていると結論することができる。

## (3) 協和発酵キリンとの比較

① 経営戦略の比較

　協和発酵キリンは，医薬品，化学品，総合バイオメーカーである。協和醗酵工業・キリンファーマ両社が，2008年に協和醗酵工業を存続会社として合併し

協和発酵キリン株式会社となった。協和発酵キリンは，医薬品業界で2012年度売上高第9位であり[29]，総資産額は7,192億5,700万円（2013年12月期）となっている。総資産額625億円のタカラバイオとは，企業規模は大きく違うものの，タカラバイオの遺伝子医療分野と同じように医薬品の研究，開発，製造を手がけている。

2013年12月期の事業別売上高は**図表8-4-7**の通りである。この図から，医薬品事業の売上高が約80％を占めており，医薬品の商品化が一定程度進んでおり，収益基盤となっていることがうかがえる。また，従来「医薬」「バイオケミカル」「化学品」「食品」「その他」という4セグメント体制から「医薬」「バイオケミカル」の2セグメント体制へと移行している。

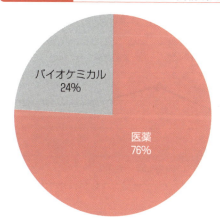

図表8-4-7 協和発酵キリン売上高構成比

出所：2013年12月期有価証券報告書をもとに作成

② 財務分析の比較

ここで，2社の財務分析を行う[30]。2社の規模は大きく異なるため，金額ではなく，比率による比較を行っている。**図表8-4-8**は両者の売上高営業利益率を示している。営業利益率は，協和発酵キリンが大きく上回っているが，グラフは同じ動きをしている。両社ともに，金融危機あるいは震災後の低迷から回復基調にあることが伺える。また，協和発酵キリンは，直近の2014年に営業利益率を落としている。

**図表8-4-9**は，両社の流動比率を示している。両社とも，流動比率におい

図表8-4-8 売上高営業利益率（2社比較）

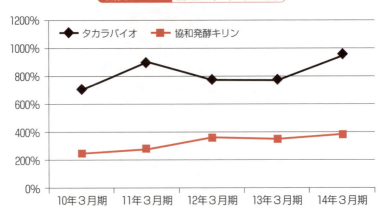

図表8-4-9 流動比率（2社比較）

て，望ましいとされる200％以上の水準を達成している。特にタカラバイオは過去5年平均が，800％前後と非常に高い数値を計上している。また，当座比率も直近の2014年3月期は828％と非常に高い数値を示している。さらに，負債比率も8.5％であり，安全性の高い企業であることがわかる。

最後に，成長性分析を行う。**図表8-4-10**は，2010年3月期の各社の売上高を1とした時の趨勢比を表している。タカラバイオの売上高成長率は，2010年3月期以降，安定的に推移してきたが，直近の2年間で上昇している。これは，協和発酵キリンの成長率が鈍化していることと比較すると，顕著である。

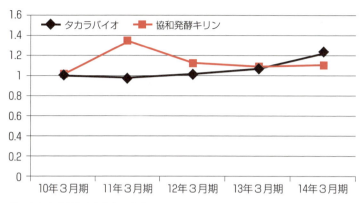

図表8-4-10 売上高成長率（2社比較）

出所：2社の有価証券報告書をもとに作成

## （4）まとめ

　本節では，宝HDの連結子会社であるタカラバイオの概要，中期経営計画の分析，および協和発酵キリンとの比較を行い，同社の戦略および将来性について分析を行った。タカラバイオは，遺伝子工学研究事業（バイオ産業支援事業）を収益基盤とし安定化を図っている。これは宝HDが，バイオ事業を手がけた当初に描いた戦略である。協和発酵キリンのような大手製薬企業と比較すると圧倒的に規模の小さなタカラバイオが，研究開発に投資するための基盤づくりとしては最適であるといえるだろう。また，遺伝子医療事業あるいは医食品バイオ事業においても，成果を出すための研究活動を着実に進めている。

　財務分析からわかるように，協和発酵キリンと比較しても，タカラバイオはキャッシュ・リッチで安全性が非常に高い企業である。このことから，流動資産を有効に活用することによって，今後さらなる成長軌道を描いていくための余力も十分に持っている。具体的には遺伝子工学研究分野において試薬販売，ライセンスアウトをさらに充実させるために，他のバイオベンチャーや海外の研究試薬品企業との提携またはM&Aの実施や，スピンオフベンチャーに投資をすることも可能であろう。

　他方で，宝HD全体の事業ポートフォリオを考えた場合，安定的な収益基盤である酒類事業から得た利潤をバイオ事業に重点的に注ぎ込んでいるという側

面があり[31]，宝HDの成長にとってタカラバイオの成長が不可欠であるのと同時に，タカラバイオの成長にとっても宝HDの安定的な経営が不可欠となっている。両社の今後のさらなる成長が期待される。

## 第5節　企業価値推定

### (1) モデルの説明力の検証

本節では，まず，基本プラットフォームに従い，DCF法と残余利益法の両モデルを用いて，2009年3月期から2013年3月期での理論時価総額を算出した。**図表8-5-1**は，理論時価総額と実際の時価総額（各年6月末時点）の数値，およびVPRの数値を示したものである。

同図表から，4つの年度（09年，10年，11年，12年）において，DCF法による理論時価総額よりも残余利益法による理論時価総額のほうが実際の時価総額に近い値となっている。よって，ここでは2014年の理論時価総額を算出するモデルとして残余利益法が適切であると判断する。そこで，残余利益法を用いて2014年3月期の理論時価総額を算出したうえで，2014年6月末時点の実際の時価総額と比較する。

**図表8-5-1　実際時価総額と理論時価総額の比較**（単位：百万円）

|  | 09年3月期 | 10年3月期 | 11年3月期 | 12年3月期 | 13年3月期 |
|---|---|---|---|---|---|
| 時価総額 | 128,661 | 98,183 | 89,257 | 111,462 | 188,310 |
| DCF法 | 155,244 | 150,587 | 134,601 | 155,573 | 158,029 |
| 残余利益法 | 113,177 | 109,922 | 95,989 | 102,372 | 114,666 |
| VPR（DCF法） | 1.21 | 1.53 | 1.51 | 1.40 | 0.84 |
| VPR（残余利益法） | 0.88 | 1.12 | 1.08 | 0.92 | 0.61 |

### (2) 基本プラットフォームに基づく理論時価総額の測定

前述したように，ここでは残余利益法に基づく理論時価総額の算出を行うが，より精緻な理論時価を算出するために，以下のシナリオを想定する。

シナリオ①〔成長シナリオ〕 宝HDは，本章第2節で記述したように，中期経営計画において2017年3月期に売上高2,300億円の達成を目標に掲げている。したがって，ここではこの目標が達成可能であると想定し，予測期間の最初の5年間（2015年3月期から2019年3月期まで）について，2017年3月期にこの目標が達成されるような売上高成長率（2.35%）で2017年3月期まで売上高が成長していき，2018年3月期および2019年3月期の売上高は2017年3月期の売上高と同じ（2,300億円）とする。さらに，予測期間の6年目以降（2020年3月期から2024年3月期まで）は成長率が徐々に長期インフレ率0.5%に近づき，予測期間の10年目以降（2025年3月期以降）は0.5%で成長するものとする。

シナリオ②〔現状維持シナリオ〕 予測期間の最初の5年間（2015年3月期から2019年3月期まで）については，2017年3月期に上記の目標を達成することができず，売上高が現状の水準（約2,096億円）を維持したまま推移すると想定する。予測期間の6年目以降（2020年3月期から2024年3月期まで）は，シナリオ①と同様，売上高成長率が長期インフレ率0.5%へと近づき，10年目以降（2025年3月期以降）は売上高が0.5%で成長すると想定する。

　これらのシナリオに基づいて理論時価総額を算出した場合，①では約1,847億円，②では約1,608億円となった。2014年6月末時点の宝HDの実際の時価総額は約1,935億円であり，シナリオ①のVPRは0.95，シナリオ②のVPRは0.83となる。これより実際の時価総額はシナリオ①に基づく理論時価総額と非常に近い値となっていることがわかる。このことから，市場は宝HDによる中期経営計画の目標の達成を期待しており，本章第2節ならびに第4節で記述したような成長機会により業績が向上すると見込んでいるのではないだろうか。

## 第6節 総 括

　宝HDは，寡占市場であり縮小傾向にあるアルコール飲料市場で生き残るために，積極的に関連型多角化戦略をとり，とりわけバイオ事業に力を入れていることがわかった。同社の強みは，1970年代から，バイオ事業の発展に不可欠な基礎技術の研究に取り組み，それと同時に海外からのライセンスインを実行することで，数多くのバイオ技術を獲得してきたことにある。今後も，これら

の技術から派生しうるビジネスを確実に事業化し，バイオ事業の成長機会をとらえていこうという姿勢を打ち出している。バイオ事業を担うタカラバイオは，将来，宝HDにとって最大の強みになっていくのではないだろうか。バイオ事業の成果が財務数値に現れるまでに相当な時間を要するという事業特性を考慮すると，第5節での分析結果は，株式市場が，会計データをもとに見積もったわれわれのシナリオ以上の成長を，将来に見込んでいることを意味する。

◆注
1 この場合のアルコール飲料は，低アルコール飲料に分類されるビール系飲料とチューハイ，清酒，ワイン，ブランデー，焼酎等すべての酒類のことを指す。
2 その他のグループには，貨物運送業・倉庫業・流通加工業が含まれ，宝物流システム（株），長崎運送（株）等が中核企業となっている。
3 『日経シェア調査〈2014年度版〉』（日経産業新聞編）によると宝HDは低アルコール飲料で，市場シェアは4位である。
4 これらの数値は，いずれも「Yahoo！ファイナンス」による。
5 この比較対象企業3社は，いずれも，酒類事業を中心とした持株会社であり，それぞれ多角化を行っている。
6 サントリーホールディングス株式会社の第4期有価証券報告書（2013年12月期）によると，サントリーの株主構成は，筆頭株主である寿不動産株式会社が約9割を占める。ちなみに，寿不動産は創業家一族である鳥井・佐治家の資産管理会社である。
7 サントリーのビール事業は45年間赤字でありながらも，ビール事業からは撤退しなかったという特異な例である（『日経情報ストラテジー』2009年11月18日を参照せよ）。
8 「酒類市場に関する調査結果2012」（矢野経済研究所）によるとアルコール飲料の市場規模は2007年以降も，引き続き低減傾向にある。
9 焼酎は，原料と製造方法の違いによって，乙種焼酎（本格焼酎）と甲種焼酎（新式焼酎）に分類される。
10 CDMO（Contract Development Manufacturing Organization）事業とは，特に，医薬品の開発・製造受託業務のことである。
11 詳しくは，本書第1章を参照。
12 前書（『京都企業の分析』）の分析に対して，宝HDの方からそのような指摘を受けた。
13 遺伝子の組み換えをはじめ，DNAを扱う研究には必ず用いる酵素である。
14 PCR法とは，米国シータス社が開発したポリメラーゼ連鎖反応法という技術である。細胞の中から取り出したDNAを短期間に増やし，同じ塩基配列を持つDNAの束を作る技術である。PCR法は，遺伝子研究のみならず，生理学や分類学等の研究にも広く応用されている。
15 レトロネクチン法（高効率遺伝子導入法）とは，遺伝子治療において治療用遺伝子を目的細胞に導入する際，導入効率を飛躍的に高めることができるのが特長である。
16 従来の「遺伝子工学研究事業」セグメントは，2014年4月1日付で「バイオ産業支援事業」と改称されている。これは，細胞加工業を含めたバイオ医薬品の開発支援サービスを展開するCDMO事業を，主力事業である研究用試薬などを製造販売する「遺伝子工学研究事業部門」に統合したものである。しかしながら，本章では，便宜上，「遺伝子工学研究事業」という名称で統一することとする。

17　タカラバイオ2014年3月期（第12期）「有価証券報告書」より。
18　「再生医療等の安全性の確保等に関する法律」（2013年11月20日成立，2014年11月25日施行）は，再生医療等の安全性の確保等を図るため，再生医療等の提供機関および細胞培養加工施設についての基準を設けたもの。同法により，細胞培養加工について，医療機関から企業への外部委託が可能となった。
19　人工多機能幹細胞（induced Pluripotent Stem Cells）のこと。体細胞に，数種類の遺伝子を導入することなどによって分化多能性が誘導された細胞を意味し，2006年に京都大学山中伸弥教授のグループにより発見された。
20　GMP（Good Manufacturing Practice）とは，医薬品を製造する際に遵守すべき「医薬品及び医薬部外品の製造管理及び品質管理規則」のことである。GMPは，安全で品質が担保された医薬品を供給するために，医薬品の製造時の管理，遵守事項を各国の規制当局（日本では，厚生労働省・独立行政法人国立健康・栄養研究所）が認定している。
21　具体的なCDMO事業として，「中期経営計画2014」では，遺伝子治療用ベクターや再生・細胞医療に利用される細胞の，製造プロセス開発や品質管理試験法の開発，試験製造，バイオアッセイ，GMPに準拠した受託製造などが挙げられている。
22　再生医療とは，ヒトの細胞・組織を取得・加工して移植することで，損傷を受けた生体機能を回復させる医療のこと。細胞医療とは，たとえばがん治療の際に，免疫細胞を体外で増殖したり強化したりしてから体内に戻し，がんを攻撃しようとする治療法のこと。
23　薬事法改正法（2013年11月20日成立，2014年11月25日施行）は，再生医療等製品の特性に応じた早期承認制度を導入するために改正されたもの。
24　HF10は，「単純ヘルペスウイルス1型（HSV-1）の弱毒化株で，がん局所に注入することによって顕著な抗腫瘍作用を示す」（「中期経営計画2014」）もの。タカラバイオは2010年11月にHF10事業を株式会社エムズサイエンスより取得している。
25　MAGE-A4抗原は，がん抗原の1つ。食道がん，頭頸部がん，卵巣がん，悪性黒色腫等での発現が確認されている（「中期経営計画2014」）。
26　TCR遺伝子治療とは，「がん患者の血液から採取したリンパ球に，がん細胞を特異的に認識するTCR遺伝子を体外で導入し，培養により増殖後に患者に戻す治療法」（「中期経営計画2014」）のこと。
27　MazF遺伝子治療とは，「大腸菌由来のRNA分解酵素であるMazFを利用したエイズ（HIV感染症）に対する遺伝子治療法」（「中期経営計画2014」）のこと。
28　NY-ESO-1抗原は，がん抗原の1つ。滑膜細胞肉腫，悪性黒色腫，卵巣がん等での発現が確認されている（「中期経営計画2014」）。
29　2015年版『日経業界地図』より。
30　タカラバイオは3月期決算，協和発酵キリンは12月期決算と決算月は異なっているが，特に調整はしていない。
31　2014年3月期の宝HDの研究開発費3,376百万円のうち，酒類事業341百万円（10.1％）に対して，バイオ事業は3,026百万円（89.9％）となっている。

第9章

# 株式会社ワコールホールディングス

　株式会社ワコールホールディングス(以下,本章において「ワコールHD」と略す)は京都に本社を置く日本を代表する女性用インナーウェアメーカーであり,女性にとっては非常になじみの深い企業でもある。他方,同社は,『クロスウォーカー』や『CW-X』といった商品の販売により,男性用インナーウェア市場やスポーツウェア関連市場においても大きな存在感を示しつつある。本章では,ワコールHDについて総合的に分析を行っていくとともに,独自の分析においては,「成長」というキーワードに焦点を当てて分析を行っていくこととする。

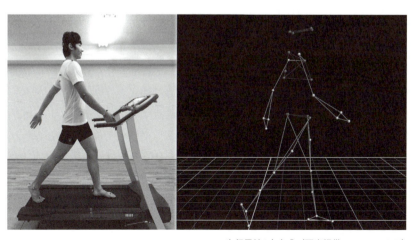

歩行男性2点合成(写真提供:ワコールHD)

## 第1節　企業概要

### (1) 沿　革

　1946年6月，創業者故塚本幸一氏が，個人で婦人装身具を取り扱う「和江商事」を創業したことがワコールHDの始まりである。1949年，同氏は，『ブラパット』[1]という画期的な商品と出会い，その取扱いを始めることで大きな成功を収めた。同年，和江商事株式会社を設立し，翌年の1950年には，『十年一節50年計画』[2]を掲げ，本格的婦人洋装下着メーカーに向けて舵を切ることとなった。その後，髙島屋京都店に女性用下着売場を設けるに至り，大阪阪急デパートでも『下着ショウ』といった独自のPR活動を行うことで，女性用インナーウェアに関する啓蒙活動を行っていった。1952年には，商標を「ワコール（WACOAL）」とし，第一次下着ブームの下，販路拡大に取り組み，自社製品の取扱先を着実に増やし，国内開拓を順調に進めていった。

　1960年代初頭には，立体製図法の確立，『タミーガードル』による国際特許の取得，『ワコール・ゴールデンプロポーション』の発表と，さまざまな進歩を遂げ，1964年に，東京・大阪証券取引所第2部および京都証券取引所への上場を果たした（1971年に，東京・大阪証券取引所第1部へ昇格）。また，同年には，現在の『ワコール人間科学研究所』の前身となる『製品研究部』が発足し，ワコールHDのコア・コンピタンスともいえる人間工学にもとづいた日本女性の体型測定等が始まった。

　1970年代に入ると，韓国・台湾・タイにおいて合弁会社を設立し，世界進出を開始した。1973年には，合弁会社統括のため，株式会社ワコールインターナショナル（WIC）も設立された。他方，この時期には，パンティストッキング，スポーツ用ボディウェア，アウターウェアなど，従来の下着の枠にとらわれないさまざまな分野への進出が進んだ。さらに，1975年には，量販店向けに，より安価な新ブランド『ウイング』が投入され始めた。

　1980年代には，米国への本格的な進出を始め，丁寧な接客およびコンサルティングといった方法で差別化を図り，確実にワコールブランドを浸透させるとともに，株式会社ホンコンワコールおよび北京ワコール株式会社を設立し，

アジアでの事業展開にも注力した。また，1985年には，ワコール初の通信販売カタログも創刊された。1987年には，創業者塚本幸一氏が新社長塚本能交氏に社長職を譲り，新たなスタートが切られた。

1990年代になると，株式会社ワコールフランスを設立しヨーロッパ進出も開始した。同時に，ISO9001の認証を取得し品質保証を強化するとともに，ウェディングドレス業界，ユニフォーム事業，住宅事業にも参入し，事業範囲を拡大していった。また，オムロン，京都銀行とともに，日本電産などの後発ベンチャー企業の育成を支援した。

2005年10月には，持株会社体制への移行に伴い商号を株式会社ワコールホールディングスへ改称し，新設会社分割により株式会社ワコール（連結子会社）を設立した。また，2006年以降資本業務提携をしていた株式会社ピーチ・ジョンを，2008年1月，株式交換により完全子会社化するとともに，2009年8月には，株式会社ルシアンを同様の方法で完全子会社化している。このように，近年，ワコールHDは積極的にM&Aを展開している。

図表9-1-1 主たる沿革

| 1946年 | 塚本幸一氏が和江商事を創業 |
|---|---|
| 1950年 | 『十年一筋50年計画』提唱 |
| 1957年 | 社名をワコール株式会社に変更 |
| 1964年 | 株式会社ワコールとして東京・大阪証券取引所第2部および京都証券取引所へ上場 |
| 1971年 | 東京・大阪証券取引所第1部へ昇格 |
| 1987年 | 塚本能交氏が代表取締役社長に就任 |
| 2005年 | 持株会社体制へ移行し，商号を株式会社ワコールホールディングスに改称 |
| 2006年 | 株式会社ピーチ・ジョンと資本業務提携開始 |
| 2008年 | 株式交換により，株式会社ピーチ・ジョンを完全子会社化 |
| 2009年 | 株式交換により，株式会社ルシアンを完全子会社化 |
| 2010年 | 安原弘展氏が代表取締役に就任，塚本能交氏は株式会社ワコールホールディングス社長に専念する体制となる |
| 2011年 | ワコールカナダ株式会社設立 |
| 2012年 | ワコール京都南流通株式会社設立，株式会社イヴィデングループ（英）（現ワコールイヴィデン）を完全子会社化 |
| 2015年 | ヨーロッパでの拡大を図るため，ワコールイヴィデンをワコールヨーロッパに改名 |

出所：ワコールホールディングスのホームページをもとに作成

## （2）現在の状況

　ワコールHDは売上高約1,930億円，従業員数18,912人，株式時価総額約1,562億円（すべて連結ベース，2014年3月末時点）の女性用インナーウェアメーカーである。アパレル業界に属する企業全体では，売上高で第6位，純資産額で第4位につけている[3]。また，繊維業界の中でも，特にインナーウェアを主に取り扱っている他の企業と比較した場合，売上高，従業員数，株式時価総額などのさまざまな点においてトップの位置につけており，長年にわたり，日本のインナーウェア業界におけるリーディング・カンパニーとしての地位を不動のものとしている。

　ワコールHDは，持株会社1社，子会社56社および関連会社10社で構成されており，インナーウェア[4]，アウターウェア，スポーツウェア，レッグニット，その他の繊維製品および関連製品の製造，卸売販売および一部製品の消費者への直接販売といった事業が主に行われている。従来，商品別のセグメントに分けられていたが，現在は，事業別に，ワコール事業（国内），ワコール事業（海外），ピーチ・ジョン事業，その他の4つに分けられている。

　ワコール事業（国内）は，上記商品の百貨店，量販店，専門店への卸売事業や，直営店，通信販売事業を行うセグメントである。ワコール事業（海外）は，北中米，欧州，およびアジア・オセアニア地区での上記商品の製造・販売を行うセグメントである。また，ピーチ・ジョン事業は，2008年に完全子会社化した（株）ピーチ・ジョンの事業に関する事業セグメントである。その他のセグメントでは，マネキン製造や繊維関連，あるいは不動産賃貸業といった事業を行っている。2014年3月期の売上高1,937億8,100万円のうち60.9％がワコール事業（国内），22.5％がワコール事業（海外），6.4％がピーチ・ジョン事業，残り10.1％がその他となっている。

第9章 株式会社ワコールホールディングス　209

## 第2節　経営戦略分析

### （1）業界状況

　第1節でも触れたように，ワコールHDは繊維業界に属しているが，より具体的にはインナーウェア業界という業界分類に属している。インナーウェア業界とは，主に婦人用インナーウェアおよびその関連製品を扱っている業界である。この業界に属する企業としては，ワコールHDの他に，トリンプ・インターナショナル・ジャパン株式会社，グンゼ株式会社，株式会社シャルレ，株式会社セシールなどが挙げられる。**図表9-2-1**に各社の市場シェアの推移を示したが，上位5社の順位に関しては，5年間，変動はなかった。2013年3月期の市場シェア[5]をみてみると，ワコールHDが34.0％と例年に続き第1位となっており，トリンプ（13.0％）にグンゼ（3.5％），シャルレ（3.2％），セシール（3.1％）と続いている。国内インナーウェア市場においては，これら上位5社

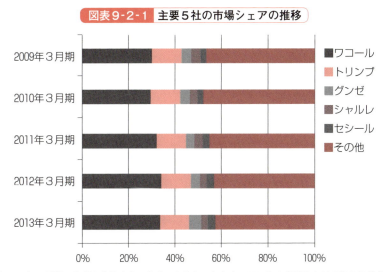

図表9-2-1　主要5社の市場シェアの推移

（注）2014年3月期の資料が執筆時点で入手できなかったため，2009年3月期から2013年3月期までの5年間の推移を掲載している
出所：『日経市場占有率』『日経シェア調査』をもとに作成

だけで全体の約5割のシェアを握っている。女性用インナーウェアの国内販売額は，2013年3月末時点において，約3,629億円となっており，2000年以降縮小の一途をたどっている。国内市場規模縮小の主たる原因は，製品販売価格の下落に求められるが，より具体的には，安価な海外製品の輸入が増加していること，消費者の節約志向に伴い，購入価格帯が低下したり，1人当たりの購入・所有枚数が減少したりしていること，また，総合アパレル企業であるユニクロやしまむらといった企業による新規市場参入および低価格攻勢によって，全体的に製品単価が下落基調にあること，などが考えられる。たとえば，ユニクロが投入した『ブラトップ』[6]とよばれる商品は，カジュアル衣料とブラジャーの融合という形で差別化が図られており，女性用インナーウェアの代替製品としてすでに十分認識されている。

他方，図表9-2-1から，ワコールHDは2011年3月期以降，少しずつではあるが，シェアを伸ばしつつあることが読み取れる。この要因として，震災以後あるいは政権交代以後の景気回復に伴い，アパレル業界全体として高品質・高付加価値の商品の動きが堅調であることが挙げられる。ワコールHDは，利益率が比較的高い高級インナーウェア市場をターゲットとした戦略を実行することで，このような市場動向に上手く対応できていると結論することができる。

## （2）経営戦略

「業界概観」においては，国内インナーウェア業界における現状を把握した。以下では，このような状況の中でワコールHDがいかなる戦略を採っているのかを，戦略論における代表的な理論である「Ansoffの成長マトリクス」を用いて検討していくことにする。詳細については第1章の記述を参照していただきたい。

Ansoff［1965］では，企業の成長戦略を「市場浸透戦略」「市場開拓戦略」「製品開発戦略」「多角化戦略」の4つに区分する。「市場浸透戦略」とは，「既存製品」の販売量拡大によって，「既存市場」でのシェアを高める戦略を意味する。この点，ワコールHDでは，顧客との接点を拡大するという方法で，製品販売量の増加および潜在顧客の掘り出しに取り組んでいるといえる。具体的には，百貨店やチェーンストアといった従来の販売チャネルに加え，直営小売事業に力を入れている。直営小売事業には，カタログ販売やインターネット

販売などの事業が含まれるが，近年特に力を入れているのは，SPA[7]事業とよばれる事業形態である。2014年3月期において，SPA事業を展開する直営店舗数は254店舗に上り，その売上高も過去5年間，着実に売上を伸ばしている。しかし，現在の国内インナーウェア市場が縮小傾向にあることに鑑みれば，企業の成長のためには「市場浸透戦略」以外にも，追加的に他の戦略を考慮する必要があるといえる。

「市場開拓戦略」では，「既存製品」を「新規市場」に投入することで，成長を図っていくことになる。ここで，「新規市場」に関しては2つの意味合いを見出すことができる。1つは「地理的な」新規性であり，もう1つは「対象顧客の」新規性である。まず，前者の「地理的な」新規性に関する戦略としては，海外戦略を挙げることができる。「沿革」においても触れたように，ワコールHDでは早くから事業の海外展開を行ってきた。そのこともあり，特に米国では，ワコールブランドの認知度は高く，確固たる地位を築いているといえる。また，欧州地域においては，2015年には，ワコールイヴィデン（Eveden SARL）をワコールヨーロッパに改名し，欧州地域での新たな拡大を企図している。他方，ワコールHDは，現在も急速に拡大している中国インナーウェア市場に大きな期待を寄せており，積極的な事業展開を進めている。具体的には，収益性の改善のため，商品力や販売力の向上，主力店舗の売場改装や販促活動，インターネット販売の拡大などを行っている。また，中国国内の中間層市場への浸透策として，新たなブランドとして「LA ROSABELLE（ラ・ロッサベル）」を投入している。さらに，日本以外では唯一，「人間科学研究所」が現地に設立されている。その他にも，これまで生産拠点と位置づけていたベトナムでも，流通業の外資規制が撤廃されたこともあり，現地販売が開始されている。以上のような海外戦略，特に中国を中心とするアジア市場での戦略の成否は，今後のワコールHDの成長を大きく左右すると考えられる。

他方，後者の「対象顧客の」新規性に関する戦略としては，今まで十分に押さえ切れていなかった若年顧客層の取り込みに関する戦略が挙げられる。1つには，先にも述べたSPA事業が，若年顧客層向けのブランドを中心に取り扱った店舗経営という形で，柔軟かつ戦略的に活用されている。たとえば，直営店「AMPHI（アンフィ）」に加えて，インナーウェアのコーディネイトショップ「AMPHI FUL FUL（アンフィ　フルフル）」の投入といった新たな試みを

行っている。他方,その製品が若年顧客層に圧倒的に支持されている株式会社ピーチ・ジョンを完全子会社化するといった,より積極的かつ効率的な取り込み活動も行われている。このような戦略を通じて,ワコールHDには,若年層からシニア層にいたるあらゆる顧客層をカバーできる販売体制が整ってきている。

「製品開発戦略」は,「既存市場」に「新規製品」を投入する戦略を意味するが,ここで重要なのは,既存顧客のニーズに応えられるような「新規製品」を開発・投入していくということである。つまり,既存顧客のニーズを的確に捉えることで,新たな価値を売り込んでいくことが必要なのである。この点,ワコールHDでは,女性向けの「スタイルサイエンス[8]」商品群の投入,「スゴ衣[9]」といった新商品の開発,加齢による体型の変化に着目したブラジャー「胸もと年齢マイナス5歳をめざすブラ」や「マイナス5歳」のガードルの投入といった斬新かつ将来的な人口動向をも見据えた商品の開発を行うことによって,顧客のニーズに応えつつ,新たな価値を提供している。「製品開発戦略」においては,いうまでもなく研究開発が重要となる。その点,人間科学研究所における先進的な研究開発活動はワコールHDの競争力を高めているといえるであろう。

最後に,「新規製品」を「新規市場」に投入する「多角化戦略」を検討していく。ワコールHDの取組みに関していえば,男性向け下着の販売,シニア世代市場への本格参入,およびウェルネス事業の強化といったものが該当する。これらはともに,多角化の中でも「集中型多角化[10]」に近いと考えられる。つまり,自社が有する既存の技術を活用し,比較的関連性のある分野へと進出していくという戦略である。男性用インナーウェアに関しては,男性向け「スタイルサイエンス」商品である『クロスウォーカー[11]』の投入,シニア世代向けには,大手量販店との取組みによって,シニア向け商品「Tuyaka(つやか)」の展開を開始した。ウェルネス事業においてはスポーツコンディショニングウェア『CW-X[12]』を投入している。これら2つの事業の規模は,今後も順調に拡大していくと期待され,主力事業として大きな存在感を示すようになると考えられる。

以上,「Ansoffの成長マトリクス」にもとづいてワコールHDの競争戦略を検討してきたが,国内インナーウェア市場の縮小という危機的状況を打開すべくさまざまな方向に成長戦略が採られていることがわかった。他方,上記の戦略

とは別に，ワコールHDは，2005年の持株会社への移行以後，「CAP21[13]」というプロジェクトを推進してきた。これは事業価値の向上に向けた中長期戦略立案のためのプロジェクトであり，既存事業の再編・強化，さらには，成長が見込める分野における積極的なM&Aや資本業務提携の推進などが視野に入れられている。この「CAP21」の具体的な成果としては，株式会社ピーチ・ジョンとの業務提携・完全子会社化の他に，株式会社ルシアンの完全子会社化などが挙げられる。ここでは，後者の買収について簡単に触れておくことにする。ルシアンはワコールHDと同じく京都に本社を置く企業であり，低価格の繊維製品の生産に強みを持つ。そのため，ルシアンをグループ内に取り込み，その生産ノウハウを利用することで，異業種による低価格攻勢への対応力が増すと期待されるのである。また，ルシアンの有するさまざまな販売チャネルを活用することで，目下注力中の顧客との接点拡大も同時に加速されることになる。これまで，大きなM&Aを行ってこなかったワコールHDにとって，このような連続的な同業他社の買収は異例であり，成長に対する貪欲な姿勢がうかがえる。

## 第3節　財務分析

### （1）財務諸表の修正

本節では，ワコールHDの財務分析を行うが[14]，その際に財務データが入手可能であった同業他社のグンゼと比較を行う。**図表9-3-1**は，両社の要約貸借対照表図を示している。

財務分析を行う直近の5年間において，時系列的な比較可能性や企業間の比較可能性を阻害する可能性のある特殊な要因（重要な会計方針の変更等）が見受けられた場合には，それらを修正した上で分析を進めることになる。しかし過度な修正を行うことは，分析者の恣意性を介入させることにもつながり，かえって分析の透明性が損なわれるおそれがある。しかしながら，本分析においては，これらのことを勘案した上で，基本的には元の財務数値を用いて分析を行うこととし仮に修正を行う場合であっても，その結果は参考程度に利用するにとどめた。

**図表9-3-1　ワコールHDとグンゼの要約貸借対照表図**

ワコールHD（2014年3月期）

| | | | |
|---|---|---|---|
| 流動資産 | 40.3% | 流動負債 | 17.1% |
| 当座資産 | 22.2% | | |
| 棚卸資産 | 14.8% | 固定負債 | 6.6% |
| その他 | 3.3% | | |
| | | 純資産 | 76.3% |
| 固定資産 | 59.7% | 株主資本 | 71.4% |
| 有形固定資産 | 18.0% | 上記以外 | 4.9% |
| 無形固定資産 | 13.4% | | |
| 投資その他 | 28.3% | | |

グンゼ（2014年3月期）

| | | | |
|---|---|---|---|
| 流動資産 | 44.1% | 流動負債 | 19.5% |
| 当座資産 | 22.4% | | |
| 棚卸資産 | 19.5% | 固定負債 | 11.9% |
| その他 | 2.2% | | |
| | | 純資産 | 68.6% |
| 固定資産 | 55.9% | 株主資本 | 66.2% |
| 有形固定資産 | 41.3% | 上記以外 | 2.4% |
| 無形固定資産 | 0.9% | | |
| 投資その他 | 13.7% | | |

## （2）財務比率分析

以下では，①収益性，②安全性，③効率性，および④成長性について実際に各種財務指標を算出し，時系列的に，他企業や業種平均[15]との比較[16]を通して考察を行っていくこととする。

### ①　収益性分析

まず，収益性に関する指標として，売上高当期純利益率と自己資本利益率をみていく。**図表9-3-2**および**図表9-3-3**をみてみると，2012年度以降，大きく改善していることがわかる。これは，主力事業での売り上げが順調だったことと小売事業が拡大したことによるが，いち早く，震災後の影響から脱したことと景気回復の影響を上手く受けていると解釈することができる。この傾向は，グンゼおよび業界平均との売上高当期純利益率の比較において顕著である。

**図表9-3-2　売上高当期純利益率（単位：%）**

| 売上高当期純利益率 | 10年3月期 | 11年3月期 | 12年3月期 | 13年3月期 | 14年3月期 |
|---|---|---|---|---|---|
| ワコールHD | 1.5 | 1.7 | 4.0 | 4.4 | 5.2 |
| グンゼ | 0.6 | 1.3 | 0.4 | −0.9 | 1.8 |
| 業界平均 | 0.2 | 1.1 | 2.0 | 2.6 | 3.1 |

出所：有価証券報告書および『日経経営指標』をもとに作成

#### 図表9-3-3 自己資本利益率（単位：％）

| 自己資本利益率 | 10年3月期 | 11年3月期 | 12年3月期 | 13年3月期 | 14年3月期 |
|---|---|---|---|---|---|
| ワコールHD | 1.5 | 1.7 | 4.0 | 4.2 | 4.9 |
| グンゼ | 0.7 | 1.6 | 0.5 | −1.1 | 2.3 |
| 業界平均 | 0.3 | 1.6 | 3.0 | 3.7 | 4.5 |

出所：有価証券報告書および『日経経営指標』をもとに作成

② **効率性分析**

　まず，**図表9-3-4**に示した棚卸資産回転率をみてみると，グンゼより高くなっているが，つねに業界平均を下回っている状況である。業界の性質上，消費者の購買動向から，流行やトレンドといったものが認識されるよりも先に，生産が行われることになるため，的確な需要予測が必要となり，在庫管理は非常に難しくなるといえる。

　他方，**図表9-3-5**に示した売上債権回転率については，グンゼや業種平均に比べ，非常に高い水準を維持しており，効率的な資金回収がなされているといえる。資金回収の滞りは，経営の健全性や投資に悪影響を与え得るため，今後もこのような高水準を保っていくことが望まれる。

#### 図表9-3-4 棚卸資産回転率（単位：回）

| 棚卸資産回転率 | 10年3月期 | 11年3月期 | 12年3月期 | 13年3月期 | 14年3月期 |
|---|---|---|---|---|---|
| ワコールHD | 5.1 | 5.3 | 5.2 | 4.8 | 4.8 |
| グンゼ | 4.6 | 4.5 | 3.8 | 3.9 | 4.4 |
| 業界平均 | 5.7 | 5.8 | 5.8 | 5.8 | 5.8 |

出所：有価証券報告書および『日経経営指標』をもとに作成

#### 図表9-3-5 売上債権回転率（単位：回）

| 売上債権回転率 | 10年3月期 | 11年3月期 | 12年3月期 | 13年3月期 | 14年3月期 |
|---|---|---|---|---|---|
| ワコールHD | 7.6 | 7.8 | 7.6 | 7.5 | 7.4 |
| グンゼ | 5.1 | 4.9 | 4.6 | 4.6 | 4.7 |
| 業界平均 | 4.9 | 5.1 | 5.1 | 5.1 | 5.2 |

出所：有価証券報告書および『日経経営指標』をもとに作成

③ **安全性分析**

　**図表9-3-6**は，安全性についての代表的な指標である流動比率の算定結果

を示している。同図表をみると、ワコールHDは、非常に高い流動比率を維持しており、一般的に望ましい水準であるとされる200%も優に超えている。また、当座比率、自己資本比率ともに高い水準である。他方、有利子負債比率は近年、上昇傾向ではあるが、低い水準にある。同様に、固定比率に関しても、グンゼおよび業界平均と比較して低い水準にある。結果として、ワコール HDの安全性は非常に高いものであると判断できる。

**図表9-3-6 流動比率**（単位：％）

| 流動比率 | 10年3月期 | 11年3月期 | 12年3月期 | 13年3月期 | 14年3月期 |
| --- | --- | --- | --- | --- | --- |
| ワコールHD | 252.0 | 266.9 | 273.2 | 205.1 | 234.9 |
| グンゼ | 197.5 | 192.1 | 173.9 | 203.6 | 226.1 |
| 業界平均 | 168.3 | 168.3 | 166.8 | 157.2 | 165.5 |

出所：有価証券報告書および『日経経営指標』をもとに作成

**図表9-3-7 当座比率**（単位：％）

| 当座比率 | 10年3月期 | 11年3月期 | 12年3月期 | 13年3月期 | 14年3月期 |
| --- | --- | --- | --- | --- | --- |
| ワコールHD | 146.6 | 156.5 | 164.6 | 108.8 | 134.4 |
| グンゼ | 97.7 | 97.8 | 82.9 | 98.0 | 115.1 |
| 業界平均 | 103.7 | 104.3 | 104.6 | 92.3 | 100.4 |

出所：有価証券報告書および『日経経営指標』をもとに作成

**図表9-3-8 自己資本比率**（単位：％）

| 自己資本比率 | 10年3月期 | 11年3月期 | 12年3月期 | 13年3月期 | 14年3月期 |
| --- | --- | --- | --- | --- | --- |
| ワコールHD | 76.8 | 77.8 | 77.6 | 73.3 | 75.4 |
| グンゼ | 69.2 | 68.6 | 64.7 | 66.7 | 65.4 |
| 業界平均 | 63.3 | 63.0 | 62.8 | 62.7 | 65.5 |

出所：有価証券報告書および『日経経営指標』をもとに作成

**図表9-3-9 有利子負債比率**（単位：％）

| 有利子負債比率 | 10年3月期 | 11年3月期 | 12年3月期 | 13年3月期 | 14年3月期 |
| --- | --- | --- | --- | --- | --- |
| ワコールHD | 4.7 | 3.8 | 3.8 | 10.1 | 8.8 |
| グンゼ | 22.8 | 27.5 | 36.9 | 34.0 | 30.8 |
| 業界平均 | 72.1 | 80.1 | 75.3 | 69.2 | 62.4 |

出所：有価証券報告書および『日経経営指標』をもとに作成

### 図表9-3-10 固定比率（単位：%）

| 固定比率 | 10年3月期 | 11年3月期 | 12年3月期 | 13年3月期 | 14年3月期 |
|---|---|---|---|---|---|
| ワコールHD | 77.8 | 74.6 | 72.2 | 80.9 | 79.2 |
| グンゼ | 87.3 | 85.5 | 85.5 | 82.5 | 85.4 |
| 業界平均 | 91.0 | 89.5 | 88.0 | 92.5 | 89.8 |

出所：有価証券報告書および『日経経営指標』をもとに作成

④ 成長性分析

図表9-3-11はワコールHDの売上高成長率の推移を約10年間にわたって見たものである（2005年3月期の売上高を1としている）。このグラフによれば，リーマンショックに端を発する世界同時不況および震災の影響から売上が大きく落ち込んだが，2012年3月期以降，回復基調となり，2013年度以降は新たな成長段階へと入ったことがうかがわれる。

他方，図表9-3-12では，2010年3月期の売上高を1としそれに対する各期の売上高の割合を算出して，直近5年の成長の程度をみている。ここから，ワ

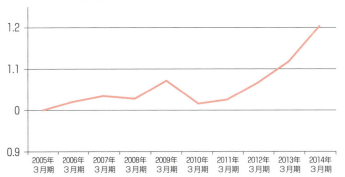

図表9-3-11 ワコールHDの売上高成長率推移

出所：有価証券報告書をもとに作成

### 図表9-3-12 売上高成長率（2010年3月期に売上を1とする）

| 自己資本利益率 | 10年3月期 | 11年3月期 | 12年3月期 | 13年3月期 | 14年3月期 |
|---|---|---|---|---|---|
| ワコールHD | 1.00 | 1.01 | 1.05 | 1.10 | 1.18 |
| グンゼ | 1.00 | 0.97 | 0.99 | 0.96 | 1.03 |
| 業界平均 | 1.00 | 1.01 | 1.05 | 1.10 | 1.17 |

出所：有価証券報告書をもとに作成

コールHDの成長性は業界平均とほぼ同じ数値を示しており，業界トップであるワコールHDの動きが業界全体に影響を及ぼしている可能性が示唆されている。

⑤ **キャッシュ・フロー分析**

図表9-3-13は，ワコールの営業，投資，および財務CFの推移を示している。営業CFは，毎期，プラスを計上するとともに，投資CFおよび財務CFは，対象期間の5年のうち，それぞれ1期をのぞいてマイナスを計上している。すなわち，営業活動で獲得したキャッシュを投資や借金の返済へと効率良く回していると考えられる。

他方，営業CFと営業利益との動きを比較してみると，2012年以降，3期にわたって逆の動きをしていることがわかる。ただし，これは2013年3月期にのれんおよび無形固定資産の減損損失を合計28億5,200万円計上しているためである。

**図表9-3-13 キャッシュ・フローの推移**（単位：百万円）

|  | 10年3月期 | 11年3月期 | 12年3月期 | 13年3月期 | 14年3月期 |
|---|---|---|---|---|---|
| 営業CF | 9,449 | 10,441 | 10,060 | 12,309 | 8,949 |
| 投資CF | −2,698 | −703 | −3,467 | −23,520 | 1,658 |
| 財務CF | −5,438 | −4,965 | −2,824 | 5,379 | −5,554 |
| 現金及び現金同等物の期末残高 | 24,317 | 26,316 | 29,985 | 24,514 | 30,658 |

出所：有価証券報告書および『日経経営指標』をもとに作成

**図表9-3-14 営業利益の推移**（単位：百万円）

|  | 10年3月期 | 11年3月期 | 12年3月期 | 13年3月期 | 14年3月期 |
|---|---|---|---|---|---|
| 営業利益 | 3,829 | 4,401 | 10,377 | 8,499 | 13,860 |

出所：有価証券報告書をもとに作成

図表9-3-15 営業利益と営業CFの推移 （単位：百万円）

出所：有価証券報告書をもとに作成

⑥ **まとめ**

　以上，5つの観点から財務分析を行ってきたが，収益性，効率性，安全性ともに大きな問題はないことがわかった。また，国内市場が縮小する中で成長性に関しても，近年，大きな改善傾向がみて取れる。今後は，このような傾向をいかに維持していくかが重要となる。

## 第4節　独自の分析：現状打破の成長戦略

### （1）分析の概要

　第3節までで，国内インナーウェア市場が縮小傾向にあること，また，そのような状況に対応してワコールHDが採用している成長戦略について見てきた。そこで，本節では，市場全体においても，ワコールHD自身にとっても非常に重要な「成長」というキーワードに焦点を当てて，独自の分析を行っていくこととする。

　企業が成長していくためには，積極的な投資活動が必要になってくることはいうまでもない。投資の形態は，設備投資であったり，研究開発投資であったりと多岐にわたるが，ワコールHDにおいても，第2節で述べた経営戦略に応

じてさまざまな投資活動が行われている。そこで，それら一連の投資活動を，一元的に捉えることで，ワコールHDが近年自社の成長のために，どの程度積極的に投資活動を行っているかを考察することとする。これは，第2節で述べた成長戦略の実行度合いを，投資活動という観点から定量的に検証することになるともいえる。具体的な分析方法としては，多変量解析の一手法である主成分分析[17]を用いて，「投資意欲を表す総合的な指標」を作り，ワコールHDの投資意欲の相対的な推移を時系列で見ていくこととする。

具体的な分析を行う前に，本分析において主成分分析を用いることにした背景を説明することとする。たとえば，ここにA，Bという2種類の投資活動が存在している。ある年度においては，前年と比べて，Aという投資が増えていて，Bという投資が減っていたとする。他方，他の年度においては，前年と比べて，Aという投資が減っていて，Bという投資が増えていたとする。このような場合，投資活動という行為の性質上，どちらの年度のほうが相対的に投資活動に力を入れているのかがわからなくなってしまう。考慮する投資活動の種類が増えれば増えるほど，ますます判断は困難になっていくと考えられる。このような場合，主成分分析を用いれば，複数の投資活動をできる限り少ない情報に集約した上で，その意味を捉えることができるようになる。以上のような理由から，本分析においては，主成分分析という方法を用いることとした。

## (2) 分析および結果の解釈

本分析では，成長に貢献すると考えられる投資活動を，「設備投資」，「人的投資」，「技術投資」，「マーケティング投資」という4つのカテゴリーに分類した。さらに，それぞれのカテゴリーに対応する変量として，「有形固定資産伸び率[18]」，「従業員数伸び率[19]」，「売上高研究開発費率[20]」，「売上高広告宣伝費率[21]」を選定した[22]。**図表9-4-1**と**図表9-4-2**は，これらの変量をもとに，実際に主成分分析を行った結果である[23]。また，第1主成分と第2主成分の固有ベクトル，第1主成分と第3主成分の固有ベクトルのそれぞれを，横軸，縦軸にとり，散布図の形でプロットしたものも**図表9-4-3**（222頁）に示した[24]。

まず，図表9-4-1をみてみると，4つの合成変量が候補として挙げられている。どの主成分までを採用すべきかの判断は，固有ベクトルの値が1を超えているか，あるいは累積％（累積寄与率）が80％を超えているかにもとづくの

### 図表9-4-1 初期の固有値

| 成分 | 固有値 | 分散の% | 累積% |
|---|---|---|---|
| 1 | 1.587 | 39.674 | 39.674 |
| 2 | 1.126 | 28.144 | 67.817 |
| 3 | 1.012 | 25.289 | 93.107 |
| 4 | 0.276 | 6.893 | 100.000 |

(有価証券報告書をもとに作成。以下，本節においては同じ)

### 図表9-4-2 固有ベクトル

|  | 第1主成分 | 第2主成分 | 第3主成分 |
|---|---|---|---|
| 有形固定資産伸び率（%） | 0.742 | −0.567 | −0.190 |
| 従業員数伸び率（%） | 0.929 | 0.114 | 0.906 |
| 売上高研究開発費率（%） | 0.308 | 0.253 | −0.391 |
| 売上高広告宣伝比率（%） | 0.278 | 0.853 | −0.031 |

が一般的とされている。図表によると，成分3までで累積寄与率が93%に達しているため，成分1, 2, 3までを主成分として採用することとする。

次に，図表9-4-2，および図表9-4-3を見てみると，第1主成分に関しては，すべての変量においてプラスに効いている。このことから第1主成分は，「総合的な投資意欲」を表すと考えられる。売上高研究開発費率と売上高広告宣伝費率については相対的に低い値となっているが，全体的にみて，情報の集約はできているといえる。

他方で，第2主成分に関しては，「売上高広告宣伝費率」が大きくプラスに効き，次いで「売上高研究開発費率」もややプラスで効いているが，「有形固定資産伸び率」が大きくマイナスに効いている。最も対照的な値を示しているのは，「売上高広告宣伝費率」と「有形固定資産伸び率」の2つである。このことから，第2主成分は「製品価値」への投資を表していると考えられる。

これは，予算制約の中で，顧客にとっての製品1つずつの価値を高める投資に資金をまわすか，価値向上ではなく量を追求する投資にまわすかという軸だと理解することができる。最も大きくプラスに効いているのは，「売上高広告宣伝費率」であるが，広告宣伝費は製品のブランド力の向上をもたらす，あるいは，ブランドを形成しなくとも製品の価値（必要性）を顧客に認識させる効

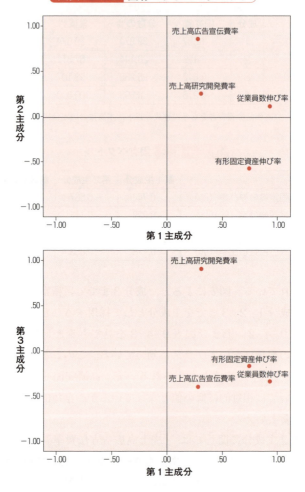

図表9-4-3 固有ベクトルのプロット

果をもつと考えられる。また，ややプラスに効いている「売上高研究開発費率」も，製品の機能性を高める効果をもつため，顧客にとって製品の必要性の高まりをもたらす。したがって，これらは顧客にとっての製品1つ1つの価値を高めるための投資と考えられる。他方で，大きなマイナスに効く「有形固定資産伸び率」であるが，工場等への投資は，製品単位当たりの価値向上を志向するものではなく，生産能力の増強をすることで，量を追求するための投資と

理解することができる。

　第3主成分に関しては，「売上高研究開発費率」が大きくプラスに効く一方で，「売上高広告宣伝費率」はマイナスに効いており，「有形固定資産伸び率」や「従業員数伸び率」はマイナスではありながらも，それらの中間に位置している。最も対照的な値を示しているのは，「売上高研究開発費率」と「売上高広告宣伝費率」の2つである。このことから，第3主成分は，既存の製品への投資か新規の製品への投資（厳密には，新技術・新製品の開発）かという軸において，「新規性」を表す統合指標だと考えられる。

　研究開発費も広告宣伝費も，製品の機能あるいは必要性への認識を高め，製品価値を向上させるという点では共通しているが，研究開発費は未来志向の新規製品開発への投資の側面が強い。他方で，広告宣伝費は既存の製品を販売するための投資ということで，新規性を高める投資にはなりにくい。この点，「有形固定資産伸び率」や「従業員数伸び率」などの投資が，第3主成分にマイナスに効くこととも整合性がある。工場にせよ，販売店舗への投資にせよ，投資をすることで，製品の新機能が開発されるといった効果は期待できないであろう。あくまでも，既存製品のための投資という意味合いが強く，（資金が限られている中では，研究開発等にお金を回せなくなるため）新規性への投資という意味を弱めるファクターとなりうる。したがって，第3主成分は新規性への投資と理解することができる。

　第1主成分が，「総合的な投資意欲」を表す合成変量である一方で，第2，第3主成分が「製品価値」への投資か「新規性」への投資かを示す合成指標であるため，これらの主成分に着目することで，ワコールHDの成長のための投資の方向性を見出すことができると考えられる。

　図表9-4-4のPanel Aは，横軸に第1主成分得点[25]，縦軸に第2主成分得点を，Panel Bは，横軸に第1主成分得点，縦軸に第3主成分得点を，Panel Cは，横軸に第2主成分得点，縦軸に第3主成分得点をそれぞれとり，2002年度（2003年3月期）から2013年度（2014年3月期）までの12期間における投資活動を，投資意欲，製品価値，新規性という観点から複合的に見たものである。

　まずPanel A，Bのうち，第1主成分のみに着目することとする。2004年度と2013年度が特異な動きをしているが，総合的な投資意欲は，長期的にみて，相対的に上昇していることがわかる。特に，12の年度の中で，2002年度から

### 図表9-4-4 主成分得点のプロット

【Panel A】

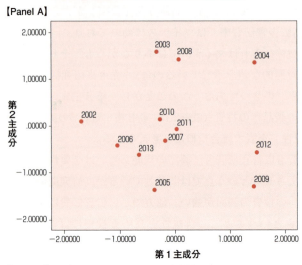

【Panel B】

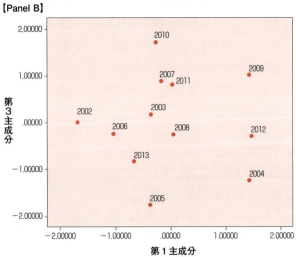

第9章　株式会社ワコールホールディングス　*225*

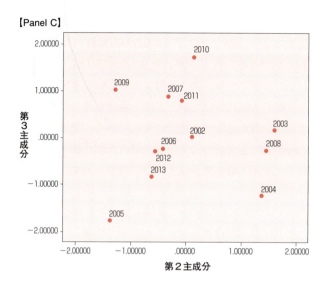

2006年度までの前半の頃と，2007年度から2012年度までの後半の頃とでは，明確な差が存在しているのがわかる。

　次に，Panel Aの第2主成分に着目してみると，2002年度，2004年度，2008年度など，相対的に前半の時期に製品価値への投資を積極的に行っていたことがわかる。他方で，2005年度，2009年度，2012年度，2013年度など，後半の時期に移るほど，低調な年度が目立つ傾向が確認される。ただ，広告宣伝費や研究開発費は，年度間でそこまで大きく変化しているわけではない。むしろ，第2主成分にマイナスに効く「有形固定資産伸び率」が，いずれも9〜15%程度と大きく伸びた年度であり（平年は4−5%程度），有形固定資産への積極投資が，第2主成分得点が押し下げたという構造になっている。

　つまり，Panel Aからは，相対的に年度の推移とともに投資意欲は高まっているが，限られた予算の中で，前半の期間は，製品価値のための投資に資金を回してきたが，後半の期間は，有形固定資産に見られる工場設備・販売店舗の増強に注力している姿が浮かび上がる。ワコールHDは海外展開を進め，新ブランドなども立ち上げているが，まずは，海外での生産・販売数を確保する投資姿勢を打ち出しているといえる。

　次に，Panel Bの第3主成分に着目してみると，2012年度，2013年度を除くと，12期間のうち，前半よりも後半の期間のほうが，相対的に新規性への投資

を強めている姿がみて取れる。Panel Bからは，年度の推移とともに相対的に投資意欲が高まっている中で，ワコールHDが新規性への投資を進めている姿を読み取ることができる。ただ，2012年度も2013年度も研究開発費の金額は，ほぼ例年どおりの水準であり，大きく減少したという事実はない。他方で，売上高がこの2年間で大幅に伸びており，売上高研究開発費率としてみると値が低下し，第3主成分得点を下げた構造になっている。売上高が伸びているということは，Panel A 第2主成分の考察でも触れたが，後半の期間に，製品価値への投資を抑え，生産・販売量を確保する投資を行ってきたことと整合性があると考えられる。

最後に，Panel Cであるが，年度の推移とともに，第2主成分得点は相対的に低くなり，製品価値への投資を抑制しながら，生産・販売のための有形固定資産への投資を増やし，製品1個当たりの価値よりも量を重視する投資姿勢が表れている。他方で，第3主成分得点は年度の推移とともに相対的に高くなり，新規性への投資を強めている姿勢が表れている。製品価値への投資は抑制しているが，研究開発費等にみられる機能面の改善への投資は強めている姿が浮かび上がる。

以上の分析から，直近の12期間において，投資意欲自体は相対的に上昇傾向にあること，さらに，製品価値を高める投資を抑制し，生産量・販売量を重視する投資に移行しつつあること，製品価値への投資を抑制してはいるものの，製品の新規性への投資は強めている姿が明らかとなった。本分析では，「投資活動」という切り口から分析を行ったが，これにより，第2節で述べた海外展開，新ブランド投入などの成長戦略の実行度合いを，定量的に検証することができたと考える。

## 第5節　企業価値推定

### （1）モデルの説明力の検証

本節では，まず，基本プラットフォームのモデルに従い，DCF法と残余利益法の両モデルを用いて，2009年3月期から2013年3月期の理論時価総額を算

出した。**図表9-5-1**は，理論時価総額と実際の時価総額の数値，およびVPRの数値を示したものである。なお，VPRとは理論時価総額を実際の時価総額で除した指標である。

同図表は，残余利益法で算出した理論時価総額のVPRのほうが，DCF法で算出した理論時価総額のVPRよりもどの年度においても1に近い値を示しており当てはまりが良いといえる。したがって，ここでは残余利益法を用いて2014年3月期の理論時価総額を算出する。その上で，実際の時価総額（2014年6月末時点）と理論時価総額とを比較し，市場の評価が妥当か否かを検討する。

**図表9-5-1** 実際時価総額と理論時価総額の比較 （単位：百万円）

|  | 09年3月期 | 10年3月期 | 11年3月期 | 12年3月期 | 13年3月期 |
|---|---|---|---|---|---|
| 時価総額 | 173,774 | 154,848 | 143,808 | 135,349 | 142,088 |
| DCF法 | 284,152 | 257,716 | 241,653 | 257,788 | 281,635 |
| 残余利益法 | 198,105 | 181,247 | 142,558 | 156,793 | 204,671 |
| VPR（DCF法） | 1.64 | 1.66 | 1.68 | 1.90 | 1.98 |
| VPR（残余利益法） | 1.14 | 1.17 | 0.99 | 1.16 | 1.44 |

## （2）基本プラットフォームに基づく理論時価総額の測定

前述したように，ここではDCF法および残余利益法に基づく理論時価総額の算出を行うこととするが，より精緻な理論時価総額を算出するために，以下のシナリオを想定する。

> **シナリオ①〔楽観的〕** ワコールHDは中期経営計画で，2016年3月期に売上高2,000億円の達成を目標に掲げている。したがって，予測期間の最初の5年間について，2016年3月期にこの目標が達成されるような売上高成長率（1.59％）で毎期の売上高が成長していくと想定する。さらに，予測期間の6年目以降は成長率が徐々に長期インフレ率0.5％に近づき，予測期間の10年目以降は0.5％で成長すると仮定する。
> 
> **シナリオ②〔現状維持〕** 予測期間の最初の5年間について，2016年3月期に上記の目標を達成することができず，売上高が現状の水準（約1,940億円）を維持したまま推移すると想定する。予測期間の6年目以降は，売上高成長率がシナリオ①と同様に長期インフレ率0.5％へと近づき，10年目以降は売上高が0.5％で成長すると想定する。

> シナリオ③〔悲観的〕 予測期間の最初の5年間について，売上高が2％ずつ減少していくと想定する。予測期間の6年目以降は，売上高成長率をシナリオ①および②と同様に長期インフレ率0.5％へと近づけ，10年目以降は売上高成長率を0.5％と想定する。

　これらのシナリオに基づいて理論時価総額を算出した結果，①では2,930億9,900万円，②では2,595億7,300万円，③では2,217億6,700万円となった。2014年6月末時点の実際の時価総額をみてみると，1,577億1,600万円であり，シナリオ③にもとづいて算出した理論時価総額よりも小さい値であることがわかる。この結果より，市場はワコールHDの中期経営計画の達成に疑問を持っており，過小に評価している可能性がある。

## 第6節　総　　括

　ここまで，ワコールHDおよび国内インナーウェア業界について定性的かつ定量的な分析を総合的に行ってきた。これらの一連の分析を行った上で，今一度強調しておきたいのは，やはり「成長」というキーワードである。ワコールHDが，閉塞状態を打開するためにさまざまな成長戦略を描いているのは前述の通りであるが，大切なのは，それを「絵に描いた餅」で終わらせてしまうことなく，実際に具現化させていくということである。第4節の独自の分析では，そのような点に着目し，「投資活動」という観点から，ワコールHDの描く成長戦略の実行度合いを定量的に検証し，生産・販売における「量」の重視，新規性への積極投資などの姿が浮かび上がり，戦略が着実に実行されつつあることを確認した。ただ，第5節では，ワコールHDの成長に対して市場が楽観的な期待を形成しているわけではないことを示唆する結果が示された。ワコールHDを取り巻く環境は依然として厳しいが，国内インナーウェア業界におけるリーディング・カンパニーとして，ワコールHDの真価が問われている。

◆注
1　洋服の内側に着装してバストを形よく見せるためのもの。当時は針金をらせん状に巻き，布をかぶせるというものであった。

2 第一節（1950年代）が国内市場の開拓，第二節（1960年代）が国内市場の確立，第三節（1970年代）が海外市場の開拓，第四節（1980年代）が海外市場の確立，第五節（1990年代）が世界制覇＝世界企業の実現となっている。
3 いずれも「業界動向サーチ」(http://gyokai-search.com/3-apparel.htm) にもとづく。
4 「インナーウェア」という区分は，主に婦人用のファンデーション，ランジェリー，ナイトウェアおよびリトルインナーを意味しており，男性用インナーウェアは含まれていない。男性用インナーウェアは「繊維製品および関連製品」という同一セグメント内の「アウターウェア・スポーツウェア等」という区分の中に含まれている（有価証券報告書による）。
5 『日経シェア調査〈2014年版〉』の「婦人下着」にもとづく。そのため，数値はあくまで，婦人用のアンダーウェアの国内販売額に特化したものである。
6 キャミソールなどのトップスにブラジャーのカップを組み込んだ商品であり，2005年から販売が始まっている。
7 Specialty store retailer of Private label Apparelの略称であり，「製造小売」と訳される。製造・物流・販売といったサプライチェーンすべてを自社で管理することで，中間マージンの削減を図ることができる。他方，需要動向に適宜迅速に対応することで，在庫圧縮などの効果も見込める。近年，SPAに取り組む企業がアパレル業界で増加している。
8 ワコール人間科学研究所が開発した，「"歩く"という動作を"エクササイズ"に変えて日常生活の中で無理なくからだを引き締めるという技術」（アニュアル・レポート2009）を意味する。美しく健康的な体作りをサポートする。
9 「スゴ衣」とは，スタイリングや気温に合わせて選べる，温かいインナーのこと。
10 「集中型多角化」は「同心円的多角化」とよばれることもある。
11 『クロスウォーカー』とは，日常歩行をエクササイズに変えるというスタイルサイエンスによる男性用インナーウェアである（アニュアル・レポート2014）。
12 『CW-X』とは，運動時の体の不安や筋肉疲労を軽減し，動きやすくするコンディショニングウェアのこと。テーピングと同じような機能をスポーツウェアに内蔵するという発想から生まれた。ワコールの得意とする人間科学研究の成果の1つである（アニュアル・レポート2014）。
13 「Corporate Activation Project 21」の略称である。
14 ワコールHDの連結財務諸表は米国会計基準で作成されており，日本基準でいうところの特別損益項目は営業損益項目に計上されている。
15 『日経経営指標』の【繊維】という分類における「繊維二次加工」という区分を利用。連結指標。
16 シェア第2位のトリンプは非上場企業であり，財務数値の入手が不可能であった。また，セシールに関しては，12月決算を採用しているため，ともに比較対象企業から除いている。他方で，グンゼに関しては，多角化を行っているものの，インナーウェア事業の割合が非常に高いため，比較対象企業として扱っている。
17 主成分分析（PCA；Principal Component Analysis）とは，多数の変量が存在する場合に，それらを1個または数個の合成変量で代表させる統計的手法をいう。たとえば，10名の人間について，身長，座高，胸囲，腹囲，体重，股下の6つのデータが与えられていた時に，6つのデータからでは，各人の体系について漠然としたイメージしか抱けず，上手く整理できないことがある。そこで，合成変量（たとえば，細身の長身である程度だとか，筋肉質か贅肉質かの程度〔身長・体重のバランスに対する胸囲・腹囲の大きさ〕などを表す指標）によって整理し直したほうが，各人の体型的な特徴をより整理された形で捉えうることがある。ここに合成変量を用いる意味がある。その際に，検出された合成変量を，説明力が高い順に第1主成分，第2主成分として扱っていく。この手法によれば，情報の

損失を最小限に抑えた上で，データの縮約ができることになる。なお，本分析の計算過程においては，統計ソフトである「SPSS Statistics 22.0」を利用している。
18　（期末有形固定資産＋減価償却費＋減損損失－前期末有形固定資産）÷前期末有形固定資産×100で算出。減価償却費と有形固定資産にかかる減損損失の情報は，連結損益計算書（米国基準）には記載がないため，連結キャッシュ・フロー計算書より入手した。
19　（期末従業員数－前期末従業員数）÷前期末従業員数×100で算出。ただし，従業員に臨時従業員は含まない。従業員数の情報は有価証券報告書より入手した。
20　研究開発費÷売上高×100で算出。　研究開発費の情報は，有価証券報告書の「第1部 企業の情報」における「第2節 事業の状況」の「第6項 研究開発活動」に記載されている金額を採用している。
21　広告宣伝費÷売上高×100で算出。
22　「買収」も一種の投資活動といえるが，①買収の影響は各変量にすでに反映されている（有形固定資産の増加など），②毎期経常的に生じるものではない，と考えたため，別個の変量として扱うということはしていない。
23　主成分分析を実施する際に，「相関行列」に対応させる方法と，「分散共分散行列」に対応させる方法とが存在する。本節の分析では，有形固定資産や研究開発費の規模やバラツキの影響を除去するため，標準化のプロセスを経る「相関行列」に対応させる方法を採用している。
24　主成分分析において，第1主成分，第2主成分等が何を代表している合成変量なのかについては，分析者側が推定することになる。何を表す指標なのかを理解する上では，各主成分を縦軸と横軸にとった変量プロットを行い，視覚的な表現を通じて，主成分の意味の解釈を進めていくアプローチが有効とされる。
25　主成分得点とは，主成分分析によって導き出された合成変量（合成関数）に元データを代入して，得点化したものである。

第**10**章

# ワタベウェディング株式会社

　本章で扱うワタベウェディングは，海外ウェディングにおいて業界内最大規模を誇る大手企業である。しかし，ワタベウェディングが京都企業であることをご存じの方は，少ないのではないだろうか。本章では，このワタベウェディングの実態に迫るべく，多様な切り口から分析を行う。

本社が入るビル

## 第1節　企業概要

### (1) 沿　革

　ワタベウェディング（本社：京都市下京区）は，国内・海外の挙式サービスを提供する企業であり，1953年に創業した「ワタベ衣裳店」を起源としている。これは，創業者である渡部フジ氏の「自身の花嫁衣裳を無料で貸し出す」というボランティアをきっかけに始まったものである。ワタベウェディングの主な沿革は**図表10-1-1**のとおりであり，1970年頃までは貸衣装事業が中心であったが，1973年にホノルルに業界初となる海外進出を果たし，その後も海外挙式サービスに取り組み続けている。その結果，現在では30以上の海外拠点を抱えており，海外挙式サービスに関しては業界内最大手である。海外の直営店では日本人スタッフがサポートを行うなど，ネットワークを駆使した丁寧なサポート体制が整えられている。

　2000年代に入り，ワタベウェディングは，他社の買収や事業譲受などを積極的に行うことで事業の拡大を進めてきた。2004年には，東京都目黒区の総合結婚式場「目黒雅叙園」の運営会社である「株式会社目黒雅叙園」株式の66％を取得し子会社化[1]，08年には，東京都港区にワタベウェディングの100％出資となる「メルパルク株式会社」を設立した。同年10月にそのメルパルク株式会社が，ゆうちょ財団から日本各地のメルパルク施設[2]の事業を継承し，運営を行っている[3]。

　また，同社は2009年より国内外のリゾートにおける挙式を「リゾ婚」と称し，リゾートウェディングの認知拡大を目指したPR活動を展開している。2010年には，ハワイ初のウェディングリゾートを新設し，ハワイ屈指のロケーションと日本品質のおもてなしを融合した新しいスタイルの「リゾ婚」を提案するなど，付加価値の創造に取り組んできた。

　さらに，競合他社がハウスウェディングにより売上を伸ばしていることもあり，2014年にはハウスウェディング事業の運営・管理を行う「株式会社クレッシェンドプロデュース」を設立，運営を開始するなど，さまざまな顧客層を取り込もうとしている。

### 図表10-1-1 主たる沿革

| | |
|---|---|
| 1953年 | 創業者渡部フジ氏が「ワタベ衣裳店」を開業 |
| 1964年 | 「有限会社ワタベ衣裳店」を設立 |
| 1971年 | 有限会社から株式会社に組織変更し「株式会社ワタベ衣裳店」とする |
| 1973年 | 海外店第1号店として業界初の「ホノルル店」を開設 |
| 1996年 | 社名を「ワタベウェディング株式会社」に変更 |
| 1997年 | 大阪証券取引所市場第二部および京都証券取引所に上場 |
| 2000年 | 東京証券取引所市場第二部に上場 |
| 2004年 | 「株式会社目黒雅叙園」株式の66％を取得し子会社化 |
| 2008年 | 東京都港区に100％出資の「メルパルク株式会社」を設立し，ゆうちょ財団からメルパルク11施設の事業を承継，運営を開始 |
| 2010年 | 群馬県前橋市に「株式会社ツドイエ」を設立し，自社運営総合結婚式場「アニバーサリーコート　ラシーネ」の運営を開始 |
| | 米国ハワイ州にハワイ初のウェディングリゾート「ホヌカイラニ　コオリナ・プレイス・オブ・ウェリナ」を開設 |
| 2014年 | ハウス型ウェディング事業の運営・管理を行う「株式会社クレッシェンドプロデュース」を設立，運営を開始 |

出所：有価証券報告書およびワタベウェディングのホームページをもとに作成

## （2）現在の状況

　ワタベウェディングの企業規模をみてみると，従業員数は単体で482名，連結で2,169名となっている（いずれも，臨時従業員数を除いた数値）[4]。また，株式時価総額は2014年3月31日現在で約67億3,839万円である。国内外に多数の直営店をもち，挙式サービスの他に，ウェディングドレスの製造販売事業や，フォーマル衣裳のレンタル事業，結婚式の企画演出などの挙式関連事業も幅広く手がけている。

　ワタベウェディングは，事業を大きく①リゾート挙式事業と②ホテル・国内挙式事業に区分している。①には，リゾート地における挙式サービス，ウェディングドレス・タキシード・写真アルバム製造販売，写真美容サービス，衣裳レンタル，旅行斡旋，結婚関連商品販売，ウェディング関連教育サービスが含まれており，②には，目黒雅叙園やメルパルクに代表される国内のホテルにおける挙式・宴会・宿泊サービスの提供，ウェディングドレス・タキシード・写真アルバムの販売，写真美容サービス，衣裳レンタル，結婚関連商品販売な

どのサービスの提供が含まれている。

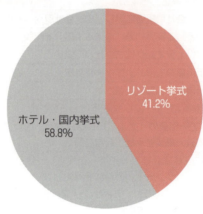

図表10-1-2 セグメント別売上高（2014年3月期）

リゾート挙式 41.2%
ホテル・国内挙式 58.8%

出所：有価証券報告書をもとに作成

## 第2節　経営戦略分析

### （1）業界の状況

　ブライダル業界には，結婚式場業だけでなく，婚礼衣装を提供する衣裳関連の企業，装花やブーケを提供するフラワー関連の企業，引出物などを販売する百貨店やギフト関連の企業，演出やプロデュースなどを請け負うプロデュース企業，ヘアメイクやエステなどを提供する美容関連の企業など直接結婚式にかかわる業種のみならず，婚約・結婚指輪を扱う宝飾関連の企業，海外ウェディングやハネムーンを提供する旅行会社・旅行代理店など，さまざまな業種が存在している。

　ブライダル業界は，昨今の少子化や晩婚化といった社会情勢の影響を大きく受けている。図表10-2-1によれば，婚姻件数は年々減少傾向にあり，2013年の婚姻件数は660,613件となっている。このような婚姻件数の低下は，ブライダル業界の売上に直接影響を与えるものであり，業界全体にとって厳しい状況であるといえる。

図表10-2-1 婚姻件数および婚姻率の年次推移

出所：厚生労働省「平成25年（2013）人口動態統計（確定数）の概況」

　結婚式場業における各社の市場シェアは**図表10-2-2**のとおりである。ワタベウェディングは2011年度まで市場シェア第１位であったが，2012年度以降はテイクアンドギヴ・ニーズが第１位となっている。

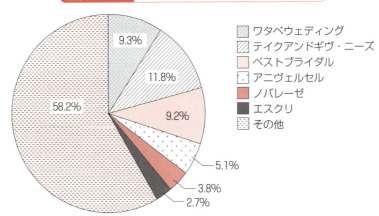

図表10-2-2 各社の市場シェア（2013年度売上高）

出所：経済産業省「平成25年特定サービス産業実態調査」および各社有価証券報告書より作成

## （2）経営戦略

　ワタベウェディングは，国内・海外のリゾート地における挙式サービスを行う「リゾート挙式」と，国内のホテルにおける挙式・宴会・宿泊サービスを行う「ホテル・国内挙式」の2つを主たる事業として展開している。ワタベウェディングは，ブライダル業界に海外挙式の概念を導入した先駆者であり，同業他社に比べ海外挙式事業に強みを持つ。また，海外挙式で培ったノウハウをもとに，国内のリゾート地における挙式サービスも実施している。2014年6月現在，国内に78拠点，海外に32拠点のグローバルなネットワークを持ち，ブライダルサービスのサポート体制を整備している。総合ブライダル企業として，ブライダルに関するあらゆるサービスを多角的に展開している。

　前述したように，日本では婚礼組数減少に伴い婚礼市場の縮小が進んでいるが，グローバルにみれば人口が増加している地域もある。ワタベウェディングは，婚礼の潜在需要の大きいアジア市場の開拓により成長することをねらい，2007年には日本のブライダル業界初の香港進出を遂げ，2009年には中国の婚礼撮影企業との提携を果たした。ワタベウェディングは国内のみならず，海外においても多数の婚礼施設を保有し，衣裳・写真等一連のサービスを提供できる自社の強みを生かし，海外挙式の未成熟なアジア市場において優位性の確立を狙っている。さらに，2013年には中国ハルビンに初の地元向け大型婚礼施設「ハルビン モダン アターシュ ガーデン」の運営を開始し，中国のローカル市場獲得と発展を目指している。

　このように，ワタベウェディングは，いち早く海外進出を行うといった「市場開拓戦略」により，競合他社に対し競争優位を保ってきたといえる。さらに，垂直統合戦略をとることで，顧客に対して丁寧なサービスを提供してきた。これらがワタベウェディングの強みであったといえるが，競合他社が追随するなかで先行者優位を保つことができなくなったことが，市場シェアの縮小につながっていると考えられる。

## 第3節　財務分析

本節ではワタベウェディングの財務諸表を用いて財務分析を行っていきたい。比較対象企業は、テイクアンドギヴ・ニーズ、ベストブライダル、アニヴェルセル、エスクリ、ノバレーゼの5社である。なお、ベストブライダルは会社名をツカダ・グローバルホールディングに変更している（2014年7月1日付）が、本書では2013年12月期までの財務データにより分析を実施していることから、旧社名にて記述を行っている。また、アニヴェルセルはAOKIホールディングスの子会社であることから、セグメント情報により入手できる数値データのみを用いて分析を行っている。

### （1）会計数値の修正

今回の財務分析では、時系列比較・企業間比較の比較可能性を担保するための必要な修正事項が見当たらなかったため、修正は行わない。

### （2）財務比率分析

#### ①　収益性分析

ワタベウェディングは、2007年5月に公表した中期事業計画「WATABE VISION 2010」において、2009年度にROE15％を達成するという目標を掲げていたが、**図表10-3-1**のとおり、2009年度のROEは5.2％にとどまっている。さらにその後も低迷が続き、2013年度にはマイナスとなっている。

図表10-3-1　ROEの推移

|  | 2009 | 2010 | 2011 | 2012 | 2013 |
|---|---|---|---|---|---|
| ワタベウェディング | 5.2% | 1.2% | 2.9% | 3.8% | −25.9% |
| テイクアンドギヴ・ニーズ | 2.6% | 1.3% | 2.7% | 6.3% | 7.4% |
| ベストブライダル | 30.8% | 26.6% | 15.9% | 16.9% | 18.6% |
| エスクリ | 43.0% | 34.8% | 42.9% | 32.3% | 34.4% |
| ノバレーゼ | 26.0% | 22.3% | 13.7% | 9.2% | 11.8% |

出所：各社の有価証券報告書をもとに作成

ROEをデュポン・システムによって分解すると次のとおりとなる。

$$ROE = \frac{当期純利益}{売上高} \times \frac{売上高}{総資本} \times \frac{総資本}{自己資本}$$

$$= 売上高当期純利益率（ROS）\times 総資本回転率 \times 財務レバレッジ$$

そこで、2013年度における各社のROEを分解してみると、**図表10-3-2**のとおりとなる。

**図表10-3-2 ROEの分解（2013年度）**

|  | ROE | ROS | 総資本回転率 | 財務レバレッジ |
|---|---|---|---|---|
| ワタベウェディング | −25.9% | −7.4% | 1.9回 | 1.8倍 |
| テイクアンドギヴ・ニーズ | 7.4% | 2.2% | 1.3回 | 2.6倍 |
| ベストブライダル | 18.6% | 8.9% | 0.9回 | 2.3倍 |
| エスクリ | 34.4% | 5.7% | 1.6回 | 3.9倍 |
| ノバレーゼ | 11.8% | 5.1% | 1.3回 | 1.9倍 |

出所：各社の有価証券報告書をもとに作成

ROEを分解した結果、ワタベウェディングのROSの低さ、そして総資本回転率の高さが目につく。そこで、まずはROSについてみていくこととする（総資本回転率については、②効率性分析で検討する）。

ROSの推移は**図表10-3-3**のとおりであるが、ワタベウェディングの低さが目立ち、特に2013年度はROSがマイナスとなっている。2013年度にマイナスになったことの1つの要因として、急激な為替相場の変動が挙げられる。2012年度の為替相場は1ドル83.1円、2013年度の為替相場は1ドル100.2円となってい

**図表10-3-3 ROSの推移（単位：％）**

|  | 2009 | 2010 | 2011 | 2012 | 2013 |
|---|---|---|---|---|---|
| ワタベウェディング | 3.4% | 2.7% | 2.5% | 2.5% | −1.6% |
| テイクアンドギヴ・ニーズ | 5.5% | 4.9% | 4.6% | 5.4% | 6.0% |
| ベストブライダル | 19.3% | 18.8% | 15.3% | 14.7% | 14.5% |
| アニヴェルセル（※） | 9.7% | 6.3% | 8.9% | 12.0% | 10.0% |
| エスクリ | 9.0% | 9.2% | 10.0% | 9.5% | 9.7% |
| ノバレーゼ | 16.7% | 16.6% | 11.4% | 10.1% | 11.9% |

（※）親会社であるAOKIホールディングスのセグメント情報に基づいている
出所：各社の有価証券報告書をもとに作成

る(同じく,1元12.7円が15.9円となっており,人民元についても円安となっている)[5]。このような為替相場の変動による損失は,財務諸表に現れる為替差損だけではない。ブライダル業界の場合には,受注からサービス提供まで長期間にわたることが多く,急激に円安に振れた場合には,当初予定していた売上高(円建ての契約金額)は変更できないものの,それに対応する営業費用(海外ウェディングの場合には外貨建ての項目が多くなる)が大きくなり,予定していた利益が確保できなくなる可能性がある[6]。特に,ワタベウェディングのリゾート挙式事業売上高が全社売上高の41.2%を占めるのに対し,テイクアンドギヴ・ニーズの海外・リゾートウェディング事業の割合は10.4%,ベストブライダルの海外事業の割合は6.1%となっており,グローバル展開をすすめてきたワタベウェディングが円安の影響を大きく受けたものだと考えられる。

なお,2013年度の赤字は円安の影響が大きいと考えられるものの,過去5年間の数値を他社と比較しても,ワタベウェディングの利益率の低さが目立っており,厳しい状況が続いている。これについて,セグメント別営業利益率をみてみると,**図表10-3-4**のとおり,ホテル・国内挙式事業の営業利益率が低い水準で推移していることがわかる。そこで,ワタベウェディングの利益率を高めるためには,ホテル・国内挙式事業の利益率を高めることが必要だと考えられる。2014年にハウス型ウェディング事業の運営・管理を行う「株式会社クレッシェンドプロデュース」を設立,運営を開始するなど新しい取組みが開始されており,この点に期待したい。

図表10-3-4 ワタベウェディングのセグメント別営業利益率の推移

|  | 2009 | 2010 | 2011 | 2012 | 2013 |
| --- | --- | --- | --- | --- | --- |
| リゾート挙式事業 | 4.1% | 5.3% | 3.7% | 4.2% | −4.4% |
| ホテル・国内挙式事業 | 2.0% | −0.4% | 0.8% | 0.3% | 1.2% |

出所:有価証券報告書をもとに作成

② **効率性分析**

次に,効率性をみていくこととする。図表10-3-2から,ワタベウェディングの総資本回転率は他の企業と比較して相対的に高いことがわかる。これはどのような要因にもとづくのだろうか。

**図表10-3-5**からわかるように,ワタベウェディングの有形固定資産回転率

図表10-3-5　有形固定資産回転率の推移（単位：回）

| | 2009 | 2010 | 2011 | 2012 | 2013 |
|---|---|---|---|---|---|
| ワタベウェディング | 4.7 | 4.6 | 4.7 | 5.1 | 5.5 |
| テイクアンドギヴ・ニーズ | 2.1 | 2.2 | 2.3 | 2.3 | 2.5 |
| ベストブライダル | 1.7 | 1.8 | 1.9 | 2.0 | 2.2 |
| エスクリ | 4.2 | 3.0 | 3.3 | 2.8 | 3.2 |
| ノバレーゼ | 2.4 | 2.1 | 1.9 | 1.7 | 1.8 |

出所：各社の有価証券報告書をもとに作成

は際立って高くなっている。ブライダル業界において，総資産に占める有形固定資産の割合は大きい（40％～60％程度）ことから，ワタベウェディングの有形固定資産回転率の高さが，全体の総資本回転率の高さにも影響しているといえる。なお，ワタベウェディングにおいては，総資産に占める有形固定資産の割合が年々減少しており，2009年度には44.7％であったが，2013年度は33.7％と11.0ポイント低下している。これについて，有形固定資産減価償却率（償却対象資産に対する減価償却累計額の割合）を算定してみたところ，**図表10-3-6**のとおり年々上昇している。すなわち，有形固定資産回転率の高さは，償却が進んでいることも影響しており，施設が老朽化している可能性がある。

さらに，目黒雅叙園，メルパルクの運営はワタベウェディングの子会社であるメルパルク株式会社が行っているが，施設の所有はそれぞれ別会社が行っており，それを定期建物賃貸借契約により賃借している。このことも，ワタベウェディングの有形固定資産回転率の高さにつながっていると考えられる。仮に，これをファイナンスリース取引としてオンバランス処理すれば，有形固定資産（およびリース債務）が大きくなり，有形固定資産回転率や総資本回転率は低くなる[7]。

図表10-3-6　ワタベウェディングの有形固定資産減価償却率の推移

| | 2009 | 2010 | 2011 | 2012 | 2013 |
|---|---|---|---|---|---|
| 有形固定資産減価償却率 | 49.3％ | 53.5％ | 59.8％ | 64.4％ | 70.0％ |

③　安全性分析

次に，ワタベウェディングの安全性についてみていくこととする。

短期的な支払い能力を示す当座比率は一般的に100％を超えていれば安全性

が高いといわれる指標だが，**図表10-3-7**のとおりワタベウェディングの指標はその水準を下回っている。しかし，近年株主重視の経営が行われるようになり，現金預金等の保有が企業価値を増大させないとして流動比率や当座比率が高くない企業も多くなってきている。そのため，ワタベウェディングの当座比率の水準に問題があると一概にはいえない[8]。しかしその一方で，有利子負債に対する営業キャッシュ・フロー（CF）の比率が大幅に低下している。これは，営業CFの大幅な減少によるものであり，今後の動向を注視する必要があろう。また，自己資本比率は安定して推移していたものの，2013年度は大幅な赤字を計上したことによりその比率は低下している。

**図表10-3-7 ワタベウェディングの安全性指標の推移**（単位：％）

|  | 2009 | 2010 | 2011 | 2012 | 2013 |
|---|---|---|---|---|---|
| 当座比率 | 67.7% | 83.8% | 98.6% | 96.4% | 90.9% |
| 営業CF有利子負債比率 | 97.8% | 80.2% | 133.7% | 79.6% | 13.6% |
| 自己資本比率 | 57.9% | 57.9% | 57.0% | 58.0% | 50.3% |

④ **成長性分析**

ワタベウェディングの2013年度の売上高は，2009年度に比べて8.4％減少している。第2節でみたとおり婚姻件数は下落傾向にあるが，**図表10-3-8**のとおり，競合各社の売上高は増加傾向にあることがわかる。その結果，2011年度まで業界首位であったワタベウェディングはテイクアンドギヴ・ニーズに追い抜かれるとともに，業界3位のベストブライダルとの差も縮まっており，ワタベウェディングが苦戦している状況が読み取れる。

**図表10-3-8 売上高の推移**（単位：百万円）

|  | 2009 | 2010 | 2011 | 2012 | 2013 |
|---|---|---|---|---|---|
| ワタベウェディング | 52,082 | 50,555 | 48,929 | 49,295 | 47,710 |
| テイクアンドギヴ・ニーズ | 46,039 | 46,716 | 47,983 | 52,804 | 60,788 |
| ベストブライダル | 32,491 | 38,444 | 41,741 | 44,494 | 47,426 |
| アニヴェルセル（※） | 22,783 | 21,355 | 23,416 | 24,337 | 26,120 |
| エスクリ | 5,243 | 6,883 | 10,733 | 12,903 | 19,362 |
| ノバレーゼ | 10,615 | 10,892 | 11,036 | 11,764 | 13,895 |

（※）親会社であるAOKIホールディングスのセグメント情報に基づいている
出所：各社の有価証券報告書をもとに作成

⑤ **キャッシュ・フロー分析**

CFの状況をみてみると，図表10-3-9のとおり2009年度に積極的な投資が行われたことがわかる。その後も継続して設備投資が行われているものの，2013年度には営業CFが非常に小さくなるなど，投資がその後の営業CFの増加につながっていないことがうかがえる。

図表10-3-9 CFの状況（単位：百万円）

|  | 2009 | 2010 | 2011 | 2012 | 2013 |
|---|---|---|---|---|---|
| 営業CF | 2,067 | 1,922 | 2,974 | 1,473 | 271 |
| 投資CF | −3,106 | −577 | −1,033 | −959 | −1,209 |
| 財務CF | 326 | −436 | −588 | −825 | 443 |

⑥ **CSRへの取組み**

最後に，ワタベウェディングのCSRへの取組みについて，同社のホームページにCSRに関する情報は記載されていなかった。なお，テイクアンドギヴ・ニーズのホームページには，CSRに関する情報として，「コーポレートガバナンス」，「環境・社会貢献活動」が記載されている。

## （3）本節のまとめ

以上からわかるように，ワタベウェディングの収益性に関してはここ数年で大きく下落している。海外にいち早く進出したワタベウェディングであるが，競合他社のチャペルが建設されるなど競争が激化してきた上に，アベノミクスによる円安傾向に伴い，積極的に海外展開してきたワタベウェディングが厳しい状況に置かれていることが明らかになった。特に2013年度には営業赤字となり，業績改善が喫緊の課題となっている。

また，有形固定資産減価償却率からは，設備の老朽化がすすんでいる可能性もうかがえ，それが近年の売上高低迷の要因となっている可能性もある。しかし，現在の業績では設備投資に資金をまわすことも難しいかもしれない。

そこで，次節においては損益分岐点分析を行い，黒字化を達成するための方策について検討していきたい。

## 第4節　独自の分析：損益分岐点分析

　ここまで，ワタベウェディングの沿革・経営戦略・財務指標等を確認してきた。そのなかで，ワタベウェディングの業績がここ数年芳しくないことが明らかになった。特に2013年度は営業赤字となっており，ワタベウェディングの決算説明資料においても「絶対黒字化」がスローガンとして掲げられている。そこで本節では，黒字化に向けてどのような対策が考えられるのかについて，損益分岐点分析を用いて検証していきたい。

### （1）損益分岐点分析について

　損益分岐点分析とは，損失と利益が分岐する（つまり，利益がゼロとなる）点を算定するための分析を意味する。

　売上高から費用を差し引くことにより利益が算定されるが，費用は変動費と固定費とに区分される。変動費とは操業度の増減に応じて総額で比例的に変化する原価であり，固定費とは，操業度の増減にかかわらず総額で変化しない原価である。売上高から変動費を差し引いた利益を限界利益（または貢献利益）といい，限界利益を売上高で除した数値は限界利益率である。これらの関係を損益計算書に表すと**図表10-4-1**のようになる。

**図表10-4-1　損益計算書**

| | | |
|---|---:|---|
| 売上高 | 2,500 | |
| 変動費 | 1,000 | |
| 　限界利益（または貢献利益） | 1,500 | 限界利益率60% |
| 固定費 | 1,200 | |
| 　　　営業利益 | 300 | |

　次に，損益分岐点売上高は固定費を限界利益率で除して算定される。図表10-4-1の場合，固定費1,200を限界利益率60%（0.6）で除すことにより，損益分岐点売上高は，2,000と算定される。さらに，売上高と損益分岐点売上高との関係から，安全余裕率という指標が用いられる（図表10-4-1の場合，安全余裕率は20%となる）。安全余裕率が高ければ，それだけ経営の安全性が高いこと

を示している。

$$安全余裕率（％）＝\frac{売上高－損益分岐点売上高}{売上高}\times 100$$

## （2）損益分岐点分析を行うための準備

　損益分岐点分析を行うためには，固定費・変動費（率）を求める必要がある。費用を固定費と変動費に分解する方法としては勘定科目法などの手法が考えられる[9]が，外部から財務諸表の項目を固定費と変動費に区分していくことは困難であることから，最小二乗法を用いた回帰分析による推計を試みる。すなわち，営業費用（売上原価，販売費及び一般管理費）のうち売上高に比例して発生する部分が変動費であることから，営業費用は，固定費を切片，変動費率（売上高に対する変動費の割合）を傾きとする一次式で表すことが可能となる。

　なお，ブライダル業界の場合には季節変動が大きいと考えられることから，四半期財務諸表ではなく年度の財務諸表を用いて推計している（**図表10-4-2**）。

　その結果，**図表10-4-3**のとおり変動費率は0.5147，固定費額は231億4,900万円と算定された。これに基づいて損益分岐点分析を行った結果，損益分岐点分析売上高は440億円，2013年度の安全余裕率は0.02％となった。

## （3）感応度分析

　次に，売上高，固定費の変化に対する感応度分析を行う。感応度分析とは，将来シナリオを仮定し，ある変数（本章では収益，費用）を変化させたときに，その変化が他の変数（利益）に与える影響の大きさを測定する方法である。

　はじめに，売上高の変化に対する感応度分析を行う。ここでは，2014年3月期の決算短信で示されている業績予想に基づき，売上高が488億円になった場合に営業利益や安全余裕率がどれくらいになるかを算定してみる。

　その結果，**図表10-4-4**のとおり，業績予想どおりの売上高となった場合には，営業利益は534百万円，安全余裕率は2.25％となる。さらに，業績予想を5％上回る売上高となった場合には，営業利益は17億1,800万円，安全余裕率は6.91％となる。しかし，売上高が業績予想を5％下回った場合には，営業利益は－6億5,000万円，安全余裕率は－2.89％となる。

　なお，現在のワタベウェディングのように，将来の業績が不明確な場合には

### 図表10-4-2 過去5年間の売上高と営業費用 (単位：百万円)

|  | 2009 | 2010 | 2011 | 2012 | 2013 |
|---|---|---|---|---|---|
| 売上高 | 52,082 | 50,555 | 48,929 | 49,295 | 47,710 |
| 営業費用 | 50,309 | 49,169 | 47,687 | 48,050 | 48,474 |
| 売上原価 | 17,901 | 17,072 | 16,108 | 16,091 | 16,453 |
| 販売費及び一般管理費 | 32,048 | 32,097 | 31,579 | 31,959 | 32,021 |

出所：有価証券報告書をもとに作成

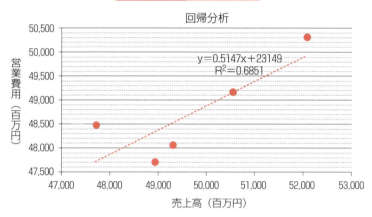

### 図表10-4-3 回帰分析結果

### 図表10-4-4 売上高に対する感応度分析結果 (単位：百万円)

| 仮 定 | 売上高 | 営業利益 | 安全余裕率 |
|---|---|---|---|
| 業績予想どおり | 48,800 | 534 | 2.25% |
| 予想を5％上回った場合 | 51,240 | 1,718 | 6.91% |
| 予想を5％下回った場合 | 46,360 | −650 | −2.89% |

　固定費を削減することも有効である[10]。そこで，次に固定費削減額の変化に対する感応度分析を行う。ここでは，回帰分析によって得られた固定費額について，5％もしくは10％削減した場合に営業利益がいくらになるかを検証する。なお，その他の前提は売上高に対する感応度分析の場合と同様である。

　その結果，**図表10-4-5**のとおり固定費を5％削減した場合には，営業利益は16億9,100万円，安全余裕率は7.14％，10％削減した場合には，営業利益は28億4,900万円，安全余裕率は12.03％となる。

**図表10-4-5　固定費削減額に対する感応度分析結果**（単位：百万円）

| 仮　定 | 営業利益 | 損益分岐点売上高 | 安全余裕率 |
|---|---|---|---|
| 固定費削減せず | 534 | 47,700 | 2.25% |
| 固定費を5％削減 | 1,691 | 45,315 | 7.14% |
| 固定費を10％削減 | 2,849 | 42,930 | 12.03% |

### （4）まとめ

　以上より，売上高や固定費の変動に応じて営業利益がどの程度変動するかが明らかになった。そこで，2014年から開始したハウス型ウェディングなど，魅力あるサービスを積極的に行うことにより売上高を増加させることが急務である。しかし，ワタベウェディングの現状を考えると，売上高を増加させることは簡単ではないと考えられる。実際に，2015年3月期第2四半期決算短信公表時において，2014年3月期決算短信時に行っていた業績予想の修正が行われ，2015年3月期の売上高予想は488億円から456億円に減額されている。このような状況のなか，まずは固定費削減に努めることが必要であろう。しかし，細やかなサービスが求められるウェディング業界において，コスト削減がサービスの低下につながることは好ましくない。そこで，サービスを低下させずにコストを削減する余地がないかどうか，コストの発生状況を精査し，収益率を改善させることが課題であると考えられる。

## 第5節　企業価値推定

　本節では，まず，基本プラットフォームのモデルに従い，DCF法と残余利益法の両モデルを用いて，2009年3月期から2013年3月期のワタベウェディングの理論時価総額を算出した。**図表10-5-1**は，実際の時価総額と理論時価総額の数値，およびVPRの推移を示したものである。なお，VPRとは理論時価総額を実際の時価総額で除した指標である。

　同図表を踏まえると，DCF法による理論時価総額と比べて，残余利益法による理論時価総額のほうが，いずれの年度においても実際の時価総額からの乖離が小さいといえる。したがって，残余利益法を用いて2014年3月期の理論時

価総額を算出し，2014年6月末時点の実際時価総額との比較を行う。

**図表10-5-1 実際時価総額と理論時価総額の比較**（単位：百万円）

|  | 09年3月期 | 10年3月期 | 11年3月期 | 12年3月期 | 13年3月期 |
|---|---|---|---|---|---|
| 時価総額 | 15,508 | 10,484 | 6,689 | 7,194 | 7,204 |
| DCF法 | 53,002 | 53,518 | 49,817 | 45,202 | 54,641 |
| 残余利益法 | 33,509 | 34,949 | 25,970 | 20,283 | 25,904 |
| VPR（DCF） | 3.42 | 5.10 | 7.45 | 6.28 | 7.58 |
| VPR（残余利益法） | 2.16 | 3.33 | 3.88 | 2.82 | 3.60 |

　前述したように，ここでは残余利益法に基づく理論時価総額の算出を行うが，それに先立ち，以下の3パターンの売上高予測に関するシナリオを想定する。

> **シナリオ①〔楽観的〕**　予測期間の最初の5年間について，2015年3月期の予測売上高を決算短信上の予想額488億円とする。その後4年間については，2014年3月期から2015年3月期の売上高成長率（1.14％）と同率で成長し続けると想定する。予測期間の6年目以降は，売上高成長率がしだいに長期インフレ率0.5％へと近づき，予測期間の10年目以降は0.5％で成長すると仮定する。
> **シナリオ②〔現状維持〕**　予測期間の最初の5年間について，2015年3月期の売上高予測値を達成することができず，売上高が現状の水準（約477億円）を維持したまま推移すると想定する。予測期間の6年目以降は，売上高成長率がシナリオ①と同様に長期インフレ率0.5％へと近づき，予測期間の10年目以降は0.5％で成長すると仮定する。
> **シナリオ③〔悲観的〕**　予測期間の最初の5年間について，売上高が年1.74％ずつ減少していくと想定する[11]。ワタベウェディングは2010年3月期に直近10年間で最高の売上高約521億円を達成しており，それ以降は売上高が減少している。従って，これは2010年3月期から2014年3月期までの売上高減少率が予測期間の最初の5年間も継続することを想定する。予測期間の6年目以降は，売上高成長率をシナリオ①ならびに②と同様に長期インフレ率0.5％へと近づけ，さらに10年目以降は0.5％が継続すると想定している。予測期間の6年目以降は，売上高成長率がシナリオ①と同様に長期インフレ率0.5％へと近づき，予測期間の10年目以降は0.5％で成長すると仮定する。

　これらのシナリオに基づいて理論時価総額を算出した結果，①では161億1,800万円，②では146億6,600万円，③では129億300万円となった。2014年6月末時点の株式時価総額をみてみると，60億6,500万円であり，シナリオ③に基

づく理論時価総額を大きく下回っていることがわかる。モデルによる算定結果を基準として株式時価総額の水準を検討すると，市場はワタベウェディングの企業価値を低く見積もっているといえるだろう。しかしながら，図表10-5-1に示している通り，過年度に関しても，残余利益法による理論時価総額の値は実際時価総額の値を大きく上回っており，本節の分析結果の解釈には注意が必要かもしれない。

## 第6節 総 括

　顧客のニーズの変動が激しく，顧客の要望を満たすのが難しいブライダル業界において，長年業界首位を保ってきたワタベウェディングも苦戦を強いられている。独自の分析では，売上高の増大や固定費削減により営業利益がどれだけ増加するかをシミュレーションした結果，魅力あるサービスを積極的に行うことにより売上高を増加させることが急務である状況が明らかとなった。しかし，ワタベウェディングの現状から考えると短期的に売上高を増大させることは困難であり，固定費の削減により損益分岐点を低くし，安定して営業利益を出せる体質にすることが必要だと考えられる。

◆注
1　平成17年1月に残りの34%を取得し，完全子会社化している。
2　メルパルクとは日本郵政（旧称）が郵便事業に関連した施設として設立したもので，宿泊施設やレストランなどを併合した複合施設である。
3　目黒雅叙園，メルパルクの施設は別会社が所有しており，ワタベウェディングは定期建物賃貸借契約により賃借している。
4　2014年3月期有価証券報告書より。
5　ワタベウェディング2014年3月期連結決算説明資料より。
6　たとえば，契約締結時には為替レートを1ドル80円として，原価10千ドルに対して販売金額を1,000千円としたとしよう。その場合，200千円の利益が見込まれているものの，急激な円安により為替レートが1ドル110円となれば，ドル建ての原価が予定どおりであったとしても，円建てでは1,100千円となり，100千円の損失となってしまう。
7　ファイナンスリース取引とした場合，総資本回転率は低くなるものの，リース債務の計上により財務レバレッジが高くなる。また，賃借料の代わりに減価償却費が計上されることから，利益に対する影響もほとんどないと考えられる。そのため，ROEに対する影響はほとんどないと考えられる。
8　財務諸表注記によれば，ワタベウェディングは取引銀行との貸出コミットメント契約枠

20億円を設定しており，当座の資金繰りに問題はないと考えられる。
9　費用を固定費と変動費に分解する方法としては，勘定科目法，統計的方法（高低点法，散布図表法，最小二乗法），工学的方法（IE法）がある（櫻井［2012］251-253頁）。
10　売上高はマーケットの状況に左右されるが，費用は自社の努力により増減させることが可能である。
11　2010年3月期から2014年3月期までの期間の売上高平均成長率（幾何平均）を求めた。

# 第11章

# 株式会社京都銀行

　本章では，株式会社京都銀行（以下，「京都銀行」とする）の分析を行う。京都銀行は京都府を営業基盤とする地方銀行であり，前章までで取り上げた企業も含め，京都企業の歴史的な発展を金融面から支えてきた。したがって，京都銀行は，京都企業の歴史を語るうえで欠くことのできない存在だといえる。さらに現在でも，各種の取引や株式持ち合いを通じて，京都銀行と密接な関係を保っている京都企業が多数存在している（川北・奥野［2015］，24, 25頁）。この点からも「京都企業」の分析を行うという本書の目的に照らして，京都銀行は注目に値する企業だといえるだろう。そこで本章では，「京都銀行の経営実態

京都銀行金融大学校桂川キャンパス（写真提供：京都銀行）

は一体どのようなものであろうか」,「京都企業の特徴が創り出される上で京都銀行はどのような役割を果たしているのであろうか」という問題意識のもと,経営戦略や財務分析を通じて京都銀行をより詳しく理解することを目的とする。

　以下では,第1節で京都銀行の企業概要を確認し,第2節では京都銀行を取り巻く経営環境について述べた後,その経営戦略を検討する。第3節では財務分析を通じて,京都銀行の収益性・健全性・成長性・効率性を検討する。第4節では独自分析として京都銀行の収益・費用構造を詳しく分析する。最後に,第5節で本章のまとめを行う。

## 第1節　企業概要

### (1) 沿　革

　はじめに,京都銀行の沿革について述べる。京都銀行は,京都府を拠点とし,主に関西地区に支店を展開している銀行である。その前身は,1941年に両丹銀行・宮津銀行・丹後商工銀行・丹後産業銀行の4行が合併して設立された丹和銀行(本店は福知山市)である。同行が1951年に商号変更し,株式会社京都銀行が誕生した(本店の京都市への移転は1953年)。その後,京都銀行は京都を地盤とする地銀として順調に成長を続け,1973年には京都証券取引所への上場を果たした。1984年には東京証券取引所と大阪証券取引所の各第2部市場へ,さらに1986年には東京証券取引所と大阪証券取引所の各第1部への上場を果たしている。また最近では,投資信託窓口販売業務や証券仲介業務等の取扱いも開始し,その事業の幅をますます広げている。

### (2) 現在の状況

　ここでは京都銀行の現在の状況を確認する。京都銀行の業務は,大まかに銀行業務とそれ以外の業務(不動産管理業務やクレジットカード業務等)とに分けられる。京都銀行が取り扱っている銀行業務は,主に預金業務・貸出業務・商品有価証券売買業務・有価証券投資業務・内国為替業務・外国為替業務等である。**図表11-1-2**に示されている過去5年間の各業務に由来する経常収益金額

第11章　株式会社京都銀行　*253*

**図表11-1-1　京都銀行の主たる沿革**

| | |
|---|---|
| 1941年 | 両丹銀行をはじめとする4行が合併し，丹和銀行設立 |
| 1951年 | 京都銀行と改称 |
| 1954年 | 外国為替公認銀行の認可を取得 |
| 1973年 | 京都証券取引所（現在は廃止）に上場 |
| 1982年 | コルレス包括承認銀行の認可を取得 |
| 1983年 | 国債取扱い業務開始 |
| 1984年 | 東京証券取引所・大阪証券取引所第2部上場 |
| 1985年 | 社債受託業務開始 |
| 1986年 | 東京証券取引所・大阪証券取引所第1部上場 |
| 1994年 | 信託代理店業務開始 |
| 1998年 | 投資信託窓口販売業務開始 |
| 2001年 | 損害保険代理店業務開始 |
| 2002年 | 生命保険代理店業務開始 |
| 2004年 | 証券仲介業務開始 |

出所：有価証券報告書をもとに作成

**図表11-1-2　経常収益に占める各業務の収益額**

| | 10年3月期 | 11年3月期 | 12年3月期 | 13年3月期 | 14年3月期 |
|---|---|---|---|---|---|
| 銀行業務 | 120,678 | 115,710 | 108,118 | 104,189 | 98,097 |
| 銀行業務以外の業務 | 8,895 | 8,618 | 8,258 | 7,904 | 7,733 |

（注）単位：百万円
出所：有価証券報告書をもとに作成

の推移から，依然として銀行業務の重要性が高いことがわかるだろう。

また，他の財務的な特徴としては，京セラ（3.82％保有），日本電産（4.25％保有），村田製作所（2.3％保有）といった京都を代表する企業の株式（京都銘柄とよばれる）を多く保有しており[1]，多額の含み益を有している点を指摘できる。これは上記の企業が小規模なベンチャーであった頃から資金を提供していたことに起因する[2]。加えてバブル期においても比較的堅実な経営を行っていたことから，安定的な財務体質を備えており，自己資本比率・信用格付け（格付投資情報センターではA＋，スタンダード＆プアーズではAとなっている）ともに地銀の中で高水準にあるということも重要な特徴である。

最後に，企業規模について確認しよう。まず資産規模についてだが，2014年3月期における京都銀行の総資産は7兆8,938億3,400万円であり，同時点における全国の地銀の平均値である4兆3,006億7,700万円と比較すると，全国平均に比べやや大きめの資産規模を有する地方銀行であるといえる。次に，従業員数についてだが，連結で3,566名である。また，2014年3月期時点における時価総額は3,042億3,221万円となっている。ここまで京都銀行の大まかな沿革・概要についてみてきたが，次節以降では，経営戦略分析・財務分析等を通じてその経営実態を詳しく検討しよう。

## 第2節　経営戦略分析

本節では，近年の地方銀行（以下，地銀と略称する）をめぐる環境変化を踏まえた上で，京都銀行がどのような経営戦略をとってきたかを説明する。すでに述べたとおり京都銀行は京都に拠点を定める地銀であるが，近年，地銀をめぐる状況はより一層厳しさを増している。このような状況を整理・確認しておくことは，京都銀行の経営戦略や財務状況を理解するうえで有用であろう。以下では最初に地銀をめぐる最近の動向を説明し，続いて，京都銀行の経営戦略を述べることにする。

### (1) 近年の地方銀行をめぐる動向

#### ① 地方銀行とは

ここでは以下の説明の前提として地銀という銀行の業態について簡単に説明をしておく[3]。日本における金融機関の種類にはさまざまなものがあるが，大別すると「中央銀行」，「民間金融機関」，および，「政府系金融機関」の3つに分類される。この中で，都市銀行，地方銀行（地銀），第二地方銀行協会加盟行（以後，第二地銀と略称する）などから成る「普通銀行」，長期信用銀行，信託銀行などの「長期金融機関」，信金中央金庫，信用金庫などの「中小企業金融機関」，そして，農林中央金庫などの「農林水産金融機関」などが「預金取扱金融機関」として民間金融機関に含まれている[4]。本章の分析対象である京都銀行は地銀の1つである。

大都市に営業基盤を持ち，全国規模で営業を行う都市銀行とは異なり，地銀は通常，各都道府県の中心都市に本店を置き，本店のある都道府県を営業基盤としている。現在，日本には64行の地銀が存在している。なお地銀同様，地域に営業基盤を有する銀行には第二地銀があるが[5]，もともとその多くは相互銀行であり，1989年2月以降，普通銀行に転換した銀行である。第二地銀は現在，41行存在しており，これら第二地銀と先述の地銀を合わせて「地域銀行」とよぶ。

② 近年における地方銀行の収益構造

地銀業界を取り巻く経営環境をみるため，まず**図表11-2-1**で地銀全体（64行）の収益構造の趨勢（単体ベース）を確認しよう。図表11-2-1には全国の地銀64行について決算期ごとに資金運用収益，役務取引等収益，その他業務収益，および，その他経常収益（特定取引収益と信託報酬を含む）を集計した金額の推移が示されている[6]。また，**図表11-2-2**には図表11-2-1同様，全地銀について集計した貸出金利息額および有価証券利息配当金額の推移が示されている（参考として，資金運用収益集計額の推移も示した）。そして，**図表11-2-3**には，全地銀の有価証券残高および貸出金残高の集計額の推移が示されている。

**図表11-2-1 経常収益各構成要素集計額の趨勢**

（注）単位：10億円。単体ベース。2011年3月期のみ63行。各期の経常収益集計額は，資金運用収益＋役務取引等収益＋その他業務収益＋その他経常収益の合計額。なお，特定取引収益と信託報酬はその他経常収益に合算
出所：全国銀行協会資料をもとに作成

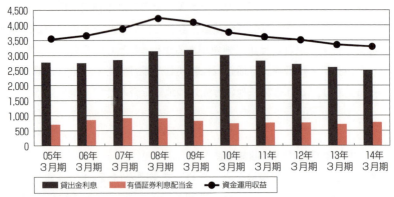

図表11-2-2 資金運用収益（貸出金利息・有価証券利息配当金）の推移

（注）単位：10億円。単体ベース。2011年3月期のみ63行
出所：全国銀行協会資料をもとに作成

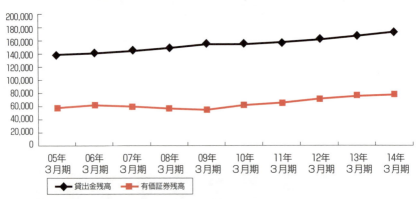

図表11-2-3 貸出金残高および有価証券残高集計額の推移

（注）単位：10億円。単体ベース。
出所：全国銀行協会資料をもとに作成

　これらの図表から次のことがいえる。

◆地銀の経常収益の中で資金運用収益が圧倒的な割合を占めている（図表11-2-1）。そして，資金運用収益の中で貸出金利息が非常に大きな割合を占めている（図表11-2-2）。これは現在に至るまで地銀の主たるビジネス・モデルが，預金として集めた資金を貸出し，利鞘を稼ぐことであることを示している（内田［2015］，16頁）。

◆経常収益は2008年度以降，基本的に減少傾向にある。その主な原因は資金運用収益の趨勢的な減少である。貸出金残高は経年的に増加傾向にあるにもかかわらず（図表11-2-3），貸出金利息合計額の方は減少傾向にあることが確認できる（図表11-2-2）。このことから貸出による利鞘ビジネスの収益性が経年的に下がっていることがわかる。

なぜ，従来型の貸出を中心としたビジネス・モデルの収益性は低下し続けているのであろうか。その理由として以下のことが考えられる（小川［2015］，8-9頁）[7]。①まず，現在の日本では大企業から中小企業にいたるまで企業が資金余剰状態（貸出供給＞貸出需要）にあり，その結果，貸出市場における金融機関同士の競争が激化し，貸出ビジネスの収益性が低下していることが挙げられる。②また，量的・質的金融緩和政策による超低金利政策によって貸出利鞘が低下していることも理由として挙げられる[8]。

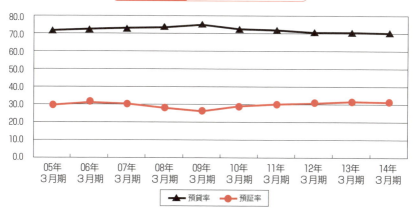

図表11-2-4　預貸率・預証率の推移

（注）単位：パーセント。単体ベース。預貸率＝貸出金残高／（預金額＋譲渡性預金額），預証率＝有価証券残高／（預金額＋譲渡性預金額）
出所：全国銀行協会資料をもとに作成

このような状況のもとで，地銀全体として預金の運用における有価証券投資の比重が徐々に高まりつつある。**図表11-2-4**には地方銀行全体の預貸率（貸出金残高と預金残高の比率）と預証率（有価証券残高と預金残高の比率）の推移が示されている[9]。この図表から，預貸率は2009年3月期をピークに徐々に低下していることがわかる。図表には示していないが，2005年3月期から2014年3月期まで地銀全体の預金合計額は一貫して増加しており，前述のとおり貸出金も増加傾向にあることから，預貸率の低下は預金の伸びに対して貸出が伸びていないことから生じていると考えられる。その一方で，預証率は2006年3月期から2009年3月期まで減少しているが，その後は徐々に上昇していることが確認できる[10]。これらの証拠は，地銀全体としては預金の運用において貸出金の比重がやや低下していく一方で，有価証券投資の重要性が相対的に高まっていることを示しているといえる。

③ **人口減少と地銀再編問題**

ここまで，近年における地銀の収益構造を確認し，従来の貸出を中心としたビジネスのあり方の限界について指摘してきた。ここからは地銀を取り巻く問題として，人口減少問題と地銀の再編問題について述べることにする。本店が置かれている都道府県を営業基盤としている地銀にとって，少子高齢化，そして，それにともなう人口減少は避けがたい重要な問題としてのしかかっている。地銀は資金調達において預金の割合が大きいため（全国銀行協会調査部［2013］，38頁），高齢化の進展が急速に進む地域では銀行の資金調達問題が生じることが予想されている（小川［2015］，9頁）。具体的には，高齢者は生活のために預金を取り崩しながら生活することになるが，それに伴って銀行の資金調達源泉である預金が減少し，それに対応するために貸出の縮小をはじめとする資産の圧縮を進めざるをえなくなる可能性がある。また，地方の急速な人口減少は，地方のマーケットとしての魅力を低下させることになる（『週刊ダイヤモンド』2014年5月31日号，28頁）。人口減少によって地方の経済規模が縮小していく中で，貸出市場はますます過当競争（「オーバーバンキング」）状態になっていくことが予想されている（同上，28頁）。

以上のような，人口減少に伴う地方経済の縮小に対応するため，地銀や第二地銀では経営統合による業界再編の動きが加速している[11]。**図表11-2-5**には，

**図表11-2-5　近年の地域銀行間の経営統合**

| 年 | 月 | 地域 | 経営統合 |
|---|---|---|---|
| 2005 | 10 | 東北 | 山形しあわせ銀と殖産銀の経営統合 |
| 2006 | 1 | 関西 | りそな銀と奈良銀の合併 |
|  | 2 | 関西 | 紀陽銀と和歌山銀の経営統合 |
|  | 10 | 関西 | 紀陽銀と和歌山銀の合併 |
|  | 10 | 中国 | 山口銀ともみじHDの持株会社化 |
| 2007 | 4 | 中国 | もみじHDともみじ銀の合併 |
|  | 4 | 九州 | 福岡銀と熊本ファミリー銀の経営統合 |
|  | 5 | 東北 | 山形しあわせ銀と殖産銀の合併 |
|  | 9 | 九州 | ふくおかFGと親和銀の持株会社化（10月に福岡FGと九州親和HDの経営統合） |
| 2008 | 10 | 北海道 | 北洋銀と札幌銀の合併 |
| 2009 | 4 | 関西 | りそな銀とりそな信託の合併 |
|  | 10 | 東北 | 北都銀と荘内銀の経営統合 |
|  | 10 | 関西 | 泉州銀と池田銀とが持株会社化 |
| 2010 | 3 | 関東 | 関東つくば銀と茨城銀の合併 |
|  | 3 | 関西 | びわこ銀と関西アーバン銀の合併 |
|  | 4 | 四国 | 徳島銀と香川銀の持株会社化 |
|  | 5 | 関西 | 泉州銀と池田銀の合併 |
| 2011 | 10 | 中国 | 山口銀が山口銀と北九州銀に会社分割 |
| 2012 | 9 | 東海 | 十六銀と岐阜銀の合併 |
|  | 10 | 東北 | きらやか銀と仙台銀の経営統合 |
| 2013 | 10 | 関西 | 紀陽HDと紀陽銀の合併 |

（注）2005年からの地域銀行（地方銀行＋第二地銀）の主な経営統合
出所：『金融ジャーナル』2015年4月号，36-38頁をもとに作成

　2005年からの地域銀行（地銀＋第二地銀）の経営統合が表としてまとめられている。この表からわかるように，同じ地域内や地域間をまたいだ地方銀行・第二地銀同士の広域的連携やグループ化（ホールディングス化）という流れをみてとることができる。関西圏でも池田銀行と泉州銀行のホールディングス化（2009年），そして，その後の合併による池田泉州銀行の誕生（2010年）などがあり，京都銀行がビジネスを展開している地域も再編の動きと無縁ではないことがわかるであろう。

　ここまでで近年における地銀を取り巻く厳しい経営環境についてみてきた。

以下では，このような業界全体の状況を踏まえて，京都銀行の経営戦略に注目して検討を行うこととする。

## （２）京都銀行の成長戦略

京都銀行の経営戦略にとって鍵となる言葉のひとつは「広域型地方銀行」である。京都銀行の経営上の取組みにはさまざまなものがあるが，ここでは京都銀行の出店戦略に注目する。まず**図表11-2-6**で京都銀行の店舗数の推移を確認しよう。同表は，全地銀64行の2005年3月期から2014年3月期までの店舗合計数（出張所を含む，国内外の店舗両方を含む）の推移を示したものである。加えて，同図表中には京都銀行，そして，滋賀銀行，近畿大阪銀行，泉州銀行，池田銀行（なお，これらの2行は合併し，現在では池田泉州銀行[12]となっている），南都銀行の店舗数についてもその推移を示した。

そこからわかるように，地銀全体でみると店舗数は2005年3月期から2007年3月期にかけて減少傾向にあったことがわかる。それ以降の年度についてはおおむね増加傾向となっており，2014年3月期は2013年3月期に比べわずかに減少しているが（2013年3月期は7,529店舗，2014年3月期は7,520店舗で9店舗の減少），2005年3月期の水準に近いところまで店舗数が増えていることが確認できる。

次に地銀全体の店舗総数ではなく，京都銀行単独の店舗数の推移に注目しよう。京都銀行の店舗数は2005年3月末時点で127店舗だったものが，その後一貫して（全国地銀の店舗数が減少しているときにも）増加傾向を示しており，

**図表11-2-6　関西地域の地方銀行店舗数の推移**

| | 05年3月期 | 06年3月期 | 07年3月期 | 08年3月期 | 09年3月期 | 10年3月期 | 11年3月期 | 12年3月期 | 13年3月期 | 14年3月期 |
|---|---|---|---|---|---|---|---|---|---|---|
| 全体 | 7,548 | 7,484 | 7,435 | 7,456 | 7,455 | 7,521 | 7,493 | 7,504 | 7,529 | 7,520 |
| 滋賀 | 131 | 131 | 130 | 131 | 127 | 129 | 128 | 129 | 128 | 128 |
| 京都 | 127 | 130 | 134 | 140 | 144 | 150 | 157 | 162 | 167 | 167 |
| 近畿大阪 | 138 | 137 | 136 | 136 | 136 | 136 | 128 | 128 | 128 | 128 |
| 泉州 | 64 | 64 | 64 | 64 | 64 | 64 | 141 | 141 | 138 | 139 |
| 池田 | 72 | 72 | 75 | 76 | 76 | 76 | | | | |
| 南都 | 126 | 126 | 129 | 130 | 131 | 132 | 130 | 130 | 132 | 134 |

（注）泉州銀行および池田銀行は合併によって2010年度より池田泉州銀行となっている
出所：全国銀行協会資料をもとに作成

2014年3月末時点で167店舗に達している。これは2004年度をベースとすると，約31%の店舗数の増加であり，京都銀行が積極的な出店を行っていることが確認できるであろう。これはあわせて掲載している他の銀行と比べても非常に高い店舗数の伸び率であるといえる（そもそも滋賀銀行や近畿大阪銀行については店舗数の減少が観察される）。

以上の結果から，京都銀行が地銀全体や他の地銀と比べ積極的な出店戦略をとっていることがうかがえる。京都銀行の出店状況をさらに詳しく確認するために，最近10年間の都道府県別店舗数の推移をみてみよう（図表11-2-7）。京都銀行はここ数年，京都以外の他府県への進出が目立っている。2005年3月末時点と2014年3月末時点とを比較した場合，京都府における店舗数の増加は4店舗（106店舗→110店舗）であるが，大阪府は14店舗の増加（14店舗→28店舗），滋賀県は8店舗の増加（4店舗→12店舗），奈良県は6店舗の増加（1店舗→7店舗），そして，兵庫県は7店舗の増加（1店舗→8店舗），となっている。また，最近では東京支店以外に愛知県名古屋市に支店を構えるなど，近畿地方以外への越境出店も行っている。

地方銀行は本来，地盤としている都道府県から「大きくはみ出すことなく店舗展開する」（『週刊ダイヤモンド』2012年9月29日号，158頁）ことが通常であった。しかしながら，京都銀行は2000年の草津支店（滋賀県）の開設以来，上述の拡大路線をとり，京都府以外の他府県に積極的な新規出店を行ってきた。その背景には，①バブル崩壊後，メガバンクが店舗を閉鎖した結果，近くに銀行

**図表11-2-7　京都銀行の都道府県別店舗数の推移**

|  | 05年3月期 | 06年3月期 | 07年3月期 | 08年3月期 | 09年3月期 | 10年3月期 | 11年3月期 | 12年3月期 | 13年3月期 | 14年3月期 |
|---|---|---|---|---|---|---|---|---|---|---|
| 京都 | 106 | 106 | 105 | 103 | 103 | 104 | 107 | 108 | 110 | 110 |
| 大阪 | 14 | 15 | 17 | 19 | 21 | 22 | 24 | 26 | 28 | 28 |
| 滋賀 | 4 | 4 | 6 | 7 | 8 | 10 | 12 | 12 | 12 | 12 |
| 奈良 | 1 | 2 | 3 | 5 | 5 | 6 | 6 | 7 | 7 | 7 |
| 兵庫 | 1 | 2 | 2 | 5 | 6 | 7 | 7 | 7 | 8 | 8 |
| 愛知 | 0 | 0 | 0 | 0 | 0 | 0 | 0 | 1 | 1 | 1 |
| 東京 | 1 | 1 | 1 | 1 | 1 | 1 | 1 | 1 | 1 | 1 |
| 合計 | 127 | 130 | 134 | 140 | 144 | 150 | 157 | 162 | 167 | 167 |

出所：有価証券報告書ならびに全国銀行協会資料をもとに作成

の店舗がなくなり不便を感じている顧客を相手とすることで取引の拡大を見込むことができた，②顧客の営業圏が広がっていたことに伴い，大阪以外の他府県に進出することで取引拡大を見込むことができた，という事情があった（同上，158頁）[13]。

このような京都銀行の積極的な越境戦略に対しては，健全性という面から肯定的に評価することができる。京都だけではマーケットとして限界があるため，京都銀行が京都府内だけで貸出を増加させていこうとするならば，よりリスクの高い企業に対する貸出が増加し続けることになりかねないからである（同上，158頁）[14]。また，京都銀行は近年の地銀・第二地銀再編の動きの中で，単独での生き残りを目指している。単独で安定した経営を維持するためには，ある程度の規模を獲得していく必要がある。したがって他府県への進出による規模の拡大が重要な戦略となっていると考えられる。ただし，経営統合を避けて京都銀行単独での生き残りを目指し，規模の拡大を重視する戦略は，（少なくとも短期的には）経営の効率性を犠牲にすることになるかもしれない。

以上，本節では地銀業界全体の動向を概観し，その後京都銀行の経営戦略について述べてきた。次節以降では，京都銀行の収益性・健全性・成長性・効率性について，いくつかの代表的な財務指標を用いて分析する。

## 第3節　財務分析

### （1）分析上の留意点

本節の財務分析においては次の留意点があることをあらかじめ指摘しておく。第2節で言及した通り，本節での分析対象期間前に池田銀行と泉州銀行のホールディングス化，そして，分析期間中に経営統合が行われている。京都銀行は大阪でも積極的に事業展開を行っているため，池田泉州ホールディングス（以下，池田泉州HD）も比較対象行に含めることとした（ただし，指標によっては，池田泉州銀行のデータを用いた）[15]。また，新しい自己資本比率規制の実施などで時系列的な比較が困難となっている指標もあるが，本章ではそのままの数値を用いている。

## (2) 財務分析

### ① 収益性分析

　まず，経常収益当期純利益率について，京都銀行と同じく関西エリアで事業を展開する3行（滋賀銀行，南都銀行，および池田泉州HD）の比較を行う。経常収益当期純利益比率（連結ベース）は，各行の当期純利益を経常収益で除すことで算出した。**図表11-3-1**からわかるように，2012年3月期については京都銀行，南都銀行，そして池田泉州銀行で当該数値の低下が観察されるものの，分析対象期間全体としては上昇傾向にあることが読み取れる。本図表では示していないが，分析対象期間以前の5年間は全体的に減少傾向（特に金融危機時に大きな落ち込みが生じた）を示しているため，分析対象期間においては京都銀行と比較銀行各行の業績が回復してきているといえるであろう。京都銀行の経常収益当期純利益率を他行と比較してみると，分析期間を通じて他行に比べて高い収益率を保っているといえる。しかしながら，2014年3月期には他行の収益性も著しく改善しており，京都銀行の収益性が分析対象行の中で突出して高いとはいえない状況となっている点には注意が必要である。

　次に，ROA（総資産利益率）に注目してみよう。本節のROAは当期純利益を総資産平均残高（ただし，支払承諾見返[16]を除いた総資産額）で除すことで算出している（有限責任あずさ監査法人編［2012］，97頁）[17]。**図表11-3-2**が示すように，当該指標についても2010年3月期から2013年3月期にかけては京都銀行が他行に比べて優位にあるといえるが，2014年3月期においては他行も収益性を著しく改善させており，京都銀行が他行よりも高い収益性を誇っているとはいえない。

　また，当該指標は，経常収益当期利益率と総資産回転率とに分解可能である

### 図表11-3-1　経常収益当期利益率の比較

| 経常収益当期利益率 | 10年3月期 | 11年3月期 | 12年3月期 | 13年3月期 | 14年3月期 |
|---|---|---|---|---|---|
| 京都銀行 | 12.09% | 14.78% | 13.37% | 15.68% | 15.85% |
| 滋賀銀行 | 4.47% | 5.09% | 9.07% | 6.24% | 12.49% |
| 南都銀行 | 7.76% | 7.24% | 3.85% | 8.57% | 10.98% |
| 池田泉州HD | －2.4% | 6.56% | 3.29% | 9.06% | 15.84% |

出所：全国銀行協会資料ならびに有価証券報告書をもとに作成

が，経常収益当期利益率の大きさに比べてROAの値が極端に小さいのは，総資産回転率が極端に低いためである。これは，預金などのさまざまなルートで借り入れた資金を企業や個人に貸し付け，利子収入を得るという銀行業務の性質上，総資産が非常に大きくなることに由来している。

**図表11-3-2 ROAの他行比較**

| ROA | 10年3月期 | 11年3月期 | 12年3月期 | 13年3月期 | 14年3月期 |
|---|---|---|---|---|---|
| 京都銀行 | 0.23% | 0.26% | 0.21% | 0.23% | 0.22% |
| 滋賀銀行 | 0.10% | 0.11% | 0.19% | 0.12% | 0.23% |
| 南都銀行 | 0.16% | 0.14% | 0.07% | 0.16% | 0.18% |
| 池田泉州HD | −0.06% | 0.16% | 0.08% | 0.20% | 0.32% |

(注) 当期純利益ベース。なお，池田泉州HDの10年3月期のデータは，平均総資産ではなく，期末の総資産額を用いてROAを計算している
出所：全国銀行協会資料ならびに有価証券報告書をもとに作成

② 健全性分析

まず，自己資本比率（連結ベース）[18]を用いて京都銀行の財務健全性についての考察を行う。京都銀行は国内基準に基づいて自己資本比率を算定・開示しているため，ここでは国内基準を採用しているのは南都銀行と池田泉州銀行との比較する。**図表11-3-3**からもわかるように，京都銀行は常に国内基準を上回る値を示していることに加えて，国内基準を採用している他の2行と比べ高い自己資本比率を示している。

**図表11-3-3 自己資本比率の他行比較**

| 自己資本比率 | 10年3月期 | 11年3月期 | 12年3月期 | 13年3月期 | 14年3月期 |
|---|---|---|---|---|---|
| 京都銀行 | 12.33% | 13.55% | 13.25% | 13.26% | 12.89% |
| 滋賀銀行* | 12.12% | 13.01% | 14.04% | 14.14% | 14.80% |
| 南都銀行 | 12.42% | 11.74% | 11.63% | 10.66% | 10.51% |
| 池田泉州HD | 10.21% | 10.80% | 10.92% | 10.39% | 10.49% |

(注) ＊は国際統一基準適用行，それ以外は国内基準適用行
出所：全国銀行協会資料ならびに有価証券報告書をもとに作成

続いて金融再生法開示債権比率（単体ベース）[19]に関して分析を行う。各行の金融再生法開示債権比率は**図表11-3-4**にまとめてある。なお，本図表では，京都銀行の数値として京都銀行自身が「決算説明資料」の中で開示している

「部分直接償却実施後開示債権比率」[20]を用いている。

図表11-3-4 金融再生法開示債権比率の他行比較

| 開示債権比率 | 10年3月期 | 11年3月期 | 12年3月期 | 13年3月期 | 14年3月期 |
|---|---|---|---|---|---|
| 京都銀行 | 3.74% | 3.61% | 3.26% | 3.12% | 2.70% |
| 滋賀銀行 | 2.32% | 2.43% | 2.74% | 3.16% | 2.89% |
| 南都銀行 | 3.12% | 3.15% | 3.18% | 3.05% | 2.77% |
| 池田泉州HD | − | 1.76% | 1.81% | 1.82% | 1.40% |

(注) 単体ベース。京都銀行は各年度の「決算説明資料」(京都銀行) より部分直接償却実施後の不良債権比率を取得
出所：各年度「地銀の自己資本比率」(ニッキン・銀行バーチャルIRより取得) をもとに作成

　図表11-3-4からわかるように，京都銀行の金融再生法開示不良債権比率は，次第に改善していることがわかる（2010年3月期には3.74%だったものが，2014年3月期には2.70%まで改善している）。他行と比較してみた場合，南都銀行も開示債権比率を改善させており，京都銀行とそれほど大きな差がないことを確認できよう。また，滋賀銀行はもともと京都銀行よりも開示債権比率の値が低かったが，2013年3月期と2014年3月期は2010年3月期と比べて開示債権比率を悪化させており，これらの年度については滋賀銀行と京都銀行の間で差がなくなっていることが確認できる。ただし，池田泉州銀行に注目すると，その開示債権比率は京都銀行よりも一貫して低く，京都銀行に比べて不良債権を抱えていないことがわかる。

③　成長性分析

　ここからは京都銀行について主要な成長性指標（連結ベース）の推移を確認する。**図表11-3-5**には当期利益成長率，業務粗利益成長率[21]，ならびに，総資産成長率をまとめている。それぞれの指標は2010年3月期の数値を基準値1とすることによって算出した。当期利益成長率については，2010年3月期から1，1.17，0.99，1.12，そして，1.07と推移しており，若干の上下動がみられる。他方，業務粗利益成長率は当期利益とは異なり，2010年3月期から2011年3月期は微増であったが，それ以降は一貫して低下傾向にあり，京都銀行の銀行業務の収益性が低下していることがわかる。

図表11-3-5 京都銀行の主たる成長性指標推移

|  | 10年3月期 | 11年3月期 | 12年3月期 | 13年3月期 | 14年3月期 |
| --- | --- | --- | --- | --- | --- |
| 当期利益成長率 | 1 | 1.17 | 0.99 | 1.12 | 1.07 |
| 業務粗利益成長率 | 1 | 1.02 | 0.94 | 0.92 | 0.88 |
| 総資産成長率 | 1 | 1.02 | 1.03 | 1.07 | 1.11 |

出所：全国銀行協会資料をもとに作成

④ **効率性分析**

　財務分析の最後に効率性に関する指標について確認しよう。ここでは効率性を表す指標として経費率[22]を取り上げる。経費率の推移は**図表11-3-6**にまとめている。京都銀行の経費率は，分析対象期間中ずっと他行に比べて低い水準にあることがわかる。しかしながら，時系列でみると京都銀行の経費率は過去5年で11.77％も増加しており，効率性が著しく低下していることが図表から確認できる。他行と比較した場合，池田泉州HDとはいまだに大きな差があるものの，南都銀行や特に滋賀銀行との差が徐々に縮まってきている。京都銀行の経費率が悪化している理由は，営業費（分子）がわずかに増加傾向にあることに加えて，業務粗利益（分母）が減少傾向にあるためである（なお，これらのデータに関する図表は未記載であるが，変化の幅は分母のほうが大きい）。以上の時系列比較と銀行間比較から，京都銀行の効率性は分析対象期間中に低下していることがわかる[23]。

　ただし，以上の点については解釈に注意が必要である。たとえば，上述の結果は，京都銀行が積極的な出店戦略をとっているために一時的に効率性指標が悪化しているようにみえているだけだという解釈も可能である。京都銀行が先を見据えて先行投資を行っている段階にあるならば，ここ数年の効率性が悪くなっているようにみえるとしても，今後収益性が高まっていくにつれて効率性

図表11-3-6 過去5年間の経費率の推移

| 経費率 | 10年3月期 | 11年3月期 | 12年3月期 | 13年3月期 | 14年3月期 |
| --- | --- | --- | --- | --- | --- |
| 京都銀行 | 56.89% | 57.69% | 63.24% | 63.22% | 68.66% |
| 滋賀銀行 | 68.51% | 66.80% | 68.31% | 69.59% | 69.84% |
| 南都銀行 | 73.48% | 74.63% | 77.07% | 75.00% | 73.61% |
| 池田泉州HD | 68.0% | 66.43% | 68.36% | 70.88% | 79.05% |

出所：全国銀行協会資料ならびに有価証券報告書をもとに作成

は改善していくと考えられる。したがって，京都銀行の最近の効率性指標の推移はこの点を踏まえて注意深く解釈を行う必要がある。

### (3) まとめ

本節のおわりに，財務分析の結果をまとめておこう。

◆収益性に関しては，他行が収益性を改善させていることに伴い，京都銀行が他行と比較して突出して収益性が高いとはいえなくなってきている。
◆健全性に関しては，自己資本比率に関して他よりも高い値を示していることが確認できる。
◆成長性に関しては，総資産は過去5年間で成長し続けているものの，業務粗利益は過去5年間一貫して減少している。
◆効率性に関しては，京都銀行は分析対象期間中，他行と比べて一貫して経費率が低い値を示している。しかしながら，京都銀行と他行との差は（池田泉州銀行を除き）次第に小さくなってきている。

以上，本節では収益性・健全性・成長性・効率性の4つの観点から京都銀行の分析を行った。次節ではこれまでの知見を踏まえ，収益と費用の構造分析により，京都銀行の収益性をさらに詳しく検討する。

## 第4節　独自の分析：収益と費用の構造分析

### (1) 収益構造

銀行の主な収益項目は，貸出や有価証券保有からの利息収入に基づく資金運用収益，為替取引などの手数料によって収益を得る役務取引等収益，有価証券を売買することなどによって得られるその他業務収益，金銭の信託運用により得られるその他経常収益の4項目から構成されている[24]。

図表11-4-1より，経常収益が逓減していることがわかる。その理由は，経常収益のうち最大の資金運用収益が減少しているためである。他方，役務取引等収益，その他業務収益，およびその他経常収益は増加している。まずは，主な収益源である資金運用収益に焦点を当ててみる。

### 図表11-4-1 京都銀行の主な収益項目の推移

|  | 10年3月期 | 11年3月期 | 12年3月期 | 13年3月期 | 14年3月期 |
|---|---|---|---|---|---|
| 資金運用収益 | 99,608 (76.9) | 93,774 (75.4) | 86,616 (74.4) | 79,224 (70.7) | 76,722 (72.5) |
| 役務取引等収益 | 15,941 (12.3) | 16,108 (13.0) | 16,368 (14.1) | 16,876 (15.1) | 17,986 (17.0) |
| その他業務収益 | 11,934 (9.2) | 12,402 (10.0) | 10,560 (9.1) | 13,454 (12.0) | 8,484 (8.0) |
| その他経常収益 | 2,079 (1.6) | 2,043 (1.6) | 2,830 (2.4) | 2,538 (2.3) | 2,638 (2.5) |
| 経常収益 | 129,564 (100) | 124,328 (100) | 116,376 (100) | 112,094 (100) | 105,831 (100) |

(注) 単位：百万円，括弧内は構成比
出所：有価証券報告書をもとに作成

## （2）資金運用収益

　資金運用収益は貸出金利息および有価証券利息配当金の2つによって主に構成される。**図表11-4-2**より，京都銀行は，他の3行および地方銀行平均と比較して，有価証券利息配当金の資金運用収益に占める割合が大きいことがわかる。収益を生み出す源泉である資産に目を向けてみると，京都銀行の貸借対照表に表示されている貸出金と有価証券のそれぞれが総資産に占める割合に関して，他行と比べて貸出金の割合が低く，有価証券の割合が高い。

### 図表11-4-2 貸出金・有価証券の利息および比率の平均

|  | 京都銀行 | 滋賀銀行 | 南都銀行 | 池田泉州HD | 地方銀行 |
|---|---|---|---|---|---|
| 貸出金利息 | 68.70 | 75.70 | 70.68 | 70.08 | 58.28 |
| 有価証券利息配当金 | 30.13 | 23.44 | 28.72 | 24.05 | 16.10 |
| 貸出金比率 | 54.09 | 61.56 | 58.25 | 81.61 | 64.04 |
| 有価証券比率 | 39.14 | 31.15 | 36.10 | 18.12 | 27.54 |

(注) 単位：％，貸出金利息・有価証券利息配当金は資金運用収益に対する構成比，貸出金比率・有価証券比率は総資産に対する構成比，5年間（2010年3月期から2014年3月期）の平均，地方銀行：64行（2011年3月期のみ63行）の5年平均
出所：有価証券報告書，全国銀行協会資料をもとに作成

　まずは，貸出業務について検討する。**図表11-4-3**に示したように，京都銀行は他の3行と同じく5年間で継続して貸出金額が増加している。さらに5年間での変化率は9.96％であり，相対的にもっとも成長しているといえる。ただし，それでも貸出金比率は低く，地方銀行平均と比較しても10％ほど低い水準である。また，貸出金の71.16％（2014年3月期，単体ベース）は中小企業向けである。中小企業は一般に，景気の変動にその業績を左右されやすいことを指摘

できる。

**図表11-4-3 貸出金の推移**

|  | 10年3月期 | 11年3月期 | 12年3月期 | 13年3月期 | 14年3月期 |
|---|---|---|---|---|---|
| 京都銀行 | 3,834,750 | 3,935,192 | 4,059,891 | 4,120,333 | 4,216,634 |
| 滋賀銀行 | 2,714,367 | 2,768,107 | 2,743,438 | 2,822,561 | 2,916,953 |
| 南都銀行 | 2,730,540 | 2,709,612 | 2,785,671 | 2,898,844 | 2,972,159 |
| 池田泉州HD | 3,448,581 | 3,501,016 | 3,516,142 | 3,578,225 | 3,602,329 |

（注）単位：百万円
出所：有価証券報告書をもとに作成

次に，有価証券投資について検討する。株式は，景気の動向により含み損益を出すため，貸出業務と比べてリスクが低い事業とは言い切れない。他方，満期保有を目的とした債券は安定的な利息収入をもたらす。**図表11-4-4**に示したように，有価証券の保有残高も5年間で一貫して増加している。また，2014年3月末において，有価証券のうち国内債券が78.3%を占めており，うち国債は37.5%である。

**図表11-4-4 京都銀行の有価証券残高の推移**

|  | 10年3月期 | 11年3月期 | 12年3月期 | 13年3月期 | 14年3月期 | 構成比 | 増加率 |
|---|---|---|---|---|---|---|---|
| 国債 | 1,003,901 | 1,098,652 | 1,204,791 | 1,075,508 | 1,200,198 | 37.5 | 19.6 |
| 地方債 | 107,325 | 174,955 | 278,035 | 405,357 | 372,623 | 11.7 | 247.2 |
| 社債 | 727,336 | 759,855 | 817,118 | 977,311 | 931,742 | 29.1 | 28.1 |
| 株式 | 494,728 | 408,075 | 324,194 | 330,385 | 434,989 | 13.6 | −12.1 |
| その他 | 383,354 | 324,946 | 247,274 | 245,727 | 257,151 | 8.0 | −32.9 |
| 残高合計 | 2,716,645 | 2,766,484 | 2,871,415 | 3,034,289 | 3,196,706 | 100.0 | 17.7 |

（注）単位：百万円，構成比・増加率％。構成比は2014年3月期
出所：有価証券報告書をもとに作成

債券保有による影響は，収益の安定化という点のみならず，自己資本比率の安定化という点に関しても有意味であるといえる。その理由は次のように考えることができる。自己資本比率の算定に際しては，分母にリスクアセットとよばれる数値が用いられる。このリスクアセットは，融資や債券投資等の各リスク資産に対して，各資産のリスクの高さを反映したリスクウェートとよばれる数値を乗じて算出されるものである。国債等の債券投資は，リスクウェートがゼ

ロ，あるいは小さい値であるため，BIS規制上の自己資本比率を悪化させない。すなわち，分母の値を小さく抑えることで，BIS規制上の自己資本比率の値を高くすることができるのである。したがって，国債投資には，BIS規制に抵触する危険を抑制し，銀行経営をより一層健全なものとする効果がある。

京都銀行は，有価証券を減らし貸出金の額を増やしているわけではなく，貸出金および有価証券のいずれも増加している。また，近年の増加率は有価証券のほうが高い。このことから，京都銀行は，他行に比べて有価証券の運用による収益の獲得をより重視していると考えられる[25]。

ただし，**図表11-4-5**をみればわかるように，京都銀行のみならず，一般に貸出金は有価証券よりも利回り，つまり収益性が高い。貸出金の構成比が高いほど利回りも高くなる。京都銀行は，有価証券比率が高いため資金運用利回りが相対的に低くなっているが，資金調達コストを低くし総資金利鞘を地銀の平均並みの水準に維持しているといえる。

**図表11-4-5 運用利回りと利鞘の平均**

|  | 京都銀行 | 滋賀銀行 | 南都銀行 | 池田泉州HD | 地方銀行 |
|---|---|---|---|---|---|
| (1)資金運用利回り① | 1.34 | 1.42 | 1.33 | 1.44 | 1.46 |
| 　イ：貸出金利回り | 1.59 | 1.69 | 1.60 | 1.65 | 1.72 |
| 　ロ：有価証券利回り | 1.07 | 1.05 | 0.99 | 0.57 | 1.05 |
| (2)資金調達原価 | 1.04 | 1.20 | 1.22 | 0.44 | 1.17 |
| 　イ：預金利回り | 0.13 | 0.12 | 0.11 | 0.21 | 0.11 |
| 　ロ：外部負債利回り | 1.10 | 1.55 | 0.31 | 1.25 | 1.18 |
| (3)総資金利鞘(1)−(2) | 0.30 | 0.23 | 0.10 | 1.00 | 0.29 |

(注) 単位：％，個別財務諸表の国内業務部門（国内店の円建諸取引）における5年間（2009年度から2013年度）の平均，地方銀行：64行（2010年度のみ63行）の5年平均
出所：有価証券報告書，全国銀行協会資料をもとに作成

## (2) 役務取引等収益

次に，役務取引等収益をみてみよう。**図表11-4-6**に示した内訳から，投資信託・保険販売業務による収益が大きく増加していることがわかる[26]。1998年に投資信託，2007年に保険商品の銀行窓口での販売が解禁され，銀行のネットワークを活用した手数料業務に力を入れていることが推測される。

### 図表11-4-6 役務取引等収益・費用の推移

|  | 10年3月期 | 11年3月期 | 12年3月期 | 13年3月期 | 14年3月期 | 構成比 | 増加率 |
|---|---|---|---|---|---|---|---|
| 役務取引等収益 | 15,941 | 16,108 | 16,368 | 16,876 | 17,986 | 100.0 | 12.8 |
| 預金貸出 | 3,257 | 3,022 | 2,867 | 3,181 | 3,209 | 17.8 | −1.5 |
| 為替 | 4,778 | 4,772 | 4,694 | 4,680 | 4,687 | 26.1 | −1.9 |
| 保証 | 1,487 | 1,547 | 1,591 | 1,577 | 1,630 | 9.1 | 9.6 |
| 投信保険販売 | 2,777 | 3,101 | 3,185 | 3,379 | 4,034 | 22.4 | 45.3 |
| 役務取引等費用 | 6,912 | 5,900 | 5,988 | 6,101 | 6,185 | 34.4 | −10.5 |
| 役務取引等利益 | 9,029 | 10,208 | 10,380 | 10,775 | 11,801 | 65.6 | 30.7 |

(注) 単位百万円,構成比・増加率%。構成比は2014年3月期
出所:有価証券報告書をもとに作成

## (3) 費用構造

図表11-4-7より,経常費用が年々減少していることがわかる。なかでも,金額および変化率のいずれの点でも資金調達費用およびその他経常費用が減少している。

### 図表11-4-7 京都銀行の費用構造の推移

|  | 10年3月期 | 11年3月期 | 12年3月期 | 13年3月期 | 14年3月期 |
|---|---|---|---|---|---|
| 経常費用 | 102,827 (100) | 89,175 (100) | 88,126 (100) | 84,001 (100) | 77,198 (100) |
| 資金調達費用 | 16,979 (16.5) | 11,724 (13.1) | 9,397 (10.7) | 7,716 (9.2) | 6,417 (8.3) |
| 役務取引等費用 | 6,912 (6.7) | 5,900 (6.6) | 5,988 (6.8) | 6,101 (7.3) | 6,185 (8.0) |
| その他業務費用 | 5,583 (5.4) | 5,121 (5.7) | 5,657 (6.4) | 5,529 (6.6) | 4,742 (6.1) |
| 営業経費 | 55,756 (54.2) | 57,425 (64.4) | 58,496 (66.4) | 57,027 (67.9) | 58,939 (76.3) |
| その他経常費用 | 17,595 (17.1) | 9,003 (10.1) | 8,585 (9.7) | 7,627 (9.1) | 913 (1.2) |
| 経常利益 | 26,737 | 35,153 | 28,249 | 28,092 | 28,632 |

(注) 単位:百万円,括弧内は構成比%
出所:有価証券報告書,全国銀行協会資料をもとに作成

まず,資金調達費用は,預金[27],借入金,および社債などの支払利息からなり,特に,預金利息が中心である。**図表11-4-8**のとおり,京都銀行では,預金利息が5年間で7割弱(約102億円)も減少している。他方,預金残高は増加している。これは市場金利の低下にともなって預金金利が低下していることが原因であり,他行でも同じ傾向がみられる。

### 図表11-4-8 京都銀行の預金の残高・利息の推移

|  | 10年3月期 | 11年3月期 | 12年3月期 | 13年3月期 | 14年3月期 |
|---|---|---|---|---|---|
| 預金残高 | 6,299,610 | 6,498,686 | 6,652,921 | 6,833,266 | 6,968,036 |
| 対総負債比率 | 95.0% | 95.0% | 96.0% | 95.4% | 94.8% |
| 預金利息 | 14,394 | 9,454 | 6,914 | 5,427 | 4,206 |
| 対経常費用比率 | 14.0% | 10.6% | 7.8% | 6.5% | 5.4% |
| 預金等利回り | 0.32% | 0.13% | 0.09% | 0.07% | 0.05% |

(注) 単位：百万円
出所：有価証券報告書をもとに作成

次に、その他経常費用は、貸倒引当金繰入や株式等償却である。貸倒引当金繰入の減少は、貸出先の信用状況が改善していることに起因している。また、株式等償却とは株式等の減損処理額であり、これが減少することは資本市場での運用状況が改善していることを示している。京都銀行のその他の経常費用の経常費用合計に占める割合は、他行よりも低い水準にある[28]。これは、相対的に優良な貸出先を抱え、また資本市場で評価されている銘柄の有価証券を保有していることを示唆している。

### （4）まとめ

当該5期間における京都銀行の経常収益および経常費用は、ともに低下している。まず収益面では、資金運用の利回りは平均的である。また、おもに投資信託・保険商品の販売業務により役務取引等収益が増加し、経常収益を下支えしている。次に費用面では、資金調達コストが低下しており、また貸出金の貸倒引当金繰入は減少している。これらによって、経常利益は一定で推移し、かえって経常利益率は上昇している。

そのマクロ的な要因としては、リーマンショック後から企業業績が回復基調にあることや、日本銀行が国債等のリスク証券を大量購入していることにより政策的に金利が低下していること、などが挙げられる。次にミクロ的な要因としては、優良な貸出先が多いこと、戦略的に貸出金金利を低く設定していること、政策的保有を含めた優良銘柄株式への投資が多いこと、などが挙げられる。また、規模の拡大をはかって積極的な新規出店を行っているため、営業経費は増加している。これは第3節の財務分析で言及したように、経費率の増加の一

因となっている。

　これまで述べてきたように，京都銀行は現在，収益性を高めるよう努力するとともに，規模の拡大をめざしている段階であると考えられる。地方銀行は扱っている商品の固有性自体はかならずしも高くない。本節での分析は，京都銀行がスケールメリットを増大させ，ネットワークをさらに広くかつ深くすることに経営資源を費やしていることを示しているといえるであろう。

## 第5節　総　　括

　本章では，地銀全体が置かれた経営環境の中で，京都銀行がとってきた戦略（積極的な出店による拡大路線）について検討を行い，財務分析・独自分析によって会計数値から京都銀行の経営実態（特に収益性）を明らかにした。京都銀行は他3行（滋賀銀行・南都銀行・池田泉州HD）と比べて，貸出からの利息よりも有価証券保有からの利息・配当金の獲得に比重があるといえるが，他の地銀同様，貸出から利鞘を稼ぐ従来型のビジネスモデルが中心であることには変わりはない。第2節で述べたように，貸出中心の利鞘ビジネスの限界が指摘される中で，規模の拡大を重視してきた京都銀行が経営の収益性・効率性を高めていくためには，他のビジネス（手数料ビジネス）などの収益に対する寄与が重要となってくるであろう。実際，第4節で指摘した通り，京都銀行は役務取引等収益を増大させており，これが経常収益を支える要因ともなっている[29]。

　また，京都銀行は①創業・新規事業支援や②ビジネスマッチング支援によって収益性を高めていく余地がある[30]。第2節で述べたような業界全体を取り巻く厳しい環境下で地銀が地域の活性化に貢献し，新たな貸出先を開拓していくために創業・新規事業支援が重要となってくるであろう（内田［2015］，18-19頁；藤波［2012］，234頁）。それとともに，顧客（取引先）に対してビジネスマッチング支援などのサービスを提供することによって，従来の貸出を中心とするビジネスモデルからの脱却を図っていく必要性もより一層高まってくると考えられる（小川［2015］，10頁）。

　たとえば，京都銀行が公表している「地域密着型金融の取り組み状況」を確認してみると，ビジネスマッチング商談件数は2012年の632件から，2014年に

図表11-5-1 京都企業の

| | 企業名 | 保有企業 | | | | | | |
|---|---|---|---|---|---|---|---|---|
| | | 京都銀行 | 村田 | SCREEN | 日写 | 日本電産 | ローム | 任天堂 |
| 発行企業 | 京都銀行 | | 1,536 | 2,942 | 340 | 1,028 | 1,609 | 4,542 |
| | | | *16,896* | *32,362* | *3,740* | *11,308* | *17,699* | *49,962* |
| | 村田製作所 | 5,260 | | 127 | | | | |
| | | *683,800* | | *16,510* | | | | |
| | SCREEN HD | 6,730 | 201 | | 255 | 288 | | |
| | | *20,190* | *603* | | *765* | *864* | | |
| | 日本写真印刷 | 1,442 | | 231 | | 56 | | 104 |
| | | *7,210* | | *1,155* | | *280* | | *520* |
| | 日本電産 | 6,171 | | 486 | 56 | | 641 | |
| | | *617,100* | | *48,600* | *5,600* | | *64,100* | |
| | ローム | 2,606 | | | | 228 | | |
| | | *130,300* | | | | *11,400* | | |
| | 任天堂 | 6,380 | | | 284 | | | |
| | | *638,000* | | | *28,400* | | | |
| | 堀場製作所 | 828 | | 153 | 119 | 124 | 151 | |
| | | *55,476* | | *10,251* | *7,973* | *8,308* | *10,117* | |
| | ニチユ三菱フォークリフト | 1,301 | | | | | | |
| | | *10,408* | | | | | | |
| | ニチコン | 3,568 | | | | 1,184 | 644 | |
| | | *57,088* | | | | *18,944* | *10,304* | |
| | 京セラ | 14,436 | 267 | | | 175 | 468 | |
| | | *1,154,880* | *21,360* | | | *14,000* | *37,440* | |
| | オムロン | 7,069 | 473 | 772 | | | 1,632 | |
| | | *374,657* | *25,069* | *40,916* | | | *86,496* | |
| | GSユアサ | 7,740 | | 429 | | | | |
| | | *61,920* | | *3,432* | | | | |
| | 島津製作所 | 4,922 | 130 | | 62 | | | |
| | | *44,298* | *1,170* | | *558* | | | |
| | ワコールHD | 4,705 | | 597 | 291 | | | |
| | | *155,265* | | *19,701* | *9,603* | | | |
| | 配当小計 | 4,010,592 | 65,098 | 172,927 | 56,639 | 65,104 | 226,156 | 50,482 |

(注) 上段は保有株式数［みなし保有株式を含む］（千株）、下段（斜体太字）配当受取額［推計値、みなし
出所：各社の有価証券報告書（2013年度）をもとに作成、ただし、堀場製作所のみ2014年度（2014年12月

# 第11章 株式会社京都銀行

**株式相互持合い状況**

| | 保有企業 | | | | | | | | 配当小計 |
|---|---|---|---|---|---|---|---|---|---|
| 堀場 | ニチユ | ニチコン | 京セラ | オムロン | GSユアサ | 島津 | ワコール | | |
| 291 | 1,486 | 2,179 | 7,980 | 7,640 | 1,765 | 2,785 | 2,849 | | |
| 3,201 | 16,346 | 23,969 | 87,780 | 26,939 | 19,415 | | 31,339 | 340,956 |
| | | | 241 | 437 | | 48 | | | |
| | | | 31,330 | 56,810 | | 6,240 | | 794,690 |
| 346 | | | | 1,279 | 450 | 237 | 1,085 | | |
| 1,038 | | | | 3,837 | 1,350 | 711 | 3,255 | 32,613 |
| 40 | | | | | | 247 | 147 | | |
| 200 | | | | | | 1,235 | 735 | 11,335 |
| 79 | | 582 | 93 | | | | | | |
| 7,900 | | 58,200 | 9,300 | | | | | 810,800 |
| 67 | | 110 | 260 | 468 | | | | | |
| 3,350 | | 5,500 | 13,000 | 23,400 | | | | 186,950 |
| | | | | | | | | 666,400 |
| | | | | | | 230 | | | |
| | | | | | | 15,410 | | 107,535 |
| | | | | | 4,701 | 1,369 | | | |
| | | | | | 37,608 | | | 48,016 |
| | | | | | | 296 | | | |
| | | | | | | 4,736 | | 91,072 |
| | | | | | | 445 | | | |
| | | | | | | 35,600 | | 1,263,280 |
| | | | | | | 350 | | | |
| | | | | | | 9,540 | | 536,678 |
| | 660 | | | | | 3,159 | | | |
| | 5,280 | | | | | 9,024 | | 79,656 |
| | 641 | | | 913 | 2,455 | | 825 | | |
| | 5,769 | | | 8,217 | 22,095 | | 7,425 | 89,532 |
| 317 | | 306 | 957 | | | 555 | | | |
| 10,461 | | 10,098 | 31,581 | | | 18,315 | | 255,024 |
| 26,150 | 27,395 | 97,767 | 172,991 | 119,203 | 80,468 | 45,065 | 98,500 | |

保有株式数は計算上考慮していない〕(千円)
期)のデータを参照

は1,386件まで増加している[31]。京都銀行は今後もこのような取組みを通じてより一層，創業・新規事業支援や企業の成長支援に力を入れていく余地があるといえるだろう。また，本章の「はじめに」でも述べたとおり，京都銀行は前章までで分析を行ってきた「京都企業」と密接なかかわりを維持している。このことは図表11-5-1の京都企業との株式相互持合いの状況からもうかがい知ることができる。京都銀行は上述の事業を拡大する上で，これまで培ってきた京都企業とのネットワークを活用することができるという大きな強みをもっているといえるのではないだろうか。

◆注
1 いずれも2014年3月期の数値である。
2 京都銀行は本書でこれまで取り上げてきた京都企業がベンチャー企業の頃から長期継続的に取引を行う関係にある。沿革で述べたとおり，京都銀行はもともと丹後を本拠としており，京都市内においては後発の銀行であった。当時，京都産業で花形だった繊維産業は都市銀行や大手信金等に独占されており，京都銀行は貸出先の確保に苦慮し新規の取引先を開拓せざるを得ない状況にあった。ここに，京都銀行の貸出先確保というニーズとベンチャー企業だったいわゆる京都企業の資金需要ニーズが合致し，現在に至る長期的な取引関係が続いている（川北・奥野［2015］，24-25頁）。ここで特筆すべきことは，京都銀行はこれらの企業のIPOと同時に大量の株式を引き受け，大株主としての地位を長期にわたって維持しているということであり，こうした「京都銘柄」の含み益が京都銀行の健全な財務体質に大きく寄与しているのである。
3 以下，本節における銀行の業態に関する説明については，全国銀行協会金融調査部編［2013］を参考にしている。銀行の業態に関するより詳しい説明を望まれる読者は同書を参照されたい。
4 預金取扱金融機関には，金融業以外の一般事業会社を設立母体とした新しいタイプの銀行も含まれる（全国銀行協会金融調査部編［2013］，32頁）。また，民間金融機関には保険業・証券関連業・消費者または事業者信用を営む金融機関などの「その他の金融機関」が含まれている（同上，33頁）。
5 もちろん，地域に地盤をもつ金融機関には前述の信用金庫等も含まれている。
6 資金運用収益とは，「資金運用業務から生じる利息を表示する区分」（有限責任あずさ監査法人編［2012］，154頁）を，役務取引等収益とは「役務の対価として受け取る収益」（同上，159頁）を，特定取引収益とは，「特定取引勘定設置行が特定取引勘定で行った取引に係る売買損益や評価損益等のうち，内訳科目ごとに収益と費用を相殺し，収益が費用を上回った場合」（同上，160頁）に計上されるものを意味する。そして，その他業務収益は，「『外国為替売買損益』，『商品有価証券売買益』，『国債等債券売却益』，『国債等債券償還益』，『金融派生商品収益』および『その他の業務収益』」（同上，161頁）を含む収益である。
7 以下の指摘は『週刊東洋経済』2015年4月18日号，58-61頁でも取り上げられている。
8 この点は全国銀行協会金融調査部編［2013］，90頁も参照。
9 ここでの預金額は預金残高＋譲渡性預金残高の合計額によって算出した。
10 ただし，2014年3月期には若干減少している。
11 たとえば，『週刊エコノミスト』2014年12月23日号および2015年1月20号，『週刊ダイヤ

モンド』2014年5月31日号および11月22日号などで地銀の再編問題に関する記事が掲載されており，地方銀行を取り巻く状況の変化として業界再編の動きが大きな注目を集めていることがうかがえる。

12　ここで「池田泉州HD」と「池田泉州銀行」が区別されている点に注意されたい。ここで池田泉州HDは池田泉州銀行を含めた池田泉州ホールディングスグループ全体を指している。本章の分析で他行について単体ベースのデータを用いているときは，池田泉州HDのデータではなく，池田泉州銀行の単体データを利用している。

13　現在でも，2014年4月より開始されている第5次中期経営計画（「ビジョン75　いい銀行づくり」）では，京都銀行の5年後のあるべき姿として「地元京都で絶対的な経営基盤を構築すること」，10年後のあるべき姿として「近畿2府3県において圧倒的な存在となること」が掲げられている。そのような中で，京都銀行の「広域型地方銀行」戦略も転換点を迎えており，今後は積極的な営業エリアの拡大から，新設店の深掘り（新規店舗の収益性向上）へと重点を移していくことが髙﨑頭取（当時）へのインタビューで明らかにされている（『月刊金融ジャーナル』2015年4月号，66頁）。

14　もちろん，京都銀行は営業地盤である京都を軽視しているわけではない。第5次中期経営計画「ビジョン75　いい銀行づくり」では，「地域別戦略の展開」として，京都府内・京都市内における取引強化が掲げられている。

15　本節での比較対象行は原則，前書と同じ銀行（滋賀銀行・南都銀行・池田銀行）とするという方針のもと，泉州銀行と経営統合がなされた池田銀行については，池田泉州HDまたは池田泉州銀行のデータを利用して比較を行うことにした。

16　支払承諾見返勘定とは「取引先の債務を保証し，保証料を徴収する取引を行った場合に，取引先に対する求償権等を処理する勘定」（有限責任あずさ監査法人編[2012]，145頁）を表している。一般的には貸借対照表上に計上されることはないものの，銀行においては「保険料を徴収して保証を行うという，与信行為の一形態であり，金額も大きいため」（同上，145頁），対照勘定法（負債に「支払承諾」を，資産に「支払承諾見返」を計上する方法）によって貸借対照表上に計上される。

17　なお，ROAの分子としては当期純利益ではなく業務純益などを用いることも考えられる。

18　規制上，銀行の財務健全性を判断するため，自己資本の額をリスク・アセット額で除した自己資本比率が重要な指標となっている。規制には「国際統一基準」と「国内基準」の2つがあるが，京都銀行のように自己資本比率規制に関して国内基準を採用している場合には，従来，Tier1（基本項目）＋Tier2（補完的項目）から控除項目を差し引いた金額が自己資本の額とされてきた。しかしながら，2014年3月期からは新国内基準のもとで普通株式・内部留保・強制転換条項付優先株等を合計したコア資本からその調整項目を差し引いた金額が規制上の自己資本の額とされている（全国銀行協会金融調査部編[2013]，195頁；有限責任あずさ監査法人編[2012]，98-99頁）。ただし，その実施は実体経済への影響を考慮し，段階的に行われることになっている。なお，国内基準では自己資本比率が4％以上であればよいとされており，この点は2014年3月期からも変更されていない。

19　金融再生法開示債権比率とは，金融再生法開示債権残高（破産更生債権およびこれらに準ずる債権・危険債権・要管理債権の合計額）を総与信残高で除したものであり，小さければ小さいほど不良債権が少ないことになる。

20　部分直接償却とは「自己査定において債務者区分が破綻先および実質破綻先に区分された先に対する担保・保証付債権等については，債権額から担保の評価額および保証による回収が可能と認められる額を控除した残額を取立不能見込額として債権額から直接減額する」（銀行経理問題研究会編[2012]，803頁）方法である。京都銀行はこの部分直接償却を実施していない場合と実施した場合の両方の比率を開示している。

21　業務粗利益は，銀行のそもそもの収益の大きさを示す指標であり，損益計算書には掲載

されない。具体的には，資金運用収益・役務取引等収益・特定取引収益・その他業務収益の合計から資金調達費用・役務取引等費用・特定取引費用・その他業務費用の合計を差し引いて算出される。
22 ここでは，経費率を，連結業務粗利益で営業費用を除すことによって算出した。この指標はいかに少ない経費で大きな利益をあげているかを示すものであり，低ければ低いほど望ましいとされる。
23 なお，効率性を表す指標として総資産回転率（＝経常収益/平均総資産残高）を確認すると（図表は未記載），京都銀行は分析対象期間中，効率性が低下していることが確認できる（1.88%⇒1.37%）。加えて，京都銀行の他行に比べると総資産回転率が相対的に低く，この点からも京都銀行の効率性指標はあまりよくないことがわかる。
24 それぞれの収益の項目に関する詳細は注6を参照されたい。
25 先述の通り貸出業務が低迷する中，銀行にとって証券投資は重要な収益源となってきている（藤波［2012］，93-94頁）。ただし，資金の運用方法として有価証券投資に過度に依存することは，地域における金融仲介機能を存在意義とする地銀の役割の後退だとする批判もある（小野［2013］，12頁，および，森［2014］，100-101頁）。
26 役務取引等収益が経常収益に占める比率をみてみると，2010年3月期から2014年3月期まで，12.3%，13.0%，14.1%，15.1%，そして，17.0%と徐々に増加してきている。ただし，第3節の比較対象行と比べた場合，その比率が比較対象行に比べて高いというわけではない。2014年3月期について確認すると，滋賀銀行が14.4%，南都銀行が21.5%，池田泉州HDが18.9%となっており，京都銀行の比率は南都銀行や池田泉州HDのそれよりも低い値となっている。京都銀行の中で役務取引等収益の金額の重要性が高まってきつつあるとはいえ，その評価には一定の留保が必要であろう。
27 譲渡性預金を含む。
28 2014年3月期において，京都銀行1.2%，滋賀銀行4.8%，南都銀行2.5%，および池田泉州HD17.4%。
29 なお，貸出ビジネスが苦境を強いられる中，2014年3月期の地域銀行（地銀＋第二地銀）の収益を役務取引等収益，特に投信窓販売等による手数料収入が下支えしていたことが先行研究によって指摘されている（森［2014］，180頁）。
30 ビジネスマッチングとは「企業が商品の販売先，仕入先や商品開発に必要な技術面等での提携先を自ら探す機会を，金融機関などの第三者が提供したり，彼らがそれらの適した候補を企業に代わって探し出そうとするサービス」（間下［2010］，24頁）を指す。もちろん，ビジネスマッチングを有償で提供することも考えられるが，「無償の場合でも本業の取引拡大につなげる」（同上，24頁）ことが可能である。
31 なお，2010年3月期と2011年3月期の「地域密着型金融の取り組み状況」を確認したところ，この2年についてはビジネスマッチング商談件数ではなく，ビジネスマッチング成約件数が開示されていた。経年的なデータの比較可能性が担保できないため，ここでは第3節のように5年間の数値の比較は行わなかった。

# 第12章

# 京都企業の特徴

## 第1節 はじめに

　本書では，第3章から第11章にわたって，共通のプラットフォームにもとづきつつ独自の分析を加えることにより，分析対象企業のありのままの姿を明らかにすることを試みてきた。独特な事業戦略や組織構造の企業，情報開示に積極的な企業，経営環境の変化に伴い新たな事業方針の策定を迫られている企業，など「9社9様」の分析がなされてきたといってよいだろう。

　その一方で，9社すべて，またはその多くに共通する特徴も垣間見ることができたのではないだろうか。もちろん，各企業が直面する経営環境は異なるため，「京都企業の特徴は〇〇である」というような，すべての京都企業に当てはまる命題があるわけではない。しかしながら，一般書，あるいは学術研究で繰り返し指摘されてきたような，京都企業に共通する特徴は本書における分析の中でもいくつか観察できたように思われる（たとえば，積極的な海外展開や高い自己資本比率など）。本章では，そのような「京都企業に共通する特徴にはどのようなものがあるのか」という疑問に，これまでの会計・財務面からのアプローチにもとづきつつ戦略・ガバナンスの観点も補完しながら迫っていきたい。

　実は，京都企業は地域企業の中でもひときわ注目を集めてきた企業群でもある。本章で紹介する先行研究の他にも，多くの研究者やマス・メディアが京都企業を取り上げその特徴（優位性）を議論してきた。では，なぜ京都企業は注

目を集めてきたのだろうか。先行研究を概観すると，その背景として，大きく次の2つを挙げることができるだろう。まず，世界規模で圧倒的なシェアをもち高い収益性・成長性を有する企業群の多くが京都企業だったことである。本書でも取り上げた京セラ，オムロン，村田製作所，日本電産，そして本書の個別分析では取り上げることができなかった堀場製作所等の電子部品業界に属する企業がこれにあたる。これらの企業が躍進を続けていたのは，奇しくも日本を代表する大企業が平成不況で業績不振に陥り事業構造の転換を迫られていた時期でもあったため，その躍進の秘訣を解き明かすという意味において多くの研究がなされてきた（石川・田中［1999］，末松［2002］）。もう1つは，京都には創業から100年を超える老舗企業が集積しているということである。帝国データバンクの調査によれば，2011年時点で京都府内における老舗企業は1,090社で，京都企業全体[1]に占める割合（3.93％）は全国トップである（帝国データバンク［2011］）。経営環境の変化を乗り越えて存続する京都企業の経営のあり方は「京都商法」とよばれ，これをタイトルに冠する研究書（国頭［1973］）も存在している。これらの先行研究の問題関心は，やはり「なぜ京都にそのような特徴をもつ企業が集積しているのか」であり，多くの研究者がさまざまなアプローチでその疑問に取り組んできた。本章でも，前述の疑問に加えて，この疑問についても考察していく。

　本章の構成は以下の通りである。第2節では，各章の分析および先行研究をもとに抽出した京都企業の特徴について東証一部に上場する京都企業34社の該当状況を把握する。その際に，京都企業を先行研究にもとづいて二分類した上で，それぞれを比較し，分析する。第3節では，第2節で明らかになった京都企業の特徴と京都の歴史等との関係について考察している。第4節は，本章の分析内容を要約するとともに，その示唆や今後の研究に関する方向性について言及している。

## 第2節　京都企業の特徴

### （1）京都企業の二分類

　京都企業の定量的特徴を具体的に抽出する前に，まず京都企業の定義・分類

について再度検討しておきたい。というのは，先行研究は，本書同様，京都企業を「京都に本社を置く企業」と定義しているものの，ケーススタディの対象として取り上げる企業は相当程度偏りが見られるためである。具体的には，本書でも取り上げた京セラ，日本電産，オムロン，村田製作所といった電子部品業界に属する企業が分析の対象となることが多いが[2]，前述の定義にもとづく京都企業の特徴とこれらの企業の特徴は必ずしも一致していない可能性がある。ただ，先行研究がこれらの企業を取り上げたのは前節で述べたような背景による所が大きいと推察され，加えて，先行研究やマス・メディアが盛んに取り上げたことにより，一般に京都企業と聞いてイメージするのもまたこれらの企業であると考えられる。そこで，以下では，そうした経緯を考慮して京都企業の二分類を試みる。また，続く定量的特徴の該当状況についても，その二分類を考慮して分析するものとする。

　第1章で述べたように，本書は京都企業を「京都に本社を置く企業」と定義しており，さらにデータ取得の容易性等の理由から特に東証一部上場企業を対象としている。京都府の上場企業は全部で68社存在するが，こうした理由から，本章の分析対象とする企業は，東証一部上場，連結決算を開示，そして金融4業種に属していない34社（以下，「本章分析対象企業」とする）に限定する。図表12-2-1は，当該34社を一覧で示したものである。東証業種分類にもとづくと，製造業26社（食料品1社，繊維製品2社，化学2社，医薬品1社，金属製品2社，機械2社，電気機器11社，輸送用機器1社，精密機器2社，その他製品2社），運輸・情報通信業3社（倉庫・運輸関連業1社，情報・通信業2社），商業3社（小売業2社，卸売業1社），サービス業2社という構成になっており，製造業，特に電気機器への集中が見て取れる。

　以下では，この分析対象範囲の中で先行研究がどのような企業を京都企業の好例として取り上げているのか整理してみたい。図表12-2-2（283頁）によると，取り上げられている回数が多いのは，前述のような電気機器業に属する企業である。加えて，精密機器業に属する島津製作所も頻繁に取り上げられていることが確認できる。このことから，いわゆる「モノづくり」企業が多く取り上げられる傾向にあるといってよいだろう。したがって，本章では，京セラ，日本電産，オムロン，村田製作所，ローム，島津製作所，堀場製作所，任天堂，宝ホールディングス，そしてワコールホールディングスの10社を先行研究，な

図表12-2-1 分析対象企業一覧

| 証券コード | 企業名 | 東証業種分類 | 創業年月 | 本章分析対象企業 |
|---|---|---|---|---|
| 2531 | 宝ホールディングス㈱ | 食料品 | 1925.09 | ○ |
| 3591 | ㈱ワコールホールディングス | 繊維製品 | 1949.11 | ○ |
| 3607 | ㈱クラウディア | 繊維製品 | 1976.12 | |
| 4295 | ㈱フェイス | 情報・通信業 | 1992.10 | |
| 4461 | 第一工業製薬㈱ | 化学 | 1918.08 | |
| 4471 | 三洋化成工業㈱ | 化学 | 1949.11 | |
| 4516 | 日本新薬㈱ | 医薬品 | 1919.09 | |
| 4671 | ㈱ファルコホールディングス | サービス業 | 1988.03 | |
| 4696 | ワタベウェディング㈱ | サービス業 | 1971.04 | ○ |
| 4728 | ㈱トーセ | 情報・通信業 | 1979.11 | |
| 5957 | 日東精工㈱ | 金属製品 | 1938.02 | |
| 5985 | サンコール㈱ | 金属製品 | 1943.06 | |
| 6315 | TOWA㈱ | 機械 | 1979.09 | |
| 6482 | ㈱ユーシン精機 | 機械 | 1973.10 | |
| 6594 | 日本電産㈱ | 電気機器 | 1973.07 | ○ |
| 6640 | 第一精工㈱ | 電気機器 | 1963.07 | |
| 6641 | 日新電機㈱ | 電気機器 | 1917.04 | |
| 6645 | オムロン㈱ | 電気機器 | 1948.05 | ○ |
| 6674 | ㈱ジーエス・ユアサ コーポレーション | 電気機器 | 2004.04 | |
| 6856 | ㈱堀場製作所 | 電気機器 | 1953.01 | |
| 6963 | ローム㈱ | 電気機器 | 1958.09 | |
| 6971 | 京セラ㈱ | 電気機器 | 1959.04 | ○ |
| 6981 | ㈱村田製作所 | 電気機器 | 1950.12 | ○ |
| 6996 | ニチコン㈱ | 電気機器 | 1950.08 | |
| 7105 | ニチユ三菱フォークリフト㈱ | 輸送用機器 | 1937.08 | |
| 7510 | ㈱たけびし | 卸売業 | 1926.04 | |
| 7701 | ㈱島津製作所 | 精密機器 | 1917.09 | |
| 7735 | ㈱SCREENホールディングス | 電気機器 | 1943.10 | |
| 7915 | 日本写真印刷㈱ | その他製品 | 1946.12 | |
| 7974 | 任天堂㈱ | その他製品 | 1947.11 | ○ |
| 7979 | ㈱松風 | 精密機器 | 1922.05 | |
| 8248 | ㈱ニッセンホールディングス | 小売業 | 1970.04 | |
| 9319 | ㈱中央倉庫 | 倉庫・運輸関連業 | 1927.10 | |
| 9936 | ㈱王将フードサービス | 小売業 | 1974.07 | |

出所：各社ホームページをもとに作成

**図表12-2-2 先行研究が取り上げている京都企業**

| | 先行研究 | | | | | | | 本章 |
|---|---|---|---|---|---|---|---|---|
| | 船越<br>[1995] | 日夏・<br>今口<br>[2000] | 末松<br>[2002] | 村山<br>[2008] | 北・西口<br>[2009] | 竹原<br>[2010] | 川北・<br>奥野<br>[2015] | 京都<br>企業 |
| 宝ホールディングス㈱ | | | | | ○ | | | ○ |
| ㈱ワコールホールディングス | ○ | | | | | | ○ | ○ |
| ㈱クラウディア | | | | | | | | |
| ㈱フェイス | | | | | | | | |
| 第一工業製薬㈱ | | | | | | | | |
| 三洋化成工業㈱ | | | | | | | | |
| 日本新薬㈱ | | | | | | | | |
| ㈱ファルコホールディングス | | | | | | | | |
| ワタベウェディング㈱ | | | | | | | | |
| ㈱トーセ | | | | ○ | ○ | | | |
| 日東精工㈱ | | | | | | | | |
| サンコール㈱ | | | | | | | | |
| TOWA㈱ | | | | | | | | |
| ㈱ユーシン精機 | | | | | | | | |
| 日本電産㈱ | | | ○ | ○ | | | ○ | ○ |
| 第一精工㈱ | | | | | | | | |
| 日新電機㈱ | | | | | | | | |
| オムロン㈱ | ○ | | | ○ | | | ○ | ○ |
| ㈱ジーエス・ユアサ コーポレーション | | | | | | | | |
| ㈱堀場製作所 | ○ | | ○ | ○ | | | ○ | ○ |
| ローム㈱ | ○ | ○ | ○ | ○ | | | | ○ |
| 京セラ㈱ | ○ | | ○ | ○ | | | | ○ |
| ㈱村田製作所 | ○ | | ○ | ○ | ○ | | | ○ |
| ニチコン㈱ | | | ○ | | | | | |
| ニチユ三菱フォークリフト㈱ | | | | | | | | |
| ㈱たけびし | | | | | | | | |
| ㈱島津製作所 | ○ | ○ | | | ○ | | ○ | ○ |
| ㈱SCREENホールディングス | | | | | | | | |
| 日本写真印刷㈱ | | | | | | | | |
| 任天堂㈱ | | | | | ○ | | | ○ |
| ㈱松風 | | | | | | | | |
| ㈱ニッセンホールディングス | | | | | | | | |
| ㈱中央倉庫 | | | | | | | | |
| ㈱王将フードサービス | | | | | | | | |

(注) 他に先行研究でよく取り上げられる企業として，タキイ種苗㈱，サムコ㈱，月桂冠㈱，㈱鶴屋吉信，㈱一保堂茶舗等がある
出所：各先行研究をもとに作成

いし一般的に京都企業として想定される企業群（以下，鈎括弧付きで「京都企業」とする）とする。図表12-2-1と図表12-2-2からもわかるように，「京都企業」は本書が取り上げた分析対象企業8社（京都銀行を除く）とも相当程度重複していることから，続く京都企業の定量的特徴の分析，そして，その特徴と「京都」という都市との関連性に関する検討においては，「京都企業」を主眼に議論を進めることとし，その他24社については適宜言及することとする。

## （2）京都企業の定量的特徴

### ① 定量的特徴の抽出

　それでは，京都企業の定量的特徴として共通性が高いと推察されるものの抽出に移りたい（金融機関である京都銀行については，以下の検討に含めていない）。具体的には，各章の第2節（経営戦略分析）および第3節（財務分析）から共通性が高いであろう特徴を抽出することに加えて，適宜先行研究における指摘についても言及する。さらに，本書では十分に検討されてこなかった組織面の特徴（主にガバナンス構造）を先行研究から補完することで，戦略・組織・財務の3つの側面から京都企業の特徴を整理する。

(i) 戦略面の特徴

　各章の第2節からみていくと，ほとんどの企業において，海外売上高比率が高い，あるいは海外展開を積極的に進めていることがわかる。特に，村田製作所や日本電産は海外売上高比率が8割以上に達しており[3]，日本の位置づけは数ある市場の1つにすぎないだろう。事業展開という観点でみると，コア・ビジネスに特化，あるいは関連型多角化にとどまっている企業が多く[4]，金融業に進出したソニーのような非関連型多角化に取り組んでいる企業はほとんどない。なお，先行研究では，製品のオリジナリティが高く世界規模でトップシェアを獲得していることや顧客満足を特に重視し製品リードタイムの短縮[5]に取り組んでいることなどが指摘されている。次節で改めて言及するが，前者のような企業は「グローバル・ニッチ・トップ企業」とよばれており（細谷［2013］），ポーターが提唱するフレームワークに従えば差別化集中戦略をとっていると考えられる。

　なお，通常，競争戦略論上，差別化戦略（または，差別化集中戦略）とコスト・リーダーシップ戦略（または，コスト集中戦略）を両立させることは難しい

とされているが，「京都企業」の中には，これらの戦略を両立させることで高い収益率を実現している企業が存在している可能性がある（たとえば，村田製作所）。これら2つの戦略を両立させ，二重の意味での競争優位（「二重の優位」）を実現することは決して不可能ではない（Barney［2002］，邦訳，170-172頁；浅羽・牛島［2010］，74-76頁）。製品差別化の成功は市場シェアの拡大を企業にもたらし，それに伴う売上の拡大は規模の経済，学習効果などを通じたコスト削減を可能とする。その結果として，製品差別化とコスト・リーダーシップの両方が同時に達成されることになる。「二重の優位」を実現している企業を模倣することは容易ではないため，このような企業は高い収益性を実現することができると考えられる。

(ii) **財務面の特徴**

次に，各章の第3節の財務分析をみていこう。収益性に関しては，本業の収益性を示す売上高営業利益率，そして最終損益である当期純利益を分子にとったROAおよびROEの高い企業が多い。総じて，京都企業以外の同業他社に比べて収益性の高い企業が多いといってよいだろう。一方，効率性に関しては，総資産回転率が低い企業が散見される。各章での分析によれば，その要因として，(A) 何らかの事業用資産が効率的に活用できていない可能性，(B) 現金預金をはじめとする非事業用資産を多く抱えている可能性の2パターンが考えられる[6]。

では，安全性に関してはどうだろうか。短期・長期のどの安全性指標をとっても，京都企業は高い数値をとっていることがわかる。特に，流動比率・当座比率は一般に基準値とされるそれぞれ200%，100%を大きく上回る企業が多い。より詳細に分解すると，(A) 各章の要約貸借対照表で示されているように，多額の当座資産を保有していること，(B) （特に）有利子負債が少ないことが要因として挙げられる。また，先行研究では，キャッシュ・フロー経営の徹底，その成果としての（実質）無借金が特徴として指摘されることが多い（末松［2002］，北・西口［2009］，竹原［2010］）。北・西口［2009］によれば，本書が取り上げた企業のうち，村田製作所および任天堂は無借金とされている[7]。

最後に，成長性に関しては，一部業績不振に苦しむ企業はあるものの，成長を続けている企業が多い。末松［2002］が分析対象とした1990年代ほどの高成長は見られないが，東日本大震災やアベノミクス等，激変する経済・金融環境

の中で着実に成長を続けている点では,その持続性に京都企業の特徴が表れているといえるだろう。

(iii) **組織面の特徴**

最後に先行研究を参考にしながら,本書が十分に検討しきれていない組織面の特徴を補完する。まず,末松［2002］等の複数の先行研究が指摘する特徴として,オーナー系企業（以下,先行研究との関連から「同族企業」とする）が多いことが挙げられる。西陣織などに代表される京都の伝統産業をイメージすると「○代目」といった具合に家業として事業が脈々と受け継がれていく様子が容易に想像できるかもしれない。これは非上場の中小・零細企業に特に当てはまると推察されるが,上場企業68社の中にもこのような同族企業は多く存在する。また,末松［2002］が指摘するように,海外投資家の株式保有比率が高いことも京都企業の特徴の１つである。早くから海外展開を進めていく過程で,海外投資家がその将来性を見込んで投資するに至ったという見方が妥当であろう。以上,コーポレート・ガバナンスの観点からみた特徴について言及してきたが,京都企業は事業組織についても特徴を有している。それは,分権型の組織体制を志向する傾向にあるということであり[8],京セラのアメーバ経営や村田製作所のマトリックス組織はその代表格といえるだろう。

② **定量的特徴の該当状況**

以下では,これまで整理してきた京都企業に共通性が高いと思われる特徴に関して,本章分析対象34社の該当状況を定量的に把握する。分析対象期間は,各章と同じ2009年度から2013年度の５年間[9]である。各特徴は,「同族企業である」「実質無借金経営である」を除いて,財務指標へと変換の上で,業種平均で除したものの５年平均が１より大きければその特徴に該当すると判断している。そして,該当企業の全体に占める比率を**図表12-2-3**の欄内に示している。たとえば,「京都企業」10社の列では,売上高営業利益率の該当率は80.0％であるが,これは全10社のうち８社が（５年平均で）業種平均より高い売上高営業利益率であることを示している。

同族企業については,海老原他［2013］にしたがって,(A) 創業者一族が代表権を保有している（経営に関する条件）,(B) 創業者一族が10％以上の株式を保有している（所有に関する条件）のいずれかを満たせば同族企業であると定

義し，各年度で判定を行っている[10]。ただ，このように同族企業であるか否かを0，1で判定することはできても，それを5年間で単純平均した変数が意味する所は必ずしも明らかではないため，欄内の割合は5年平均ではなく，2013年度単年度における割合を示している。また，実質無借金については，「現金預金＋短期保有有価証券－有利子負債残高」が正である状態を実質無借金とし

**図表12-2-3　東証一部上場の京都企業34社の定量的特徴該当状況**

| | 京都企業の特徴 | 評価指標 | 本章分析対象34社 | 「京都企業」10社 | その他24社 | （参考）本書分析8社 |
|---|---|---|---|---|---|---|
| 戦略 | 海外売上高が高い | 海外売上高比率 | 53.6% | 70.0% | 44.4% | 75.0% |
| | オリジナリティを重視<br>顧客重視 | 売上高営業利益率 | 52.9% | 80.0% | 41.7% | 75.0% |
| 財務 | 各種利益率が高い | 売上高当期純利益率 | 55.9% | 90.0% | 41.7% | 87.5% |
| | | 総資産利益率 | 11.8% | 30.0% | 4.2% | 25.0% |
| | | 自己資本利益率 | 50.0% | 80.0% | 37.5% | 75.0% |
| | 総資産回転率が低い | 総資産回転率 | 52.9% | 70.0% | 45.8% | 75.0% |
| | 各事業資産回転率が低い | 売上債権回転率 | 58.8% | 60.0% | 58.3% | 37.5% |
| | | 棚卸資産回転率 | 67.6% | 90.0% | 58.3% | 75.0% |
| | | 仕入債務回転率 | 44.1% | 30.0% | 50.0% | 25.0% |
| | | 運転資本回転比率 | 73.5% | 90.0% | 66.7% | 75.0% |
| | | 有形固定資産回転率 | 47.1% | 30.0% | 54.2% | 25.0% |
| | 流動比率が高い | 流動比率 | 73.5% | 100.0% | 62.5% | 87.5% |
| | 当座比率が高い | 当座比率 | 73.5% | 100.0% | 62.5% | 87.5% |
| | 当座資産が多い | 当座資産対総資産比率 | 73.5% | 80.0% | 70.8% | 62.5% |
| | 有利子負債が少ない | 有利子負債対総資産比率 | 76.5% | 100.0% | 66.7% | 100.0% |
| | 自己資本比率が高い | 自己資本比率 | 79.4% | 100.0% | 70.8% | 100.0% |
| | 実質無借金である | 注 | 73.5% | 90.0% | 66.7% | 100.0% |
| | 売上高成長率が高い | 売上高成長率 | 64.7% | 70.0% | 62.5% | 75.0% |
| 組織 | 同族企業である | 海老原他［2013］ | 50.0% | 50.0% | 50.0% | 62.5% |
| | 外国人株主が多い | 外国法人持株比率 | 23.5% | 80.0% | 0.0% | 75.0% |

（注）現金預金＋短期保有有価証券－有利子負債残高＞0を満たすか否かを評価基準としている
出所：eolおよび日経NEEDS Financial Quest2.0より取得したデータをもとに作成。なお，同族判定には「日本会社史総覧」および各社大量保有報告書，変更報告書を参照

て定義し，同族企業同様，2013年度単年度における割合を示している。

なお，各企業の財務データはプロネクサス社のeolより，外国法人持株比率は各企業の有価証券報告書より取得した[11]。また，各指標の業種平均については日経NEEDS Financial Quest 2.0より取得した。なお，業種平均の対象範囲は東証一部・二部に上場する企業である。

図表12-2-3をみるにあたって，京都企業の特徴に関するこれまでの検討を，戦略・財務・組織の3つの側面から以下のように整理する。

```
(a) 戦略…積極的な海外展開，(関連型多角化)，(差別化集中戦略または差別化
    集中＋コスト集中戦略)
(b) 財務…高い収益性，高い安全性，実質無借金，持続的成長の実現
(c) 組織…同族企業，外国人株主が多い，(分権的組織体制)
```

なお，これらのうち（　）を付したものは定量化，ないし業種平均との比較が困難と認められるため，分析対象より除外（分権的組織体制，関連型多角化），あるいは他の指標へと統合（差別化集中戦略などを高収益性に統合）している点には留意されたい。

では，これらを前提として，まず戦略面から見ていこう。京都企業全体でみると，海外売上高比率が業種平均より高い企業は53.6%（15社）にとどまっており，その半数以上の8社が「京都企業」に名を連ねている。また，残りの7社も機械，電気機器業界に属する企業が多い[12]。したがって，積極的に海外展開しているという特徴は，京都企業全体の特徴ではなく，機械・電気機器業界に属する京都企業の特徴と表現したほうが適切である。

次に，財務面に移り，収益性からみていこう。本業の収益性を示す売上高営業利益率はさまざまな定性的特徴が反映されていると考えている。すなわち，オリジナリティの高い製品を製造し，それをもって世界トップクラスのシェアを握るという差別化集中戦略（あるいは，前述した「二重の優位」の実現），顧客満足の重視，分権的組織体制の導入による効率的な採算管理等の結果として，高い売上高営業利益率が実現していると想定している。しかし，本章の分析対象全体では，売上高営業利益率が業種平均より高い企業は52.9%（18社）にすぎず，海外売上高比率同様，「京都企業」のほうが該当率は高くなってい

る（80%）。こうした傾向は，売上高当期純利益率，自己資本利益率でみるとより顕著となり，「京都企業」とその他の京都企業の間で何らかの違いが存在することがうかがえる。

　では，安全性はどうだろうか。短期安全性・長期安全性ともに，分析対象企業全体で高い水準の該当率を確認できる（すべての指標で70％を超えている）。特に，「京都企業」に注目すると，流動比率，当座比率，有利子負債比率，自己資本比率についてすべての企業が業種平均より高いという結果になっている。ただ，この点に対する解釈については，収益性の高い企業はその分内部留保の原資となる利益が多く，運転資金・投資資金の確保において負債に依存する必要性が低くなることの影響を考慮する必要があるだろう。成長性については，「京都企業」・その他の京都企業間で大きな差はみられず，持続的な成長の実現は本章分析対象企業全体の特徴であるといってよいだろう。

　では，ここまでの財務面の特徴について整理しておきたい。収益性は，本章分析対象企業全体では業種平均より各種利益率が高い企業は半数にすぎず，その多くは「京都企業」に属する企業である。したがって，「収益性が高い」ということを全体の特徴として挙げることは難しい。ここでは，差別化集中戦略をとっている企業や前述したような二重の優位を実現している企業など，一部の京都企業についてこの特徴が当てはまっていると考えるほうがよいであろう。一方，安全性については，本章分析対象企業全体でみても各指標の値が業種平均より高い企業が多く，「安全性が高い」は全体に当てはまる特徴であると考えられる。

　最後に，組織面について検討しておきたい。2013年度末時点において，京都企業は全体の50％が同族企業であり[13]，東証一部全体の38.8％（竹原［2013］）より高い水準にある。なお，「京都企業」，その他の京都企業で該当率は同じく50％であり，分析対象全体として同族企業が多いと解釈できる。また，同族企業17社の中で，創業者社長はクラウディアの倉正治氏，日本電産の永守重信氏，フェイスの平澤創氏，トーセの斎藤茂氏の4名のみであり，一族への事業の継承が相当程度進められている点についても言及しておきたい。

　一方，外国法人持株比率については，「京都企業」，その他の京都企業で明暗が分かれており，外国法人持株比率が業種平均より高い企業はすべて「京都企業」に属している。外国法人持株比率は海外展開の進捗度と一定程度の関連性

をもつと推察されるが，前述の海外売上高比率と必ずしも整合する結果とはなっていない。これは外国人株主が海外展開の状況だけでなく当該事業の収益性や将来性等についても厳格に評価した上で投資していることを示唆していると考えられ，その意味において，「京都企業」は外国人投資家から高い評価を得ているものと思われる。

ここまで，戦略・財務・組織の3つの側面から，京都企業の特徴を「京都企業」・その他の京都企業間の違いに言及しながら整理してきた。ここで明らかになったことは，高い安全性は本章分析対象企業全体で当てはまりがよいものの，積極的な海外展開や高い収益性は本章分析対象企業全体の特徴であるとは必ずしもいえないということである。これらの特徴が当てはまるのはまさに先行研究で取り上げられてきた「京都企業」であり，このことから，末松［2002］が指摘するように，「京都企業」はその他の京都企業と異なる特質をもつ存在であるということが示唆されている。

では，「京都企業」とその他の京都企業の分水嶺はどこにあるのだろうか。この疑問について考察するために，海外売上高比率，売上高営業利益率が業種平均より高い企業のみを抽出したのが**図表12-2-4**である。同図表では，簡単に各社の事業内容および強み（マーケットシェア等）についても言及している。ここでわかることは，両指標がともに業種平均より高い企業は川中製品の製造で世界トップクラスのシェアを獲得しているということである。

**図表12-2-4** 「京都企業」，その他の京都企業の分水嶺

| 企業名 | 東証業種分類 | 主力製品<br>（世界シェア） | 海外売上高比率>業種平均 | 売上高営業利益率>業種平均 |
|---|---|---|---|---|
| 宝ホールディングス㈱ | 食料品 | | | |
| ㈱ワコールホールディングス | 繊維製品 | | | ○ |
| ㈱クラウディア | 繊維製品 | | | ○ |
| ㈱フェイス | 情報・通信業 | | | |
| 第一工業製薬㈱ | 化学 | | | |
| 三洋化成工業㈱ | 化学 | | | |
| 日本新薬㈱ | 医薬品 | | | |
| ㈱ファルコホールディングス | サービス業 | | | |
| ワタベウェディング㈱ | サービス業 | | ○ | |
| ㈱トーセ | 情報・通信業 | | | |

| 企業名 | 業種 | 製品 | | |
|---|---|---|---|---|
| 日東精工㈱ | 金属製品 | | ○ | |
| サンコール㈱ | 金属製品 | エンジン用弁ばね，リングギア | ○ | ○ |
| TOWA㈱ | 機械 | | ○ | |
| ㈱ユーシン精機 | 機械 | 樹脂成型品取出ロボット | ○ | ○ |
| 日本電産㈱ | 電気機器 | HD駆動装置用精密小型モータ（80%） | ○ | |
| 第一精工㈱ | 電気機器 | 高速信号伝送用の細線同軸コネクタ | ○ | ○ |
| 日新電機㈱ | 電気機器 | | | ○ |
| オムロン㈱ | 電気機器 | 液晶バックライト（20%） | ○ | ○ |
| ㈱ジーエス・ユアサ　コーポレーション | 電気機器 | | | ○ |
| ㈱堀場製作所 | 電気機器 | 排気ガス計測機器（80%） | ○ | ○ |
| ローム㈱ | 電気機器 | カスタムLSI，トランジスタ，ダイオード | ○ | ○ |
| 京セラ㈱ | 電気機器 | 温度補償型水晶発信器 | ○ | |
| ㈱村田製作所 | 電気機器 | 積層セラミックコンデンサ（40%） | ○ | ○ |
| ニチコン㈱ | 電気機器 | | ○ | |
| ニチユ三菱フォークリフト㈱ | 輸送用機器 | | | |
| ㈱たけびし | 卸売業 | | | ○ |
| ㈱島津製作所 | 精密機器 | | | |
| ㈱SCREENホールディングス | 電気機器 | | ○ | |
| 日本写真印刷㈱ | その他製品 | | ○ | |
| 任天堂㈱ | その他製品 | 家庭用ゲーム機（Nintendo DS，Wii） | ○ | ○ |
| ㈱松風 | 精密機器 | | | |
| ㈱ニッセンホールディングス | 小売業 | | | |
| ㈱中央倉庫 | 倉庫・運輸関連業 | | ○ | |
| ㈱王将フードサービス | 小売業 | | ○ | |

(注) 図表中，網掛けにて海外売上高比率および売上高営業利益率がともに業種平均より高い企業を示している
出所：各社ホームページ，川北・奥野［2015］より，各社シェアを取得

　こういった企業はその事業戦略の性質上，高い収益性，成長性を比較的維持しやすく，さらにそこから獲得した利益を原資として高い安全性を確保することが可能である。

　では，なぜ京都でこのような世界トップクラスのシェアを獲得できる企業が多数誕生したのだろうか。また，それがなぜ製造業，かつ川中製品に集中して

いるのだろうか。加えて，こうした企業は獲得した利益を有利子負債の圧縮や現金預金での保有等に充てており，安全性の確保を重視している。経営効率の向上を求める声が高まる昨今の市場動向の中，こうした財務戦略をとる背景は何だろうか。次節では，図表12-2-3から生まれたこれらの疑問を京都という都市との関連性にも言及しながら検討していきたい。

## 第3節　「京都企業」と京都

### (1)「京都企業」の特徴

　前節では，特に「京都企業」に注目して共通性の高い定量的特徴の抽出を試みた。その結果，(A) 高い収益性を誇り積極的に海外展開している，(B) 短期・長期問わず安全性が高い，という2つの特徴が明らかになった。

　まず，前者については，さらに図表12-2-4で，川中製品の製造で世界トップクラスのシェアを握っているという共通の特徴があることが示された。こうした特徴をもつ中堅・中小企業は「グローバル・ニッチ・トップ企業」ともよばれて近年注目を集めているが（細谷［2013］），先行研究では比較的早期から指摘されてきた京都企業の特徴でもある（船越［1995］，末松［2002］，村山［2008］）。本章では東証一部上場企業のみを分析対象としているが，本書が取り上げた企業以外にも，福田金属箔粉工業（船越［1995］），片岡製作所（村山［2008］）のように，京都には上場・非上場を問わず，川中製品の製造で世界トップクラスのシェアを握る企業は多数存在する。それを受けて，本節で検討する疑問の1つは以下の通りである。

> 疑問1
>
> なぜ京都から世界トップクラスのシェアを握る企業が多数輩出されたのか？

　次に，後者の特徴については，まず収益性・成長性の高い企業のとりうる財務政策の一般論から考察を進めたい。収益性・成長性の高い企業は，獲得した利益を内部留保し再投資することで持続的な成長を実現することが可能である。

さらに，外部資金で追加的調達を行うことで，買収等を活用した成長を企図することもできる。一方，再投資を一定水準に留め置き内部留保で財務基盤の安定化（たとえば，有利子負債の圧縮や短期流動性の確保等）を図るという財務政策もまた可能である。

図表12-2-3が示す結果によると，「京都企業」は後者に該当すると推察される。すなわち，「京都企業」は高い収益性から獲得した内部留保を財務基盤の安定化に活用している[14]。その結果，不測の事態であっても運転資金を賄うことができ，また有利子負債の弁済に苦慮するリスクも小さくなる。前述の通り，収益性の高い企業は財務政策の自由度が相対的に高く，その選択には企業の意思が反映されているものと考えられる。これらの検討を踏まえ，本節では次の疑問についても考察する。

> 疑問2
>
> 「京都企業」はなぜ財務基盤の安定化を志向するのか？

### （2）なぜ京都から世界トップシェアを握る企業が多数輩出されたのか

前述の通り，「グローバル・ニッチ・トップ企業」は，中堅・中小企業でありながら，特定の事業領域に特化して高い技術力を背景とした独創性の高い製品で世界トップクラスのシェアを握り，高い収益性・成長性を実現しており，近年注目を集めている。しかし，末松［2002］が指摘するように，そもそも「京都企業」は比較的早い段階から上記の戦略（これをニッチ戦略という）を採用し躍進してきた。以下では，疑問1に答えるために，より具体的に以下の2つの論点について検討する。

> (1)「京都企業」はなぜ早期から海外展開を志向したのか。
> (2)「京都企業」はなぜニッチ戦略を志向するのか。

第1の論点については，1960-1970年代当時の企業集団を中心とする固定的な企業間取引関係のもとでは，ベンチャー企業からスタートした「京都企業」が新規開拓営業で受注を獲得するのは困難だったという事情が深く関連してい

る。そのため，たとえば日本電産のように，「京都企業」の多くの経営者は技術本位で取引の門戸が開かれた海外に渡り[15]，苦労の末大口受注を獲得しそれを契機に躍進するという発展の歴史をたどってきた（川北・奥野［2015］，76-78頁）。しかし，日本電産の会長兼社長である永守氏自身が言及するところによると，これは日本全国の中堅・中小企業が経験してきたことでもある（同上，78頁）。

一方，第2の論点については，「京都企業」に共通する企業風土に，歴史の中で形成された京都というマーケットのもつ特徴が影響を与えている可能性がある。すなわち，「京都企業」がニッチ戦略を志向するのは他の模倣を忌避しオリジナリティの追求を是とする企業風土をもつためであり，そうした企業風土が醸成された背後に京都という土地柄が影響していると推察される。以下では，こうした「京都企業」の企業風土と京都とのかかわりについて考察していく。

① 模倣の忌避とオリジナリティの追求

周知の通り，京都は794年の平安遷都から1868年の明治維新，そして東京への遷都までの千年もの間，朝廷が置かれ天皇や貴族が住まう都であった[16]。宮廷料理を支えるべく日本全国から各地の名産品が集められ，また，朝廷は工芸品の生産等の文化的活動を保護したため，政治の中心地が江戸に移ってなお京都は日本の三大マーケットの一角を占めていた。そのマーケットにおける最大の需要者は当然天皇家および貴族に代表される朝廷であり，洗練された彼らの要求を満たすべく，「御用達商人」である京都の商人は日本全国から集められる名産品の「目利き」に精を出し，職人もまた趣向を凝らした工芸品等の製作に励んだのである（北・西口［2009］，2，110頁）。そのため京都は他地域のマーケットに比べて需要者の効用が満たされる財の品質水準が高く，付加価値の高い財を生産できない供給者は淘汰されてしまうマーケットであったと考えられる。西陣織，友禅染，清水焼（京焼）といった京都の伝統産業が今もなお世界水準で高い評価を得ているのは，こうした京都というマーケット固有の歴史的経緯が背後にあるといってよいだろう。

こうしたマーケット固有の特徴が供給者である職人たちの生産活動にどのような影響を与えたのだろうか。前述のように，朝廷が求める財の品質水準は高

く，またその水準も時代が下るにしたがって高くなっていったと考えられる。したがって，ある職人が朝廷に財を納めていたとしても，同一の財を納め続けるだけではやがて朝廷の要求を満たすことはできなくなり，他の職人に自らのポジションを奪われてしまう可能性がある。こうした状況を踏まえると，自らが工芸品の生産を継続することで生計を立てていくために，他から取り入れたものに一工夫，二工夫加えて自らのオリジナリティを込めることに精を出すことは京都の職人たちにとって当然の生産活動であり，それが京都の職人の強みでもあった（同上，6頁）。

　そういった環境下で，京都の職人たちの間で特に忌み嫌われた行動が「他人の模倣」[17]であったことは想像に難くないだろう（村山［2008］，45頁；財部［2015］，26頁；川北・奥野［2015］，20頁）。だからこそ，職人たちは，他人の領分を荒らすことをよしとせず，「他と異なる」オリジナリティのある財の生産に力を注いだのである。

　このように，京都というマーケットが課した制約により，京都の職人たちは「他の模倣を忌避し，オリジナリティの追求を是とする」風土を形成するに至った。そして，以下の任天堂元社長である故山内溥氏の談話でも表れているように，現代においてもその精神は「京都企業」の経営者に受け継がれているといえるだろう。

　『いままでこんな遊びがあった，これを改良・改善すればなんとか商売になるのではないか，という発想では絶対うまくいかない。だから他社の類似品は出さないというのが任天堂のモットーであり，わたしが心がけてきたことなんです。新しいパターンを求め，創造することにすべてのエネルギーを費やしてきたのも，そこにあります』（高橋［1986］，173頁）

② 生活環境を通じて波及・浸透した職人文化
　しかし，近代以降の個人事業主から株式会社への転換・成長を考慮したとしても，職人たちの気質と企業文化には一定の隔たりがあり，なぜ現代の「京都企業」にまで「他の模倣を忌避し，オリジナリティの追求を是とする」企業文化が受け継がれているのかという疑問は依然残されたままである。また，「京都企業」の創業者には京都府外出身者も一部含まれている[18]。そこで，以下で

は，この疑問について検討していく。

　まず，職人たちの気風が「京都企業」の企業文化へと継承されてきた背景について検討する。そこには，京都という都市の生活環境の影響があったと考えられる。というのは，整然と区画整理された産業立地地区とは異なり，京都は職住工混在の都市であり，それがさまざまなバックグラウンドをもつ人々の生活と職業が重なり合う中で職人たちの気風が人々の生活や考え方に波及，浸透していく土壌として機能したと考えられるのである。その結果，職人たちの気風は伝統産業という枠に収まることなく，京都という都市全体の根底に流れる気風として定着した可能性がある（村山［2008］，37-38頁）。したがって，京都で生まれ育った経営者が職人たちの気風に影響を受けその気風を備えるのは自然なことであり，それは従業員についても同様である。こうした経営者，従業員の気風をベースとして，「京都企業」の「他の模倣を忌避しオリジナリティを追求する」企業文化が醸成されたと考えることができるだろう。

　では，他の都道府県で生まれ育ったベンチャー起業家が創業した「京都企業」（たとえば，京セラやローム）についてはどうだろうか。これもまた，京都という都市がもつ気風が関連している可能性がある。すなわち，財部［2015］で紹介されている堀場製作所の堀場厚社長の発言[19]からも窺えるように，京都には，異質で新たな着想・技術に対する許容度が高く，ベンチャー起業家のオリジナリティある着想・技術を認めそれが成功するまで支援するという風土がある（財部［2015］，214頁）。そして，こうした現代の京都という都市の気風もまた，オリジナリティの追求と同様に，京都の生活環境を介して職人たちの気風から影響を受けてきたものと推察される。新しい着想や技術を吸収し自分のものにしていくことは，コミュニティ内での模倣が忌避される京都社会で職人たちが生きていく上でのモラルの1つであり，都が置かれていた当時，京都には日本全国から優れた物品や技術・着想が集まってきていたことも相まって，職人たちの気風として定着してきたものと思われる（北・西口［2009］，6頁；財部［2015］，163-164頁）。

### （3）「京都企業」はなぜ財務基盤の安定化を志向するのか

　次に，もう1つの疑問である「京都企業」が財務基盤の安定化を志向する背景について考察を深めていく。

収益性の高い企業がその内部留保の使途について複数のオプションをもっていることは前述の通りである。しかし，昨今の株式市場では，資金を社内に溜め込むのではなく収益性・将来性の高い事業に再投資し経営効率を向上させる，あるいは自社株買いや配当による株主還元を充実させる等を要求する傾向が投資家の間で広まっている。また，日本版スチュワードシップ・コードの施行といった政府による市場型ガバナンスの強化もその傾向に拍車をかけているだろう。こうした状況を鑑みると，収益性が高く，今なお高い成長性を有する中で，負債依存度の低減を志向する「京都企業」の財務政策には何らかの要因があると考えられる。以下では，その背後にあるものを探っていきたい。

① **事業リスクと財務リスク**

　前述の通り，「京都企業」は「他の模倣を忌避し，オリジナリティを追求する」ことを是とする企業文化をもち，それが奏功して高い収益性・成長性を実現してきたと考えられる。しかし，一般に収益性の高い事業領域は他社の参入および類似製品の投入による競争の激化により次第に事業としての魅力を失っていくため，継続的に製品開発を行う必要がある。すなわち，「京都企業」は「他の模倣を忌避し，オリジナリティを追求する」ことを継続的に実現しなければならないが，こうしたリノベーション[20]は必ずしも成功するとは限らないため，そういった将来における不確実性の分だけ「京都企業」は高い事業リスクを負っていると考えられる。そうした事業戦略上のリスクを前提とした場合，企業は直面するもう1つの主要なリスクである財務リスクを抑制する必要が出てくる。それは，もし企業がリノベーションに失敗し事業から獲得するキャッシュ・フローが著しく減少した場合に，その事業存続を担保することができなくなるおそれがあるためである。

　財務リスクを抑制する具体的施策としては，（A）不測の事態に直面しても日々の運転資金を賄えるだけの高い短期流動性を確保すること，（B）債務超過を回避するため有利子負債そのものを圧縮しつつ内部留保による調達を充実させる，といったことが挙げられる。実際，図表12-2-3からわかるように，「京都企業」は業種平均に比べて当座資産が厚く（上記（A）に対応），有利子負債が少ない一方で自己資本が厚い（上記（B）に対応）。また，その結果，流動比率・当座比率が業種平均より高く，実質無借金を実現している企業も多い。

また,「京都企業」が財務基盤の安定化を志向する背景には,「京都企業」が直面した以下のような資金調達環境が制約として存在していたことも影響していると考えられる。すなわち,(A) 京都は東京や大阪と異なり旧財閥に代表される大銀行が存在せず,かつベンチャー企業であるが故の信用力の低さから当時京都市内で有力だった信用金庫等から融資を受けづらかった,(B)「京都企業」自身も非財閥・非グループ会社を貫いており,企業集団の中核である大銀行からの融資が資金調達のオプションとして存在しなかった,という制約である。その結果,「京都企業」は資金調達のリスクをコントロールしながら,キャッシュ・フロー経営を徹底する必要があったと考えられる（末松［2002］,北・西口［2009］）。

② 社会貢献の基盤としての高い収益性・安全性

　これまで検討してきたように,「京都企業」は,(A)「他の模倣を忌避し,オリジナリティを追求する」企業風土を背景としたニッチ戦略を奏功させて高い収益性・成長性を実現し,(B) 一方で相対的に高くなった事業リスクとのバランスから財務リスクを低減するために,獲得した利益を財務基盤の安定化に活用し高い安全性を確保している。

　このような自律的に持続的成長を実現することが可能な事業戦略や財務基盤は,多くの京都企業が企業理念等に定める社会貢献の精神を実現する基盤として機能している側面もあると考えられる。最後に,この点も確認しておこう。京都企業の社会貢献の精神は,第1節で触れたような創業100年を超える老舗企業はもちろんのこと[21, 22],本章でいうところの「京都企業」をはじめとする,戦後創業の企業の中にも見ることができる。それは京セラ創業者の稲盛和夫氏の発言（第3章を参照）や村田製作所の社是[23]からもうかがい知れるが,以下では,事例の1つとしてオムロンの社憲・企業理念を紹介しておきたい。

　オムロンの社憲は『われわれの働きで　われわれの生活を向上し　よりよい社会をつくりましょう』というものである。創業者である立石一真がこの社憲を制定したのは1959年,売上高わずか4億円という企業としての成長の途についで間もない頃のことである。さらに,社号をオムロン株式会社に変更した1990年には企業理念を制定し,その基礎理念に「企業は社会の公器である」と明記している（川北・奥野［2015］,40-41,45-51頁）。オムロンがそうした精神

のもと，レントゲン写真撮影用タイマーや無人駅システム，オンライン現金自動支払機を開発してきたのは第5章で触れた通りである。

しかし，京都企業が社会奉仕を重視する背景については，前述の通り先行研究でも一部指摘はあるものの[24]，京都を主たる商圏とする中堅・中小企業と海外・日本全国まで商圏を拡大した大企業の区別や因果関係が十分に整理されないまま議論がなされている。その意味において，「京都企業」のような大企業が社会奉仕の精神を重視する背景や経緯を整理し，中堅・中小企業のそれと合わせて考察することは今後の重要な検討課題といえる。

## 第4節　おわりに

本章では，第3章から第11章までの個別分析から大きく視点を変えて，京都企業に共通する特徴，そしてそれと京都のかかわりについて考察してきた。分析にあたっては，東証一部上場の京都企業の中でも，一般的に京都企業として想起されるであろう「京都企業」―京セラ，日本電産，オムロン，村田製作所，ローム，島津製作所，堀場製作所，任天堂，宝ホールディングス，ワコールホールディングス―に注目し，他の京都企業との違いについても言及した。

図表12-2-3が示すように，「京都企業」は業種平均と比べて，（A）収益性・成長性が高く，積極的に海外展開しており，（B）短期・長期を問わず安全性が高い，という特徴が明らかになった。

このうち前者（Aの特徴）については，特定の事業領域で高い技術力を背景にオリジナリティある製品で世界トップクラスのシェアを獲得するニッチ戦略が奏功している企業の特徴であることが図表12-2-4での追加的検討で示された。そのようなニッチ戦略を志向する背後には，かつて朝廷が置かれた京都というマーケットが課した制約のもとで醸成された「他の模倣を忌避しオリジナリティを追求する」職人たちの気風が，職人分業制度に京都の職住工混在という生活環境を介して「京都企業」の企業文化として醸成され脈々と継承されてきたという経緯があると考えられる。

一方，後者（Bの特徴）については，本章分析対象34社全体でも当てはまりはよいものの，収益性が高く獲得した利益の使途に複数のオプションをもつ

「京都企業」の当てはまりのほうがより一層高いという結果となった。そこには，財務基盤を安定化させることを志向する企業の意図が垣間見える。その背後には，前述のように「他の模倣を忌避しオリジナリティを追求する」を事業戦略の中核においているが故に相対的に高くなった事業リスクとのバランスから財務リスクを低減する必要性が大きいという点があった。また，歴史的な要因として，京都には現在のメガバンクに代表されるような大銀行が存在せず，「京都企業」自身も非財閥・非グループ会社を貫いたという資金調達環境も，このような財務リスクの低減に影響を与えているだろう。

さらに，こうした自律的に持続的成長を実現することを可能とする「京都企業」のビジネスモデルは，ステークホルダーや社会とのかかわりを重視し社会奉仕の精神を体現していく上での基盤として機能しているという側面がある。CSR（企業の社会的責任）が昨今，多くの日本企業が力を入れて取り組んでいる課題の1つであることを鑑みると，「京都企業」のビジネスモデルは1つのロールモデルとして捉えることができる。

最後に，今後の研究の展望について簡単に言及しておきたい。本章では，東証一部に上場する京都企業を対象として，先行研究で指摘されてきた京都企業の特徴について定量的データでその当てはまり確認した。その結果，高い安全性は本章で分析対象とした京都企業全体の特徴として共通性は高いものの，これまで京都企業の特徴として取り上げられてきた高い収益性は，京都企業の中でも一部（≒「京都企業」）の特徴にすぎないことを明らかにした。この指摘は，末松［2002］とも整合的である。

しかし，本章が対象とした京都企業は，財務データにアクセス可能な上場企業の半数程度にすぎない。「京都銘柄」として注目を集める企業には，東証二部やJASDAQのような新興市場に上場しているものも多く（たとえば，JASDAQに上場する京写等），分析対象を上場している京都企業全社まで拡大して図表12-2-3・図表12-2-4の結果の妥当性を検証することが京都企業の特徴をより深く理解するためには必要であろう。

また，前述のように，京都企業がステークホルダー，社会とのかかわりや社会奉仕の精神を重視している背景については，先行研究でも十分な整理がなされないまま議論が進められており，この点を解決した上で考察を深めていくことも今後の重要な検討課題であろう。

◆注

1 ここでいう京都企業の集計範囲は，企業データベース「COSMOS 2」（139万社収録）に収録されているものであり，京都企業は27,757社収録されている（帝国データバンク[2011]，1-3頁）。
2 詳細は図表12-2-2を参照のこと。
3 2013年度の海外売上高比率は，村田製作所が90.5%，日本電産は81.9%である。
4 たとえば，日本電産はモータに特化しており，宝HDはバイオ事業に関連型多角化を進めている。一方，KDDIを子会社にもつ京セラは当該特徴の例外と考えられる。
5 末松[2002]によると，ニチコンは主要工場のリードタイムを22日から11日に半減し，さらに7日まで短縮している（末松[2002]，28頁）。
6 この指摘に関する背景は企業ごとに異なっている。たとえば，村田製作所の場合は有形固定資産回転率が低いが，これは垂直統合によるものである。また，京セラの場合は非事業用資産を多数保有することによるものである。
7 同書では無借金経営の定義は明記されていないが，各社の有価証券報告書を参照するに単体ベースで有利子負債（借入金，社債，コマーシャル・ペーパー等）の計上がない状態を指すと推察される。なお，2013年度実績（単体ベース）では，村田製作所は実質無借金経営，任天堂は無借金経営である（実質無借金経営の定義は本章のものにもとづく）。
8 村山[2008]はその背景の1つとして，職人たちの文化に端を発する「人の顔を見る経営」，すなわち従業員1人1人の顔を見ながら能力とモチベーションを高めていく経営管理のあり方を指摘している（村山[2008]，39-43頁）。
9 なお，クラウディア，トーセ，日東精工，第一精工，堀場製作所，ニッセンホールディングスの6社は3月決算企業ではない。しかし，決算期のズレを受けた財務指標の修正には多分に恣意性が混入すると考えられること（特に損益項目は季節性の予測は困難のためその傾向が顕著となる可能性が高い），修正の有無により分析結果に大きな変化が生じる可能性は高くないことを鑑みて，本章では決算期のズレを修正しないこととした。
10 具体的な判定手順は以下の通りである。まず，各社HPの沿革等や「日本会社史総覧」から各社の創業者を特定する。なお，一部の企業は創業者不明である。また，ジーエス・ユアサ コーポレーションは合併前の2企業の創業者を創業者群としている。次に，有価証券報告書の「役員の状況」「大株主の状況」を参照し，それぞれ（A），（B）の条件に該当するか否かを判定する。前者については，原則として創業者と同姓の人物を創業者一族としている。同姓ではなくても，大量保有報告書等で血縁関係が確認できれば創業者一族として識別する。後者については，創業者一族，創業者一族の関与が確認できる事業会社や資産管理会社，一般財団法人等の持株比率の合計を創業者一族の持株比率としている。識別にあたっては，前者同様，大量保有報告書等を参照する。
11 「第4 提出会社の状況」記載の所有者別状況を参照した。当該項目では，外国法人等をさらに個人以外，個人で分けて表示しているが，本章では個人以外をデータとして用いている。なお，外国法人等に含まれる個人の株式保有比率は極めて僅少であり，これを含めるか否かは図表12-2-3の結果に大きな影響を与えるものではない。
12 具体的には，図表12-2-4を参照のこと。
13 以下に，同族企業と判定された企業を列挙する。宝ホールディングス，ワコールホールディングス，クラウディア，日本写真印刷，TOWA，ユーシン精機，第一精工，堀場製作所，ニチコン，村田製作所，日本電産，SCREENホールディングス，王将フードサービス，ファルコホールディングス，ワタベウェディング，トーセ，フェイス。
14 実際に，京都企業（特に「京都企業」）の財務キャッシュフローは1999年度の開示開始以来，概ね継続してマイナスとなっているケースが多い。

15 末松［2002］によると，当時の海外マーケットでは，マイクロソフトやインテルを代表格として「オープン水平分業戦略」が席巻し始めていた。「オープン」は企業間取引関係，ないし製品仕様を市場に開放することを指し（末松［2002］，39-42頁），「水平分業」は「オープン」の結果，特定の事業領域は最も技術力の高い企業が圧倒的シェアを獲得するため，それぞれの事業領域において水平の分業が進行するということを指す（同上，42-45頁）。こうした取引関係のもとでは技術力の有無が重要であるため，当時ベンチャー企業であった京都企業にも取引の門戸が開かれていた。

16 本節における歴史的記述は北・西口［2009］を大いに参考にしている。

17 ここでいう「他人の模倣の忌避」は，あくまで京都というコミュニティの中での議論である（財部［2015］，163-164頁）ことに留意されたい。だからこそ，「他人の領分を荒らすことをよしとしない」ことは京都で生きていく上で求められるモラルの1つだったのである。一方，人々が，「京都」が引き寄せる優れた物品や技術を取り入れることに積極的だったことは本文で言及した通りである。

18 たとえば，京セラ創業者の稲盛和夫氏は鹿児島県出身，オムロン創業者の故立石一真氏は兵庫県出身，ローム創業者の佐藤研一郎氏は東京都出身である。逆に，上記以外の「京都企業」の創業者は京都府出身であり，後継者社長も京都府で生まれ育っている。

19 堀場厚社長の発言は次の通りである。「経済同友会の代表幹事をしていた時に，私がアメリカで経験してきたことやそこで得た米国流の考え方を持ちこんでも『それ面白いやないか』と受け入れてくれる。京都は異文化の許容範囲が大きい」（財部［2015］，214頁）。

20 ここでは，オリジナリティがあり競争力の高い製品を開発・製造し続けることという意味で用いている。その結果，競争激化による既存製品の競争力低下を補い企業としての競争力を維持することができると考えられる。

21 村山［2008］は，京都の老舗は地域貢献，消費者満足の重視や従業員教育の徹底といった，近年CSRという言葉の一環として取り上げられる施策を「自然発生的かつ身の丈にあった形で」（村山［2008］，96頁）取り組んできたと言及している。

22 財部［2015］は事業の存続に強いコミットメントをもつ老舗企業として，聖護院八ツ橋総本店のケースを紹介している。その中で，同社社長の鈴木且久氏は以下のように発言している。「事業の継続に勝るものはありません。創業当時は従業員ばかりかお客様も同じ地域に住む人たちでした。地域とともに生きてきた会社です。経営が揺らげば，地域社会にご迷惑をかけてしまう。単純に事業規模の拡大を目指すことはこれまでしてこなかったし，これからもありません」（財部［2015］，44頁）。財部［2015］は，鈴木氏が町の自治会長や吉田神社の氏家としての活動にも取り組んでいることに言及した上で，京都企業は，家業という利己的な理由ではなく，地域社会への責任を背景として事業の存続を志向している点に特徴があると分析している。

23 同社の社是は，「技術を練磨し科学的管理の実践し独自の製品を供給して文化の発展に貢献し信用の蓄積につとめ会社の発展と協力者の共栄をはかりこれをよろこび感動する人びととともに運営する」である（村田製作所公式ホームページ）。ここには，本章で言及した京都企業の特徴のエッセンスが表れているといえるだろう（オリジナリティの追求は「独自の製品を供給して」，社会貢献の精神は「文化の発展に貢献し」「会社の発展と協力者の共栄をはかり」が対応すると考えられる）。

24 北・西口［2009］は，さらに，「三方よし」の言葉で有名な近江商人や江戸時代中期の思想家である石田梅岩が開いた石門心学が京都企業の社会貢献に影響を与えている可能性があることを指摘している（北・西口［2009］，7-8頁）。

# 参考文献

●和文

浅田孝幸・頼誠・鈴木研一・中川優・佐々木郁子,『管理会計・入門―戦略経営のためのマネジリアル・アカウンティング―〈第3版〉』,有斐閣アルマ,2011年.
浅羽茂・牛島辰男,『経営戦略をつかむ』,有斐閣,2010年.
石崎忠司,『企業の持続的成長性分析』,同文舘出版,1999年.
石島博,『バリュエーション・マップ』,東洋経済新報社,2008年.
石川昭・田中浩二,『京都モデル』,ピアソン・エデュケーション社,1999年.
泉谷裕編著,『「利益」が見えれば会社が見える―ムラタ流「情報化マトリックス経営」のすべて―』,日本経済新聞社,2001年.
伊藤邦雄,『ゼミナール現代会計入門〈第6版〉』,日本経済新聞出版社,2006年.
伊藤邦雄,『ゼミナール企業価値評価』,日本経済新聞出版社,2007年.
伊藤邦雄,『新・企業価値評価』,日本経済新聞出版社,2014年.
伊藤邦雄,『新・現代会計入門』,日本経済新聞出版社,2014年.
伊藤邦雄・桜井久勝・百合草裕康・蜂谷豊彦,『キャッシュ・フロー会計と企業評価』,中央経済社,2004年.
伊藤文雄・堀内正博編集代表,『MBA国際マネジメント事典』,中央経済社,2007年.
稲盛和夫,『稲盛和夫の哲学〜人は何のために生きるのか？』,PHP出版,2003年.
稲盛和夫,『生き方』,サンマーク出版,2004年.
稲盛和夫,『実学・経営問答　高収益企業のつくり方』,日本経済新聞社,2005年.
稲盛和夫,『アメーバ経営』,日本経済新聞社,2006年.
井上理,『任天堂"驚き"を生む方程式』,日本経済新聞出版社,2009年.
猪木武徳・西島公,「電子部品工業における子会社・分社化及び海外展開―1980年代までの村田製作所の場合―」,『大阪大学経済学』第57巻第2号,36-58頁.
上野恭裕,『多角化企業の競争優位性の研究』,大阪府立大学経済研究叢書第86冊,1997年.
上野恭裕,「日本企業の多角化経営と組織構造」,『組織科学』,第37号,2004年3月,21-32頁,2004年.
内田浩史,「地域銀行における利ザヤビジネスのあり方」,『月刊金融ジャーナル』,第56巻第4号,16-19頁,金融ジャーナル社,2015年.
海老原崇・久保田敬一・竹原均・横田絵理,「同族企業研究における同族企業データベースの構築」,『武蔵大学論集』,第61巻第1・2号,49-57頁,2013年.
大西広・藤山英樹,『経済＝統計学　基礎理論の理解と習得』,昭和堂,2008年.
岡三証券企業調査部,『バイオ・遺伝子ビジネス』,東洋経済新報社,2000年.
小川一夫,「地域銀行，攻めのビジネスモデル」,『月刊金融ジャーナル』,第56巻第4号,8-11頁,金融ジャーナル社,2015年.
小川洌,「付加価値指標の現在的意味―分配率・装備率・高付加価値率をめぐって―」,『企業会計』,第33巻第3号,66-74頁,1981年.
尾崎弘之,『バイオベンチャー経営論』,丸善出版事業部,2007年.
小野憲史,『ニンテンドーDSが売れる理由』,秀和システム,2007年.
小野尚,「新国内基準の設計思想―金融機関の健全性と金融仲介機能のバランスを考慮―」,

『週刊 金融財政事情』, 3020号, 10-13頁, 2013年.
乙政正太,『財務諸表分析〈第2版〉』同文舘出版, 2014年.
大日方隆,『アドバンスト財務会計〈第2版〉』, 中央経済社, 2013年.
上總康行・浅田拓史,「村田製作所のマトリックス経営と管理会計」,『企業会計』, 第59巻第1号, 150-159頁, 2007年.
上總康行・澤邉紀生,「京セラアメーバ経営と管理会計システム」, 上總康行・澤邉紀生編著,『次世代管理会計の構想』, 中央経済社, 165-192頁, 2006年.
川北英隆・奥野一成編著,『京都企業が世界を変える──企業価値創造と株式投資─』, きんざい, 2015年.
川村誠,「私が考えるものづくり」,『日経ものづくり』, 2006年5月号, 6-8頁, 2006年.
監査法人トーマツ編,『企業再編〈第4版〉』, 清文社, 2001年.
菊池正典・影山隆雄,『図解でわかる電子デバイス』, 日本実業出版社, 2005年.
北寿郎・西口泰夫編著,『ケースブック京都モデル そのダイナミズムとイノベーション・マネジメント』, 白桃書房, 2009年.
北村文・阿部真大,『合コンの社会学』, 光文社, 2007年.
京都新聞出版センター編,『京都元気企業独創の軌跡』, 京都新聞出版センター, 2003年.
銀行経理問題研究会編,『銀行経理の実務〈第8版〉』, 一般財団法人金融財政事情研究会, 2012年.
粂美奈子,『最新 ブライダル業界の動向とカラクリがよ〜くわかる本〔第2版〕』, 秀和システム, 2013年.
経済産業省・厚生労働省・文部科学省編,『ものづくり白書・2009年版』, ぎょうせい, 2009年.
国頭義正,『京都商法』, 講談社, 1973年.
コンピュータエンターテインメント協会,『CESAゲーム白書』2012年版-2014年版.
桜井久勝,『財務諸表分析〈第2版〉』, 中央経済社, 2003年.
桜井久勝,『財務諸表分析〈第5版〉』, 中央経済社, 2012年.
櫻井通晴,『管理会計〈第4版〉』, 同文舘出版, 2009年.
櫻井通晴,『管理会計〈第5版〉』, 同文舘出版, 2012年.
塩次喜代明・高橋伸夫・小林敏男,『経営管理〈新版〉』, 有斐閣アルマ, 2009年.
嶋田充輝・内田和成・黒岩健一郎編著,『1からの戦略論』, 中央経済社, 2009年.
鈴木一功,『企業価値評価【実践編】』, ダイヤモンド社, 2004年.
末松千尋,『京様式経営─モジュール化戦略「ネットワーク外部性」活用の革新モデル─』, 日本経済新聞社, 2002年.
全国銀行協会金融調査部編,『図説 わが国の銀行〈9訂版〉』, 財経詳報社, 2013年.
高田直芳,『決定版 ほんとうに分かる株式投資』, PHPエディターズ・グループ, 2006年.
高橋健二,『任天堂商法の秘密─いかにして"子ども心"を掴んだか─』, 祥伝社, 1986年.
財部誠一,『京都企業の実力』, 実業之日本社, 2015年.
竹原均,「同族経営企業の収益・リスク特性」,『経営財務研究』, 第61巻第1・2号, 53-71頁, 2014年.
竹原均・須田一幸,「フリーキャッシュフローモデルと残余利益モデルの実証研究：株価関連性の比較」,『現代ディスクロージャー研究』, 第5巻, 23-35頁, 2004年.
竹原義郎,『ほんものの京都企業 なぜ何百年も愛され続けるのか』, PHP研究所, 2010年.
立石義雄,『未来から選ばれる企業 オムロンの「感知力」経営』, PHP研究所, 2005年.

谷武幸,「ミニプロフィットセンターによるエンパワメント―アメーバ経営の場合―」,『國民經濟雜誌』, 第180巻第5号, 47-59頁, 1999年.
田村賢司,『日本電産　永守重信, 世界一への方程式』, 日経BP社, 2013年.
醍醐聰,「持続的競争優位の経営戦略とのれんの償却・減損論争の展望」,『會計』, 第141巻, 第4号, 508-521頁, 2007年.
土田俊也,「企業価値評価モデルの実証的優劣比較」, 桜井久勝編著,『企業価値評価の実証分析　モデルと会計情報の有用性検証』, 中央経済社, 109-158頁, 2010年.
帝国データバンク,『『老舗企業』実態調査 震災・戦争を生き抜いた「老舗企業」, 全国に2万5000社』, 2011年.
東洋経済新報社編,『日本会社史総覧』, 1995年.
東洋経済新報社編,『会社四季報 業界地図2010年版』, 東洋経済新報社, 2009年.
東洋経済新報社,『CSR企業総覧　2014年版』, 東洋経済新報社, 2014年.
徳賀芳弘監修,『京都企業の分析』中央経済社, 2011年.
中谷巌,『入門マクロ経済学・第5版』, 日本評論社, 2007年.
中村直人,『会社分割の進め方』, 日本経済新聞社, 2001年.
日経産業新聞編,『日経市場占有率』, 日本経済新聞出版社, 2006年版～2010年版.
日経産業新聞編,『日経シェア調査〈2014年版〉』, 2013年.
日本オンラインゲーム協会,『JOGAオンラインゲーム市場調査レポート2014』, 2014年.
日本経済新聞,「海外子会社からの配当課税撤廃」, 2009年4月2日朝刊1面.
日本経済新聞社編,『日本電産 永守イズムの挑戦』, 日本経済新聞, 2004年.
日本経済新聞社編,『日経経営指標』, 日本経済新聞出版社, 2006年版～2009年版.
日本経済新聞社編,『日経業界地図2010年版』, 日本経済新聞出版社, 2009年.
日本経済新聞社編,『日経業界地図2015年版』, 日本経済新聞出版社, 2014年.
沼上幹,『経営戦略の思考法―時間展開・相互作用・ダイナミクス―』, 日本経済新聞出版社, 2009年.
浜村弘一,『ゲーム産業で何が起こったか？』, アスキー, 2007年.
林隆一,「電子部品企業の成功事例と戦略ポジションマトリックス」,『赤門マネジメントレビュー』, 第3巻第8号, 417-428頁, 2004年.
日夏嘉寿雄・今口忠政編著,『京都企業の光と陰 成長・衰退のメカニズムと再生化への展望』, 思文閣出版, 2000年.
福井義高,『会計測定の再評価』, 中央経済社, 2008年.
藤波大三郎,『はじめて学ぶ銀行論』, 創成社, 2012年.
藤本隆宏・東京大学21世紀COEものづくり経営研究センター,『ものづくり経営学―製造業を超える生産思想―』, 光文社文庫, 2007年.
船越昇,『京都商法で儲けろ』, エール出版社, 1995年.
細谷祐二,「グローバル・ニッチトップ企業に代表される優れたものづくり中小・中堅企業の研究―日本のものづくりニッチトップ企業に関するアンケート調査結果を中心に―」, RIETI Discussion Paper Series, 2013年.
堀内博,『京都だから成功した』, 柳原出版, 2001年.
堀江康熙,『地域金融機関の経営行動』, 勁草書房, 2008年.
間下聡,「地域金融機関のビジネスマッチングの現状と課題」『月刊金融ジャーナル』, 第51巻第7号, 24-27頁, 金融ジャーナル社, 2010年.
松村勝弘・松本敏史・篠田朝也,『財務諸表分析入門―Excelでわかる企業力―』, ビーケイ

シー，2009年．
溝上幸伸，『任天堂Wiiのすごい発想』，ぱる出版，2008年．
光澤滋朗，『マーケティング管理発達史』，同文舘出版，1987年．
三矢裕，『アメーバ経営論―ミニ・プロフィットセンターのメカニズムと導入―』，東洋経済新報社，2003年．
宮字地俊岳，「企業分析における経営戦略分析の意義と分析事例」『追手門学院大学ベンチャー・ビジネス・レビュー』，第6巻，23-34頁，2014年。
村田 昭，『不思議な石ころ―私の履歴書―』，日本経済新聞社，1994年．
村田朋博，『電子部品だけがなぜ強い』，日本経済新聞出版社，2011年．
村山裕三，『京都型ビジネス 独創と継続の経営術』，日本放送出版協会，2008年．
森生明，『MBAバリュエーション』，日経BP社，2001年．
森祐司，『地域銀行の経営行動 変革期の対応』，早稲田大学出版部，2014年．
森棟公夫，『基礎コース 計量経済学』，新世社，2005年．
山口揚平，『企業分析力養成講座』，日本実業出版社，2009年．
山澤成康，『実戦計量経済学入門』，日本評論社，2004年．
山田博文，『これならわかる金融経済』，大月書店，2005年．
山田昌弘，『少子社会日本―もうひとつの格差のゆくえ―』，岩波書店，2007年．
湯谷昇羊，『オムロン創業者立石一真「できません」と云うな』，ダイヤモンド社，2008年．
有限責任あずさ監査法人編，『銀行業の会計実務』，中央経済社，2012年．
『月刊金融ジャーナル』，2015年4月号．
『週刊エコノミスト』，2014年12月23日号，2015年1月20号．
『週刊ダイヤモンド』，2012年9月29日号，2014年5月31日号，2014年11月22日号．
『週刊東洋経済』，2015年4月18日号．
『日経ビジネス』，2008年12月15日号，2009年1月19日号．

●欧文

Ansoff, H.I., *Corporate Strategy*, McGraw-Hill, 1965（広田寿亮訳，『企業戦略論』，産業能率大学出版部，1969年）．

Barney, J. B., *Gaining and Sustaining Competitive Advantage, Second Edition*, Pearson Education, 2002（岡田正大訳，『企業戦略論【上】基本編 競争優位の構築と持続』，『企業戦略論【中】事業戦略編 競争優位の構築と持続』『企業戦略論【下】全社戦略編 競争優位の構築と持続』，ダイヤモンド社，2003年）．

Berger, P. G., and E. Ofek, "Diversification's effect on firm value", *Journal of Financial Economics*, Vol.37, pp.39-65, 1995．

Besanko, D., D. Dranove, and M. Shanley, *Economics of Strategy, Second Edition*, John Wiley & Sons, Inc., 2000（奥村昭博・大林厚臣訳，『戦略の経済学』，ダイヤモンド社，2002年）．

Brealey, R. A., S. C. Myers, and F. Allen, *Principles of Corporate Finance; ninth edition*, McGraw-Hill, 2007．（藤井眞理子・國枝繁樹訳，『コーポレート・ファイナンス（上巻）』，日経BP社，2007年）

Chandler, A. D., Scale and *Scope: the dynamics of industrial capitalism*, Belknap Press 1990．（安部悦生・川辺信雄・工藤章・西牟田祐二・日高千景・山口一臣訳，『スケール アンド スコープ 経営力発展の国際比較』，有斐閣，1993年）．

Coase, R. H. *The Firm, the Market and the Law*, University of Chicago Press, 1988（宮沢健一・後藤晃・藤垣芳文訳，『企業・市場・法』，東洋経済新報社，1992年）.

Dickinson, V. "Cash flow patterns as a proxy for firm life cycle", *The Accounting Review*, Vol.86, pp.1969-1994, 2011.

Henderson, B. D., *Henderson on Corporate Strategy*, Abt Books, 1979（土岐坤訳，『経営戦略の核心』，ダイヤモンド社，1981年）.

Kim, W. C. and R. Mauborgne, *Blue Ocean Strategy*, Harvard Business School Press, 2005（有賀裕子訳，『ブルー・オーシャン戦略』，ランダムハウス講談社，2006年）.

Kotler, P., *A Framework for Marketing Management, First Edition*, Prentice Hall, 2001,（恩蔵直人監修，月谷真紀訳，『コトラーのマーケティング・マネジメント【基本編】』，ピアソン・エデュケーション，2002年）.

McKinsey & Company Inc., Copland, T., T. Koller, and J. Murrin, *Valuation; Measuring and Managing the Value of Companies; third edition*, John Wiley and Sons, 2000（マッキンゼーコーポレートファイナンスグループ訳，『企業価値評価—バリュエーション：価値創造の理論と実践—』，ダイヤモンド社，2002年）.

Mintzberg, H., B. Ahlstrand, and J. B. Lampel, *Strategy Safari: The complete guide through the wilds of strategic management, 2nd Edition*, Pearson Education Canada, 2008.（齋藤嘉則訳，『戦略サファリ（第2版）』，東洋経済新報社，2012）.

Palepu, K. G., P. M. Healy, and V. L. Bernard, *Business Analysis & Valuation: Using Financial Statements, Second Edition*, South-Western Educational Publishing, 2000（斎藤静樹監訳，『企業分析入門〈第2版〉』，東京大学出版会，2001年）.

Penman, S. H., *Financial Statement Analysis and Security Valuation, Third Edition*, South-Western, 2001（杉本徳栄・井上達男・梶浦昭友訳，『財務諸表分析と証券評価』，白桃書房，2005年）.

Porter, M. E., *Competitive Strategy*, Macmillan Publishing, 1980（土岐坤・中辻萬治・服部照夫訳，『新訂 競争の戦略』，ダイヤモンド社，1995年）.

Porter, M. E., *Competitive Advantage*, The Free Press, 1985（土岐坤・中辻萬治・小野寺武夫訳，『競争優位の戦略—いかに高業績を持続させるか—』，ダイヤモンド社，1985年）.

Rumelt, R. P., *Strategy, Structure and Economic Performance*, Harvard Business School Press, 1974（鳥羽欽一郎・山田正喜子・川辺信雄・熊沢孝訳，『多角化戦略と経済成果』，東洋経済新報社，1977年）.

Saloner. G., A. Shepard, and J. Podolny, *Strategic Management*, John Wiley & Sons, 2001（石倉洋子訳，『戦略経営論』，東洋経済新報社，2002年）.

＜参考資料＞

## 【各章共通】
「EDINET」（http://info.edinet-fsa.go.jp/）．
「NIKKEI NET」（http://www.nikkei.co.jp/）．
「Yahoo!ファイナンス」（http://finance.yahoo.co.jp/）．

## 【第3章 京セラ】
Web BCN HP（http://www.computernews.com/）．
株式会社MM総研，「2013年度通期国内携帯電話端末出荷状況」2014年5月13日

(http://www.m2ri.jp/newsreleases/main.php?id=010120140513500).
株式会社日本経済新聞社，「マーケット：時価総額上位ランキング」2014年12月17日
(http://www.nikkei.com/markets/ranking/stock/caphigh.aspx).
京セラHP（http://www.kyo-cera.co.jp）．
ドイツ商品試験財団，「Geld verdienen mit eigenem Strom」，2006年12月5日
(https://www.test.de/Photovoltaik-Geld-verdienen-mit-eigenem-Strom-1371581-0/).
内閣府，平成19年度「年次経済財政報告」，2007年8月（http://www5.cao.go.jp/j-j/wp/wp-je07/07p00000.html）．
富士経済GROUP，「PRESS RELEASE　世界の太陽電池関連市場を調査」，2014年10月27日
　（http://www.group.fuji-keizai.co.jp/press/pdf/141027_14079.pdf）．

【第4章　日本電産】
日経ビジネスオンライン，「日本電産"お家芸"のM&Aを3年ぶりに再開」，
2007年1月23日（http://business.nikkeibp.co.jp/article/topics/20070122/117384/）．
日本電産HP（http://www.nidec.com/ja-JP/）．
Mizuho Industry Focus Vol.72,「企業価値向上に向けたグローバル税務戦略」，
2009年8月28日（http://www.mizuhobank.co.jp/corporate/bizinfo/industry/sangyou/pdf/
　mif_72.pdf）．
京都市西京区HP（http://www.city.kyoto.lg.jp/nisikyo/）．

【第5章　村田製作所】
村田製作所HP（http://www.murata.co.jp/）．
村田製作所，「2013年度決算説明会」，株式会社村田製作所，2014年4月30日．
ムラタエレクトロニクス・ホームページ（http://www.murata.co.jp/murataelectronics/
　recruit/freshers/group/index.html）
読売ADリポート［オッホ］，「今，なぜ，企業広告なのか？」，Vol. 9-No.8，2009年6月
　（http://adv.yomiuri.co.jp/ojo/02number/200609/09toku1.html）．

【第6章　オムロン】
オムロン株式会社HP（http://www.omron.co.jp/）．
オムロン『統合レポート2014』，2014．
(http://www.omron.co.jp/ir/irlib/pdfs/ar14j/ar2014j.pdf)
京セラ『CSR報告書2014』，2014．
(http://www.kyocera.co.jp/ecology/report/pdf2014/all.pdf)
日本電産『CSR報告書2014』，2014．
(http://az369030.vo.msecnd.net/pdffile/csr/report2014.pdf)
村田製作所『Murata Report 2014』，2014．
(http://www.murata.com/~/media/webrenewal/about/company/report/2014/
　mumuratarepo.ashx?la=ja-jp)
TDK『TDK CSRレポート2014』，2014．
(http://www.tdk.co.jp/csr/report/rep2014/rep14000.pdf)

【第7章　任天堂】

任天堂HP（http://www.nintendo.co.jp/）．
SCE社HP（http://www.scei.co.jp/）．
VG Chartz.com（http://www.vgchartz.com/）．
MM総研HP，「国内携帯電話端末出荷概況」等（http://www.m2ri.jp/index.php）．

【第8章　宝HD】
協和発酵キリン株式会社HP（http://www.kyowa-kirin.co.jp）．
経済産業省HP，「バイオ産業創造基礎調査報告書（平成20年度）」，2009年（http://www.meti.go.jp/）．
宝ホールディングスHP（http://www.meti.go.jp/）．
宝ホールディングス，「緑字企業報告書2014 CSR Report」，2014年（http://www.takarashuzo.co.jp/environment/greenpdf/pdfs/2014/all.pdf）．
タカラバイオ株式会社，ニュースリリース「タカラバイオグループ中期経営計画を策定（2014年5月8日）」，2014年（http://www.takara-bio.co.jp/release/?p=528）．
日経ビジネスON LINE，「日経情報ストラテジー——活路を開いた新規事業　改革の軌跡（第4部）」，2009年11月18日，（http://itpro.nikkeibp.co.jp/NIS/index.html）．
矢野経済研究所，「酒類市場に関する調査結果2012」，2012年（http://www.yano.co.jp/）．

【第9章　ワコールHD】
ワコールHP（http://www.wacoalholdings.jp/index.html）．
ワコールHD各期「アニュアル・レポート」（但し，2012年3月期より「統合レポート」に名称変更）（http://www.wacoalholdings.jp/ir/library/annual.html）．
業界動向SEARCH.COM（http://gyokai-search.com/3-apparel.htm）．

【第10章　ワタベウェディング】
厚生労働省HP，「平成25年（2013）人口動態統計（確定数）の概況」，2013年（http://www.mhlw.go.jp/toukei/saikin/hw/jinkou/kakutei13/index.html）．
テイクアンドギヴ・ニーズHP（http://www.tgn.co.jp/）．
リクルート，「ゼクシィ結婚トレンド調査2014」，2014年
（http://bridal-souken.net/souken/research.html）．
ワタベウェディングHP（http://www.watabe-wedding.co.jp/）．

【第11章　京都銀行】
池田泉州銀行HP（http://www.sihd-bk.jp/）．
池田泉州ホールディングスHP（http://www.senshuikeda-hd.co.jp/）．
京都銀行HP（http://www.kyotobank.co.jp/）．
京都銀行『決算説明資料』，各年度．
京都銀行『地域密着型金融の取り組み状況』，各年度．
滋賀銀行HP（http://www.shigagin.com/）．
全国銀行協会HP（http://www.zenginkyo.or.jp/）．
南都銀行HP（http://www.nantobank.co.jp/）．
ニッキン・銀行バーチャルIR（http://www.nikkin.co.jp/vir/）．
図表11-5-1で取り上げた各社の有価証券報告書（2013年度）．

※ホームページ情報に関しては，特にことわりを入れてない限り，2015年10月末時点のものである。

# 索 引

## 欧 文

Ansoffの区分 ……………………… 8
Ansoffの成長マトリクス ……………… 7
CSR ………………………… 64, 121
DCF法 ……………………… 40, 43
ESG ………………………… 133
M&A ………………………… 77
PPM ………………………… 52
ROA ………………………… 21
ROE ………………………… 21
Rumeltの区分 ……………………… 8

## あ 行

アルコール飲料 ……………… 178, 201
安全性 ………………………… 21
安全余裕率 …………………… 243
売上債権回転率 ………………… 21
売上高営業利益率 ……………… 21
売上高成長率 …………………… 21
売上高当期純利益率 …………… 21
売り手の交渉力 ………………… 16
役務取引等収益 …………… 30, 31
役務取引等費用 …………… 30, 31
オムロン ……………………… 121
オリジナリティの追求 ………… 294

## か 行

会計政策分析 …………………… 18
会計戦略 ……………………… 83
買い手の交渉力 ………………… 16
加算法 ………………………… 24
加重平均資本コスト …………… 42
金のなる木 …………………… 11
株主重視型経営 ……………… 60
関係特殊資産 ………………… 96
関係特殊性 ……………… 96, 118
感応度分析 …………………… 244
カンパニー制 ………………… 123
関連型多角化 …………… 9, 127

企業価値 ……………………… 39
規模の経済 …………………… 12
キャッシュ・フロー計算書 …… 27
競合の脅威 …………………… 16
京セラ ………………………… 47
京都企業 ……………………… 284
京都企業の定量的特徴 ……… 284
京都企業の二分類 ………… 280
京都銀行 ……………………… 251
業務粗利益 …………… 32, 265
業務純益 ……………………… 32
金融再生法開示債権比率 …… 264
金融投資 ……………………… 58
グローバル・ニッチ・トップ企業 … 284, 292
経営戦略 ……………………… 5
経験曲線効果 ………………… 10
経常収益 ……………………… 29
経常費用 ……………………… 29
継続価値 ……………………… 43
限界利益 …………………… 243
限界利益率 ………………… 243
限定型多角化 …………… 9, 183
広域型地方銀行 …………… 260
貢献利益 …………………… 243
控除法 ………………………… 24
後発ベンチャー企業 ………… 207
後方垂直統合 ………………… 9
効率性 ………………………… 20
コスト・リーダーシップ戦略 …… 16
コスト集中化戦略 …………… 16
固定費 ……………………… 243
固定比率 ……………………… 21

## さ 行

財務基盤の安定化 …………… 296
財務分析 ……………………… 18
差別化集中化戦略 …………… 16
差別化戦略 …………………… 16
残余利益法 ………………… 40, 44
資金運用収益 …………… 30, 31, 255

資金調達費用 ･･････････････････ 30, 31
自己資本比率 ･･････････････････････ 264
市場開拓戦略 ････････････････････ 7, 211
市場浸透戦略 ････････････････････ 7, 210
市場リスクプレミアム ･･････････････ 42
実質無借金 ･･････････････････････ 287
シナジー ･････････････････････････ 12
資本資産評価モデル ････････････････ 42
資本生産性 ･･･････････････････････ 25
社会責任投資 ･････････････････････ 138
収益性 ･･････････････････････････ 20
集成型多角化戦略 ･････････････････ 8
集中型多角化 ････････････････････ 183
集中型多角化戦略 ･････････････････ 8
集中戦略 ･････････････････････････ 16
主成分分析 ･･････････････････････ 220
純粋持ち株会社 ･･････････････････ 177
職人文化 ････････････････････････ 295
新規参入の脅威 ･･･････････････････ 15
垂直型多角化戦略 ･････････････････ 8
垂直統合 ････････････････････････ 118
垂直統合戦略 ･･･････････････ 9, 96, 107
水平型多角化戦略 ･････････････････ 8
水平化統合 ･･･････････････････････ 35
ステークホルダー重視型経営 ････････ 62
スピンオフベンチャー ･････････････ 199
スリー新 ･････････････････････････ 76
成長性 ･･････････････････････････ 22
製品開発戦略 ････････････････････ 7, 212
税務戦略 ･････････････････････････ 85
節税効果 ･････････････････････････ 43
設備生産性 ･･･････････････････････ 26
前方垂直統合 ･････････････････････ 9
戦略計画学派 ･････････････････････ 6
総資産回転率 ･････････････････････ 21
総資産成長率 ･････････････････････ 21
その他業務収益 ･･･････････････････ 31
その他業務費用 ･･･････････････････ 31
損益分岐点分析 ･･････････････････ 243

### た 行

代替品の脅威 ･････････････････････ 16
第二地方銀行協会加盟行（第二地銀） ･･･ 254

多角化経営 ･･･････････････････････ 49
多角化戦略 ･････････････････ 7, 183, 212
宝ホールディングス ･･･････････････ 175
棚卸資産回転率 ･･･････････････････ 21
地方銀行（地銀）･･････････････････ 254
中期経営計画 ･････････････････ 181, 193
低炭素社会貢献ファクター ････････ 133
当期純利益成長率 ･････････････････ 21
統合報告書 ･･････････････････････ 133
当座比率 ･････････････････････････ 21
同族企業 ････････････････････････ 286
特定取引収益 ･････････････････････ 31
特定取引費用 ･････････････････････ 31
取引コスト ･･･････････････････････ 13

### な 行

内部留保 ･････････････････････････ 57
二重の優位 ･･････････････････････ 285
日本電産 ･････････････････････････ 69
任天堂 ･･････････････････････････ 143

### は 行

バイオ事業 ･･･････････････････ 176, 190
花形 ････････････････････････････ 11
範囲の経済 ･･･････････････････････ 12
非関連型多角化 ･･･････････････････ 9
ビジネスマッチング ･･･････････････ 273
一人当たり売上高 ････････････････ 26
標準原価 ････････････････････････ 113
標準原価計算 ････････････････････ 113
ファイブ・フォース・モデル ････ 15, 74
ファブレス企業 ･･････････････････ 152
付加価値 ･････････････････････････ 22
付加価値分析 ･････････････････････ 63
付加価値率 ･･･････････････････ 23, 26
負債比率 ･････････････････････････ 21
ブルー・オーシャン戦略 ･･･････ 17, 147
プロダクト・ポートフォリオ・マネジ
　メント ･･････････････････････ 10
プロダクト・ライフサイクル ･･･････ 10
変動費 ･･････････････････････････ 243
ポジショニング・ビュー ･･･････････ 6

## ま行

- 負け犬 …… 11
- マトリックス経営 …… 98, 107
- 無借金経営 …… 154
- 村田製作所 …… 91
- 模倣の忌避 …… 294
- 問題児 …… 11

## や行

- 有形固定資産回転率 …… 21
- 予測財務諸表 …… 41

## ら行

- リスクフリーレート …… 42
- リスク分散 …… 12
- リノベーション …… 297
- 流動比率 …… 21
- 労働生産性 …… 25, 135
- 労働装備率 …… 26
- 労働分配率 …… 27, 135

## わ行

- ワコールホールディングス …… 205
- ワタベウェディング …… 231
- 割引キャッシュ・フロー法 …… 39

## ◆編著者紹介

**徳賀　芳弘**（とくが　よしひろ）
京都大学大学院経営管理研究部・経済学研究科教授
　［担当］序，総括
　［学位］博士（経済学，京都大学）

## ◆著者紹介（五十音順）

**小川　淳平**（おがわ　じゅんぺい）
神奈川大学経済学部准教授
　［担当］第7章，第11章
　［学位］博士（経済学，京都大学）

**掛谷　純子**（かけや　じゅんこ）
京都女子大学現代社会学部准教授
　［担当］第10章
　［学位］修士（MBA，京都大学），京都大学大学院経済学研究科博士後期課程在籍

**亀井　博史**（かめい　ひろし）
金融機関勤務
　［担当］第12章
　［学位］修士（経済学，京都大学）

**酒井　絢美**（さかい　あやみ）
同志社大学商学部助教
　［担当］第3章，第4章
　［学位］博士（経済学，京都大学）

**佐久間　隆大**（さくま　たかひろ）
金融機関勤務
　［担当］各章の企業価値評価の実践箇所
　［学位］修士（経済学，京都大学）

**真田　正次**（さなだ　まさつぐ）
就実大学経営学部准教授
　［担当］第5章，第8章，第9章（一部）
　［学位］博士（経済学，京都大学）

**宮宇地　俊岳**（みやうち　としたけ）
追手門学院大学経営学部准教授
　　［担当］第1章，第2章，第9章（一部）
　　［学位］博士（経済学，京都大学）

**本川　勝啓**（もとかわ　かつひろ）
学習院大学経済学部准教授
　　［担当］第6章
　　［学位］修士（数学，オックスフォード大学），京都大学大学院経済学研究科博士課程単位
　　　　　取得

**山下　知晃**（やました　ともあき）
福井県立大学経済学部助教
　　［担当］第11章，第12章
　　［学位］修士（経済学，京都大学），京都大学大学院経済学研究科博士課程単位取得

京都企業　歴史と空間の産物

2016年6月10日　第1版第1刷発行

編著者　徳　賀　芳　弘
発行者　山　本　　　継
発行所　㈱中央経済社
発売元　㈱中央経済グループ
　　　　パブリッシング

〒101-0051　東京都千代田区神田神保町1-31-2
電話　03 (3293) 3371 (編集代表)
　　　03 (3293) 3381 (営業代表)
http://www.chuokeizai.co.jp/
印刷／三英印刷㈱
製本／誠製本㈱

Ⓒ 2016
Printed in Japan

＊頁の「欠落」や「順序違い」などがありましたらお取り替えいたしますので発売元までご送付ください。(送料小社負担)

ISBN978-4-502-18551-9　C3034

JCOPY〈出版者著作権管理機構委託出版物〉本書を無断で複写複製（コピー）することは，著作権法上の例外を除き，禁じられています。本書をコピーされる場合は事前に出版者著作権管理機構（JCOPY）の許諾を受けてください。
　JCOPY〈http://www.jcopy.or.jp　eメール：info@jcopy.or.jp　電話：03-3513-6969〉